Karin Kolland

Und der Himmel führt Regie

Karin Kolland

Und der Himmel führt Regie

Eine Einweihungsgeschichte

KOMPETENZ VERLAG · DORFEN

Die Deutsche Bibliothek – CIP-Einheitsaufnahme
Kolland, Karin:
Und der Himmel führt Regie: eine Einweihungsgeschichte /
Karin Kolland. – Dorfen: Kompetenz-Verl., 1995
ISBN 3-931142-00-0

Umschlaggestaltung: Röhrl-Lippert
Lektorat: Ulrike Y. Lohr

Satz: Filmsatz Schröter, München
Druck und Verarbeitung: Wiener Verlag, Himberg
Printed in Austria
ISBN 3-931142-00-0

Inhalt

Teil I

Vorgeschichte

Die Vorgeschichte ist eine Wichtelgeschichte
und beginnt wie jede Geschichte mit:
»Es war einmal …«

Eigentlich hätte diese Geschichte das Ende der Erdenreise sein sollen

Es war einmal ein Wichtelmädchen, ein ganz liebes, kleines Mädchen namens Ameli, das wohnte in einem einfachen Wichtelhaus am Waldrand. Es hatte sehr liebe Eltern und auch sehr liebe größere Geschwister. Ameli war der Liebling aller, sie hatte lachende Augen und ein lachendes Herz, und ihre Lieblingsbeschäftigung war Singen, Lachen und Tanzen.

Ihre große Schwester sagte manchmal: »Aber Ameli, du kannst doch nicht den ganzen Tag nur lachen und tanzen, du mußt lernen, zu arbeiten und dich durchzukämpfen, so wie wir.«

Aber Ameli lachte und sagte: »Oh, arbeiten, das tue ich gerne. Ich mache immer brav mein Bettchen, und ich kann der Mutter die Wäschekluppen halten, wenn sie Wäsche aufhängt, und ich kann auch schon das Besteck abtrocknen.«

»Ja, das stimmt«, meinte die große Schwester. »Aber du brauchst zu allem so lange.«

»Natürlich«, sagte Ameli, »wenn ich mein Bettchen mache, muß ich natürlich Brummbär Braun meine Träume erzählen.« Brummbär Braun war Amelis Kuschelbär, der jede Nacht bei ihr schlafen durfte. »Wenn ich Mutter die Kluppen halte, dann spricht der Wind zu mir und erzählt mir so schöne Geschichten von der anderen Seite unseres Tals. Weißt du, das ist auch sehr lehrreich, da solltest du auch einmal zuhören.«

»Pah«, sagte da ihre Schwester, »du und deine Phantasie! Das Leben ist hart und mühsam, ein immerwährender Kampf. Wenn du einmal ein schönes Zuhause haben und ordentlich satt werden willst, wirst du dir schon mehr Mühe geben müssen.«

Aber gerade das wollte Ameli nicht verstehen. All die Wichtel redeten immer über den Kampf, die harte Arbeit und die vielen Sorgen, doch sie fand das Leben einfach wunderschön. Es gab den ganzen Tag so viel zu sehen, zu beobachten, zu singen und zu lachen.

Ameli war am liebsten im Garten. Da ging es immer turbulent zu. Kaum steckte sie ihr Köpfchen bei der Wichtelhaustür heraus, erklang schon ein fröhliches Konzert. Frau Amsel zwitscherte sofort vom Lindenbaum herunter: »Guten Morgen Ameli, was ist das doch heute für ein schöner Tag ...« Und die kleine Meise flog ganz nahe heran und piepste: »Ach Ameli, die Amsel muß sich wieder wichtig machen und dich als erste begrüßen, dabei soll ich dir sagen, du sollst heute unbedingt Fräulein Tulpe im zweiten Blumenbeet besuchen. Sie hat dir etwas mitzuteilen...« Aber Ameli hörte das letzte fast nicht mehr, denn zu ihren Füßen meldete sich Kätzchen Fleckerl mit einem lauten Miau und wollte von ihrem Rendezvous mit dem gestreiften Kater erzählen.

Und so jubilierte der ganze Garten, die Grashalme wisperten, die Blumen sprachen durch ihre Farben, die Bienen und Hummeln summten. Es gab nichts in diesem Garten, was nicht eingestimmt hätte in diese wunderbare Sinfonie. Ameli machte all das sehr glücklich, und lachend und singend tanzte sie durch den Garten.

Wenn sie ihrer Familie dann ihre Erlebnisse erzählen wollte, schüttelten alle den Kopf und sagten: »Wo nimmt das Wichtelkind nur diese Phantasie her?« Und manchmal wurden sogar ihr Bruder und auch ihr Vater sehr ärgerlich, nämlich wenn sie davon sprach, wie das Farbenkleid der Wichtelmännchen aussieht. Da hatte sie schon viele interessante Beobachtungen gemacht. Ärgerte sich zum Beispiel der Vater, wenn ihm bei seiner Arbeit nicht gleich von Anfang an alles gelingen wollte, dann wurde sein Farbenkleid ganz rot. In diesem Fall blieb man besser von ihm weg. Auch die Farbenkleider ihrer Schwestern waren interessant zu beobachten. Manchmal waren sie ganz gelb und orange und manchmal auch grün. Aber sie sprach darüber nicht mehr, denn die größeren Wichtel wollten davon nichts hören. Sie bilde sich das ein, sagten sie.

Nur mit Onkel Balthasar, da konnte sie manchmal darüber

sprechen. Onkel Balthasar mochte sie überhaupt sehr gerne. Er wohnte auf der anderen Seite des Gartens, und manchmal durfte sie ihn besuchen. Onkel Balthasar hatte so interessante Geschichten zu erzählen, er war durch viele ferne Länder gereist. Sein Farbenkleid war auch besonders schön, es leuchtete in allen Farben, fast wie ein Regenbogen. Mit ihm konnte sie über viele Dinge sprechen, er verstand sie am besten. Sie wußte auch ganz genau, daß sie einmal Onkel Balthasar heiraten würde. Und eines Tages sagte sie das auch zu ihm, doch Onkel Balthasar meinte: »Nein, kleine Ameli, das ist nicht möglich. Ich bin dein Onkel und viele Jahre älter als du. Aber es ist sehr schön, daß ich hier bei dir sein darf und du meine Freundin bist.«

»Ob du älter bist oder nicht, ist ganz egal«, erwiderte Ameli. »Ich heirate dich ganz sicher.«

Sie hatte das eines abends sogar ihrer Mutter anvertraut. Ihre Mutter hatte gelächelt und gesagt: »Bis dahin hast du Onkel Balthasar schon lange vergessen.« Das konnte sie nicht verstehen, und am nächsten Tag hatte sie alles der Baumfee erzählt, die im Lindenbaum wohnte.

»Oh, liebe Ameli«, hat die Baumfee gesagt, »da wird aber noch viel Zeit vergehen müssen, und vielleicht wird das auch gar nicht möglich sein. Es ist schon besser, du vergißt das.«

Ameli war wirklich ganz selten trotzig, aber jetzt wurde sie trotzig und sagte: »O nein, das vergesse ich nie. Ich weiß noch nichts über die Zeit, aber ich werde Onkel Balthasar einmal heiraten.«

Das war übrigens das einzige Mal, daß sie der lieben und zarten Baumfee widersprochen hatte. Wo doch sonst gerade die Baumfee ihr eine so wichtige und weise Ratgeberin war.

Ja, und so vergingen die Tage, und Ameli wurde auch ein bißchen größer. Sie lernte mehr von der Wichtelwelt kennen. Ihre Mutter nahm sie manchmal mit, wenn sie die Nachbarn besuchen ging, um mit ihnen Honig und Kräuter, Tee oder Beerenmarmelade auszutauschen. Ameli gefiel das oft nicht so gut. Die meisten Wichtel wirkten so müde, ihr Farbenkleid war ganz matt und ohne Glanz, und viele von ihnen waren sehr mürrisch.

Am meisten der Herr Oberlehrerwichtel. Immer schimpfte er über die Wichtelkinder, über ihr Lachen und ihre Späße, und er machte so ein finsteres Gesicht.

Am besten gefiel es ihr bei der Wichtelschneiderin. Sie hatte so viele bunte Stoffe, wunderschöne Bänder, ganz kleine Knöpfchen und sogar Glöckchen, die lustig bimmelten und die sie auf die Zipfelmützen nähte. Die Wichtelschneiderin lachte und sang zwar nicht so fröhlich wie Ameli, aber sie hatte eine sanfte Stimme und sehr feine Hände, die gefielen Ameli.

Oft merkte Ameli, daß ihre Mutter, wenn sie zu lange mit den anderen Wichteln sprach, auch ganz traurig wurde und dann von der schweren Zeit der Wichtel sprach. Das wollte Ameli nicht, und sie begann sofort fröhlich zu singen. Das heiterte ihre Mutter dann auch gleich ein wenig auf, und sie summte mit ihr. Und Ameli dachte wieder einmal, wie weise doch die Baumfee war. Hatte sie ihr doch gesagt, sie müsse, wann immer ein Wichtel traurig oder mürrisch sei, besonders lieb und fröhlich zu ihm sein.

So war das Leben der Wichtelfamilie doch sehr schön, bis eines Tages die Wichtelmutter Ameli einen kleinen, bunten Rucksack umhängte und sie mit den größeren Geschwistern zur Wichtelschule in der Mitte des Gartens schickte. Der bunte Rucksack und die Gänsefeder sowie die Eichenblätter, auf denen sie schreiben lernen sollte, gefielen Ameli sehr gut, und auch das Nußbrot zur Jause war sehr verlockend.

Nur der Gedanke an den Herrn Wichteloberlehrer gefiel ihr nicht. Doch sie bemühte sich in der Schule, sehr brav und artig zu sein, ruhig zu sitzen, ohne zu lachen und zu singen, und das war wirklich schwer. Herr Wichteloberlehrer kam ihr auch gar nicht so gescheit vor. All die Dinge, die so einfach sind, sagte er immer so verkehrt und kompliziert. Doch Ameli brauchte ja nicht hinzuhören. Sie saß einfach da, und in ihren Gedanken machte sie die wunderschönsten Ausflüge in das Land der Tagträume.

Daher achtete Ameli auch nicht darauf, als eines Tages in der

Klasse ein Tumult ausbrach. Sie wurde erst aufmerksam, als der Oberlehrerwichtel den kleinen Seppi an seinen Haaren riß und laut mit ihm schimpfte. Ameli wußte nicht, worum es ging, aber die immer so mürrische Art des Oberlehrerwichtels und nun auch noch diese Szene waren für sie zuviel. Sie konnte einfach nicht mehr ruhig sitzen bleiben. Sie sprang auf und lief zum Oberlehrerwichtel hin und sagte mit ihrer schönen, hellen Stimme: »Ach, Herr Oberlehrer, ich will dich immer noch viel mehr lieb haben, als ich es ohnehin schon tue, so lieb, daß du nicht mehr so mürrisch und ärgerlich zu sein brauchst.« Und sie fiel ihm um den Hals und gab ihm sogar einen Kuß auf die Wange. Ihre Augen strahlten und ihr Farbenkleid glitzerte in allen Regenbogenfarben.

Der Oberlehrerwichtel war so verdutzt, daß er nichts sagen konnte und nur beschämt die Augen senkte, und alle Wichtelkinder waren sehr still.

Ameli, die über ihren eigenen Mut fast ein bißchen erschrocken war, drehte sich um und tanzte fröhlich singend aus dem Klassenzimmer. Ja, und das war das letzte, was die Wichtelmännchen von ihr gesehen hatten. Als die Wichtelkinder in der Pause nach Ameli riefen und sie suchten, konnten sie Ameli nirgends finden. Gegen Abend wurde dann ein Suchtrupp zusammengestellt, den der tiefbesorgte Onkel Balthasar leitete. Aber sie konnten Ameli nicht finden. Ameli war einfach wie vom Erdboden verschluckt.

Da breitete sich im Wichtelgarten und in der Wichtelfamilie eine große Traurigkeit aus. Alle Wichtel vermißten Ameli sehr. Auch im Garten war die Sinfonie leiser geworden, und es war, als schiene die Sonne nicht mehr so hell. Die Mutter weinte sehr und auch der Vater und die Geschwister. Doch nachdem die Mutter ganz viel geweint hatte, sagte sie zu ihrer Familie: »Schaut hinauf zu den Sternen, ich denke, da wird Ameli sein. Sie hat doch immer so wundersame Dinge gesprochen, vielleicht ist sie einfach in den Himmel gegangen.« Das war für die Wichtelfamilie ein wenig Trost.

Nur Onkel Balthasar hatte es so sehr getroffen, da halfen auch die Worte der Mutter nichts. Tagelang saß er einfach stumm, mit leeren Augen vor seinem Wichtelhaus. Und als eines abends der Oberlehrer bei ihm vorsprechen wollte, um ihm zu sagen, wie leid es ihm täte, da schickte er diesen zornig fort. Ja, wer weiß, wie die Kinder ihm den Vorfall in der Schule geschildert hatten? An jenem Abend jedenfalls verblaßten die schönen Regenbogenfarben seines Farbenkleides ganz stark, und das Herz von Onkel Balthasar wurde dunkel und hart.

Ameli geht über den Regenbogen und ist zu Gast im Engelreich

Am Morgen dieses schicksalsschweren Tages hatte es in Strömen geregnet. Doch gerade als Ameli aus der Wichtelschule tanzte, brach die Sonne zwischen den Wolken hervor, und ein wunderschöner Regenbogen spannte sich über das Tal. Und da der Regenbogen gerade vor Amelis Füßen anfing, tanzte sie einfach fröhlich singend und lachend geradewegs den Regenbogen hinauf. Ameli fühlte sich so glücklich und leicht, und es war einfach herrlich, so hoch über der Wiese auf dem Regenbogen zu tanzen. So ein wunderbares Gefühl der Glückseligkeit hatte Ameli noch nie vorher erlebt. Ihr war, als hörte sie eine herrliche, zarte Musik, und diese Musik hüllte sie ein, und die Töne wurden zu zauberhaft schönen Farben. Und alles vibrierte, und ein tiefes, seliges Glücksgefühl und eine unendlich tiefe Liebe durchströmte und erfüllte sie.

»Willkommen, liebe Aramai, sei willkommen.« Das war keine Stimme, die so sprach. Das war ein Gefühl. Und sie verstand das Gefühl genau, und sie wußte auch, daß sie gemeint war. Doch warum »Aramai«, sie hieß doch Ania, nein Ameli. Ja, Ameli, aber auch Esra und Kathrinchen, Melinda und Edelbrecht und viele Namen mehr. Es war das Gefühl so vieler Namen. Die meisten waren Frauennamen, aber auch Männernamen waren dabei, sodaß Ameli diese Namen nicht alle gleichzeitig denken konnte. Ja, und sie konnte sowieso nicht denken, nur fühlen und wahrnehmen, und alles in ihr war überwältigt von der wundervollen Farben- und Schwingungspracht um sie herum.

In dieser Farbenpracht konnte sie nun ein traumhaft schönes, schillerndes Wesen wahrnehmen. »Oh, ein Schutzengel«, war ihr erster Gedanke. Die Mutter und Onkel Balthasar hatten manchmal von den Engeln erzählt. Und kaum hatte sie diesen Gedanken gedacht, oder eben besser gesagt, gefühlt, da breitete sich ein Lächeln der Liebe und des Verstehens im Gesicht des Schutzengels aus. »Du hast von uns gehört, liebe Aramai, aber du hast uns noch nie gesehen, daher bist du so überwältigt.« Ja, und das war sie wirklich. Der Schutzengel war viel größer, als Wichtel es sind, und sein Wesen bestand aus schillernder Farbe. Er war wunderschön und strahlte eine Wärme, Liebe und Harmonie aus, in der Aramai sich unendlich lange wiegen wollte. Da der Engel dies fühlte, kam er näher heran, und Aramai versank in seiner Umarmung. Es war, als wenn sie eine einzige Einheit würde mit diesem himmlischen Wesen. Als sie sich ein bißchen an dieses wunderbare Gefühl gewöhnt hatte, tauchten viele Gedanken und Fragen in ihr auf. »Warum die vielen Namen?«

»Du bist, um ins Schutzengelreich zu gelangen, durch das Bilderbuch deiner vielen Inkarnationen gegangen. Die vielen Namen, unter denen du im Laufe der Zeiten gelebt hast, sind darin enthalten.«

»Bin ich wirklich im Schutzengelreich?« fragte Aramai. »Warum hast du mich als Aramai begrüßt, und was ist das für ein Bilderbuch?«

So viele Fragen und neue Eindrücke, das war schon ein bißchen viel für Ameli, Aramai. Ohne sie aus der liebevollen Umarmung freizugeben, erklärte ihr der Engel in seiner Gefühlssprache die Zusammenhänge. »Nun, du bist wirklich im Schutzengelreich, weil du über den Regenbogen gegangen bist. Und Aramai ist dein Seelenname, daher möchte ich dich gerne bei diesem Namen nennen. Und du hast diesen Namen auch in einigen unserer gemeinsamen Leben in der Wichtelwelt getragen. Ist dir das recht?«

»O ja, natürlich, doch sag mir bitte, was war das für eine Zeit, und was hat sich dort zugetragen?«

Der Engel streichelte Aramai mit seiner Farbschwingung ganz sanft über die Wangen. »Das ist alles im Bilderbuch der Inkarnationen aufgezeichnet.«

»Was ist das, das Bilderbuch der Inkarnationen?« fragte Aramai nochmals.

»Im Bilderbuch der Inkarnationen sind alle deine Leben aufgezeichnet, all die verschiedenen Leben, die du im Laufe der Zeiten gelebt hast. Du hast in dieses Bilderbuch auch schon öfter hineinschauen dürfen. Immer dann nämlich, wenn du im Reich des Todes warst und dich auf ein neues Erdenleben vorbereitet hast.«

»Aha«, antwortete Aramai, »und jetzt darf ich wieder hineinschauen und mich wieder vorbereiten?«

»Nein, liebe Aramai«, sagte da der wunderbare Engel ganz sanft, »nun brauchst du nicht mehr zurück auf die Erde. Du brauchst kein schweres Wichtelleben mehr zu führen.«

»Nicht mehr zurück auf die Erde?« Nun war Aramai aber doch sehr erschrocken. Das ging doch nicht! Was sollte aus ihren Eltern und Geschwistern werden, und aus ihren Freunden, der Katze Fleckerl und Brummbär Braun und vor allem aus Onkel Balthasar? Nein, nicht zurück zur Erde, daran war nicht zu denken.

Das Farbenkleid des Schutzengels strahlte noch heller, noch wärmer und milder. »Du kannst, wenn du willst, schon zurückkehren auf die Erde, aber als Schutzengel. Und das ist doch etwas anderes. Du hast jetzt auch so ein schönes, transparentes Farbenkleid wie ich und keinen festen Wichtelkörper mehr. Wenn deine Ausbildung und Lehre zum Schutzengel beendet ist, dann darfst du zurückkehren auf die Erde.«

Ausbildung zum Schutzengel, na so etwas, das hätte ich nie gedacht, daß es das einmal für mich gibt, dachte sie, und nun war es der kleinen Ameli, Aramai, doch zuviel an neuen Gefühlen, Farben und Schwingungen geworden. Sie war plötzlich so müde, daß sie sofort in den Armen ihres Schutzengels einschlief.

Dieser schwebte mit ihr die allerletzten Stufen des Regenbogens hinauf, bis sie endgültig im Reich der Schutzengel angekommen waren. »Es ist gut«, dachte er, »daß ich Aramai auf dem Regenbogen entgegengegangen bin. Es kommt doch sehr selten vor, daß ein so kleines Wichtelmädchen über den Regenbogen geht.«

Als Aramai erwachte, kam sie aus dem Staunen und der Freude nicht mehr heraus. Die vielen wunderbaren Engel, die es hier gab, alle waren sie traumhaft schön, und es war herrlich, bei ihnen zu sein. Wann immer sie einen Gedanken dachte, oder auch nur fühlte, war er auch schon verwirklicht und erfüllt. Da gab es die wunderschönen Farbkreisel und Spiralen, in die man eintauchen, und die wohltuenden Klänge, mit denen man spielen konnte. Alles war so unbeschreiblich schön, daß man es mit Worten nicht benennen konnte. Ihr Schutzengel blieb immer an ihrer Seite und hatte seine Freude mit ihr, als sie das Engelreich zu erkunden begann. Er lehrte sie all die weisen kosmischen Gesetze, von der Kraft der Gefühle, der Kraft der Gedanken, dem Wesen der Liebe, den Zusammenhängen in der geistigen Welt und vieles mehr.

Der Name ihres Schutzengels war Micha, und sie liebte ihn sehr. Micha hatte ihr viel erzählt über ein gemeinsames Leben auf der Erde. Das war zu einer großen Zeit der Wende gewesen, als sogar einige Engel wieder inkarniert und ganz große geistige Meister anwesend waren. Aramai durfte damals mit gebührendem Abstand in der Nähe dieser großen Seelen weilen und ihnen dienen. Micha war ihr oft zur Seite gestanden und hatte sie auch damals schon eingewiesen. Nachdem Aramai dann einen ganz normalen Tod gestorben war, hatte Micha mehrere Jahrhunderte lang unter den Wichteln gelebt und sie gelehrt. Dann war er über den Regenbogen gegangen.

»Warum gehen die anderen Wichtel nicht auch einfach über den Regenbogen?« fragte Aramai eines Tages.

»Das ist nicht so leicht, Aramai«, sagte Micha.

»Das ist doch leicht«, sagte Aramai, »ich hab doch einfach gesungen und getanzt, und es ging ganz leicht.«

»Nun, du hast ja recht«, nickte Micha, »die Wichtel glauben nur immer, daß alles so schwer sei, so schwer sein müsse. Dabei könnten sie alles so leicht haben. Nur eine Bedingung allerdings muß jeder erfüllen, und die hattest auch du erfüllt. Das Farbenkleid muß ganz hell, klar und gleichmäßig in allen Regenbogenfarben schillern, damit man über den Regenbogen gehen kann.«

So unterhielt sich Aramai mit ihrem geliebten Schutzengel Micha oft über das Wesen der Wichtel und was diese besser, leichter und schöner haben könnten. Aramai war nun schon eine

Weile im Engelreich und eine sehr aufmerksame Schülerin, und doch fragte sie Micha des öfteren über das Bilderbuch der Inkarnationen.

»Ich dachte, du würdest das vergessen, Aramai, wenn du erst lange genug hier bei uns bist.«

»O nein, Micha, ich vergesse nie etwas. Du hast mir versprochen, ich darf eines Tages ins Bilderbuch meiner Inkarnationen schauen.«

»Aramai, du weißt«, sagte da Micha, »du warst so jung, als du über den Regenbogen gingst, es könnte schwer für dich zu ertragen sein, zurückzuschauen.«

»Doch bitte, Micha, bitte, bitte, du hast es mir versprochen!« Wenn Aramai etwas wollte, konnte sie wirklich sehr hartnäckig sein.

So kam es, daß Aramai eines Tages doch ins Bilderbuch der Inkarnationen sah.

Oh, und was sie da alles sah! Die Bilder rauschten nur so an ihr vorbei. Bald war sie ein tanzendes junges Wichtelmädchen auf der Wiese, bald war sie eine alte Frau. Dann war sie ein kleiner Junge, aber das gefiel ihr nicht. Wichtelmänner mußten immer so tapfer sein und mutig, davor hatte sie Angst. So schlief sie einfach als kleiner Junge hinüber ins Reich des Todes. Oh, war das nicht doch sehr egoistisch von ihr gewesen, da ihre Eltern und Geschwister so weinten? Daran hatte sie nicht gedacht.

Aber da kamen schon die nächsten Bilder. So viele, daß sie nicht alle erfassen konnte. Eines war sehr, sehr traurig: Sie trug ein kleines, totes Mädchen durch den Wald. Und da waren ein Zelt und ein kleiner Wichteljunge, der lief ihr einfach davon, und sie konnte ihn nicht aufhalten. Ihr Mann stand da, ganz traurig, sie beachtete ihn nicht, sie hatte ihn abgelehnt. Es ging ihr sehr schlecht, sie verachtete alle Menschen. Noch ein schreckliches Bild kam: Ein Wichteltempel und in ihm ihre beste und liebste Wichtelfreundin; doch diese verzauberte sie mit einem Ring und wollte ihr das Herz herausnehmen. Schnell blätterte Aramai um.

Nun kamen schönere Bilder: Sie war nun wieder ein junger Wichtelmann in einem wunderschönen Tempel, und sie durfte dem schönsten und holdesten Wesen dienen, das es zu jener Zeit gab. Dieses holde Wesen war sicher eine Königstochter. »Sie hat die wunderschönsten Augen, schau doch Micha«, rief Aramai aus, »sie hat Augen wie du.«

Da strömte wieder die lächelnde Wärme aus Michas Augen und hüllte Aramai ganz sanft ein.

Beinahe hätte sie das Bilderbuch vergessen, aber eben doch nur beinahe, denn in Wirklichkeit vergaß sie ja nie etwas. Und schon flogen die Seiten weiter. Oh, da war sie selbst eine Prinzessin, sie kutschierte im Löwenwagen und hatte viele Diener, doch, oje, wie hochnäsig und dumm sie da war! Schnell mußte Aramai umblättern.

Schließlich sah sie sich als alte Frau einen schweren Sack ganz steile Stufen emportragen, sie hustete, und sie war sehr müde. Wieder folgten neue Bilder. Eines der ganz schönen versetzte sie nach Griechenland: Sie lebte bei der ionischen Königin Sonne im Königspalast. Wie gut es ihr ging. Immer durfte sie mit dem kleinen Prinzen im Garten spielen. So ein schönes Bild!

Und dann kam noch ein sehr schönes Bild. Sie sah einen Garten mit Olivenbäumen, und unter den Bäumen saßen viele Männer mit prächtigen Farbenkleidern. Aramai schaute mit großen Augen hin und verfolgte, wie sie ihnen Brot und Wein brachte. Micha saß auch im Kreis. Oh, das war das Leben, in dem sie auch den Namen Aramai trug. Konnte sie tatsächlich damals die Farbenkleider sehen? Ja, sie konnte. Und wie prächtig die Farbenkleider der Männer unter dem Olivenbaum waren. Eines der Kleider erstrahlte besonders hell, es war weiß und golden und erhellte rundum die Nacht.

»Dienst du mir gerne, Aramai?« Ein gewaltiges Beben ging durch Aramais Körper. Kam diese Stimme wirklich von diesem göttlichen Wesen mit den goldenen Lichtstrahlen, und hatte er wirklich sie, die kleine Aramai, angesprochen? Sie war zutiefst erschüttert. Sie konnte ihm nicht ins Gesicht sehen. Den Strahl seiner Augen hätte sie nicht ausgehalten. Es war ja schon schwer, Micha in die Augen zu sehen, so warm strahlten diese, und man konnte ihm auch nichts verbergen. Doch nun, oh, Aramai fühlte sich so klein und wertlos. Sie senkte ihren Blick zu Boden. Beinahe hätte sie vor Erregung und innerem Beben den Wein und das Brot fallen lassen. Doch da streckte das göttliche Wesen seine Hand nach ihr aus und berührte ihre Hand. Niemals würde sie diese wunderschönste aller wunderschönen Hände vergessen. Eine glühende Wärme durchdrang sie, und ein Glücksgefühl schien sie weit über ihren Körper hinauswachsen zu lassen. In ihrem Herz formte sich ein Gefühl, so innig, so stark, daß ihre Lippen es kaum aussprechen konnten: »Ja, o Herr, immer, in allen Zeiten will ich nur dir dienen.«

Aramai hatte zu intensiv in diese Bilderbuchseite geschaut. Sie war so sehr von dem Beben und dem Glücksgefühl erfaßt, daß sie hilflos zurücksank und wieder ganz in Michas mildes Strahlenkleid eintauchte und sofort einschlief.

»Ach, kleine Aramai«, dachte Micha, »du bist doch wohl gar zu früh über den Regenbogen gegangen. Schutzengel schlafen doch nicht einfach ein.«

Als Aramai erwachte, nahm sie sofort wieder das Bilderbuch ihrer Inkarnationen zur Hand, um weiter darin zu blättern. Micha, der ahnte, wohin das führen würde, rief in seinen Gedanken all die Schutzengel der Wichtelmännchen und Wichtelweibchen herbei, die Aramai im Bilderbuch ihrer Inkarnationen begegneten. So kam es, daß all die vielen Schutzengel zusahen, wie Aramai weiterblätterte. Es kamen wieder viele Bilder, schöne und grausame. Manchmal war Aramai ein allerliebstes Wichtelwesen, manchmal war sie aber auch sehr schlecht und grausam zu anderen Menschen. Einmal hatte sie einem Edelmann, dessen Zofe sie war, vergifteten Kakao gegeben. Einmal hat sie als Hauptmann mit einem Freund ein ganzes Heer in eine Falle gelockt, und viele Krieger waren gestorben.

Dann hatte sie als Frau mit einem Mann ganz fürchterlich gestritten und ihm sehr weh getan. Sie hatte ihn mit Schimpf und Schande fortgejagt. Doch das war eine ganz alte Seite aus dem Bilderbuch, die gehörte nicht an diese Stelle. Der aufmerksame

Engel Habakuk hatte das bemerkt und sah Micha mit durchdringendem Blick an. Hier hatte Micha wohl ein bißchen geschwindelt und ein so weit zurückliegendes Blatt eingeschoben. Doch wer konnte es wissen, vielleicht würde es wichtig sein für Aramai, sich an dieses Blatt zu erinnern. Micha schaute ganz gleichgültig drein, daher sagte Habakuk nichts und senkte seinen Blick wieder in das Bilderbuch. Viele schlimme Bilder kamen. Einmal bezichtigte sie eine Frau der Götzenanbetung, und der Frau wurde furchtbares Leid angetan.

»Oh, war das wirklich ich, die kleine Aramai?« hilfesuchend schaute sie in Michas Augen. Sein Blick war lieb und gütig wie immer, kein Tadel, keine Zurechtweisung, keine Verurteilung. Sie schaute in die Augen der anderen Schutzengel, und auch diese schauten lieb und gütig wie immer. Das traf Aramai noch viel härter, als wenn man sie getadelt hätte. Ein tiefer Schmerz war in ihrem Herzen, und eine dicke Träne kollerte über ihre Wangen.

Normalerweise war es natürlich nicht möglich, im Engelreich zu weinen und Schmerz zu empfinden, aber mittlerweile wissen wir schon alle, daß Aramai wirklich zu früh über den Regenbogen gegangen war.

»Ich möchte diese Wichtelwesen alle wieder treffen und das Leid, das ich ihnen zugefügt habe, wiedergutmachen«, schluchzte Aramai.

»Es ist alles gut, so wie es ist«, sagte daraufhin Micha mit seiner sanften, liebevollen und heilenden Stimme. »Blättere nur weiter im Bilderbuch, und du wirst dies allmählich erkennen.«

Neue Bilder kamen, und nun sah Aramai, wie ihr selbst Leid angetan wurde. Da war eine Stadtmauer, das war im alten Rom. Sie war ein junger Mann und hatte einen Auftrag zu erfüllen. Es mißglückte ihm, ein Seil mit einem Widerhaken über die Stadtmauer zu schleudern, um unbemerkt hinüberzuklettern, und er wurde gefangengenommen und gefoltert. Er sollte schwören, daß Jesus Christus nicht der Sohn Gottes sei. Doch das tat er nicht. Er empfand auch keinen Schmerz. Der Folterknecht wurde sehr zornig mit ihm, und da dachte er: »Ich werde immer stärker sein als du, du kleiner Wichtelfolterknecht.« Aber in diesem Moment spürte er sehr starke Schmerzen und verriet seine besten Freunde. Aramai verstand schon, daß sie damals einen überheblichen Gedanken gehabt hatte, ging es doch nicht um *stärker sein,* sondern nur um die Liebe. Und Micha streichelte wieder mit seiner zarten Farbschwingung über Aramais Wange, womit er ihr wohl sagen wollte: »Es ist doch eine sehr schwere Prüfung, den eigenen Folterknecht zu lieben.«

Dann kamen noch andere Bilder, viele im Zusammenhang mit der Kirche. In einem trug Aramai den Schleier. Das war ein sehr schönes Leben. Sie sang mit ihren Schwestern so schöne Lieder, und sie hatte eine wunderbare Stimme. Oft wurde sie von der Äbtissin gelobt. Dann kam aber wieder ein schreckliches Bild, in dem sie als junge Frau wegen Ehebruchs erschlagen wurde.

»Warum wohl ist das damals geschehen?« dachte Aramai, aber da kamen schon wieder neue Bilder. Sie sah sich in einem fremden Kinderzimmer stehen, vor einem kleinen Jungen, der Augen hatte wie der Oberlehrer, und nun mußte sie an Onkel Balthasar denken. Aramai durchzuckte ein starker Schmerz, und sie konnte viele der folgenden Bilder nicht richtig ansehen.

Dann kamen Bilder aus einem Leben, in welchem ihr Name Ania war. Sie lebte als Magd und mußte sehr schwer arbeiten. Eines Tages erwartete sie ein Kind. Der Vater des Kindes war der Mann der Gutsherrin.

Oje! Aramai schaute schnell, ob sie Micha nun nicht doch mit Blicken strafte? Nein, tat er nicht, aber es war ihr doch so, als ob sein Blick ein bißchen in die Ferne gleiten würde. Und Aramai mußte noch einmal genauer in das Leben der kleinen Ania hineinsehen. Sie sah sich vor einer Klostertür stehen, mit ihrem kleinen Baby, das sie einfach der Ordensfrau übergab, damit sie es großziehen möge. Ania war sehr traurig. Und als sie von den Knechten und Mägden beschuldigt wurde, ihr Kind umgebracht zu haben, schwieg sie. Doch am nächsten Morgen ging sie zum nahegelegenen Weiher. Sie hörte die Wasserfeen flüstern: »Ania geht ins Reich des Todes, weil sie einen Mord an einem Kind sühnen will, arme Ania ...«

Da seufzte nun Aramai schwer auf, und einige Schutzengel seufzten auch schwer, aber schon waren die nächsten Bilder da: Sie war ein kleines Bauernmädchen mit vielen kleineren, lieben Geschwistern, mit denen sie sehr gerne spielte. Aber eines Tages geschah es, daß Aramai eine Behauptung aufgestellt hatte, die keiner glauben konnte. Sie sah Reiter, die sie mitschleppten und verhörten. Sie hätte etwas abschwören sollen, aber was? Oje, nun hatte die Familie viel zu leiden. Ihre Mutter versuchte verzweifelt, das Schlimmste zu verhindern, indem sie sich selbst als Abtrünnige ausgab. Aber es half alles nichts, und Aramai wurde auf den Scheiterhaufen gebracht.

»Micha«, sagte sie, »du hast mich aber damals sofort aus den Flammen gehoben, noch bevor es weh tat.«

»Natürlich«, sagte Micha, »du hattest auch nach mir gerufen. Wenn Wichtel ihre Schutzengel rufen, dann helfen wir sofort. Wenn doch nur alle Wichtel verstehen würden, daß sie nur zu rufen brauchten.«

Aramai verstand. Und sie verstand langsam immer mehr. Sie sah die Zusammenhänge zwischen den einzelnen Leben, sie sah die Fäden, die zwischen ihr und den anderen Wesen gesponnen waren, und sie erkannte, daß immer sie selbst die Ursache gesetzt hatte für das, was dann später geschah. Ganz egal, ob es schön oder schlimm war. Das Verstehen von Aramai war so tief, daß es nicht richtig in Worte zu fassen war.

Und so breitete sich eine heilige Ruhe um sie herum aus, die auch Micha und die anderen Wichtelschutzengel ausstrahlten.

Aramai will zurück auf die Erde

Nach einer langen Zeit wunderschönen, tiefen Schweigens sagte Aramai: »Ich will zurück auf die Erde und in meinen Wichtelkörper hineinschlüpfen.«

Micha nickte, er hatte es ja bereits geahnt. Die anderen Engel schauten allerdings ein bißchen erstaunt.

»Warum willst du zurück, Aramai?« fragte einer der sehr jungen Engel, dessen Gefühlssprache so fein war, daß Aramai gut achtgeben mußte, wenn sie ihn verstehen wollte. Er war einer der ganz jungen Engel, und eigentlich war er gar kein Schutzengel, denn er hatte noch nie auf der Erde gelebt.

Er war ein Lieblingsschüler des großen, weisen Engels Zadkiel. Micha hatte das Aramai einmal verraten. »Wird er denn niemals als Wichtel auf der Erde geboren werden?« hatte Aramai damals gefragt. Aber das wußte auch Micha nicht.

Mit seiner so sanften Gefühlssprache gab der junge Engel Aramai zu verstehen: »Du bist eine so liebe Schutzengelschülerin, sicherlich wird aus dir einmal ein guter Schutzengel werden, Aramai. Dann kannst du deinen Wichteln auch helfen.«

»Als Schutzengel können mich die Wichtel aber nicht wahrnehmen, und sie werden mich nicht rufen; folglich kann ich ihnen nicht helfen«, erläuterte Aramai dem jungen Engel sehr sachlich ihre Überlegung. Jesaia, auch einer der sehr wichtigen Schutzengel, sagte: »Micha, deine Schülerin hat gut achtgegeben und schon viel gelernt.« Einige der anderen Engel nickten zustimmend.

»Ja«, sagte Aramai, »und ich weiß, daß einige von euch die Wichtel nicht mehr richtig beschützen können. Nur wenige Wichtel glauben noch an ihre Schutzengel, sie rufen sie nicht mehr. Daher ist eure Arbeit auf der Erde fast unmöglich geworden.«

Aramai hatte wirklich recht, die herrlichen Farben der Schutzengelkleider begannen im raschen Wechsel immer impulsiver zu strahlen. Vor allem die gelben und blauen Töne gerieten durcheinander und bildeten helle, grüne Streifen. Auch Aramais

Strahlenkleid wurde ganz grellgelb, als sie sagte: » Es wäre doch wichtig, wenn ich in ein Wichtelleben zurückginge, dann könnte ich den Wichteln viele Wahrheiten mitteilen, die ich bei euch gelernt habe, und sie bitten, wieder an euch zu glauben.«

»Das ist aber nicht so einfach, Aramai«, sagte da der weise Engel Habakuk sehr ruhig, und der Farbentumult legte sich wieder ein bißchen. »Wir können dich nicht so einfach zurückkehren lassen. Um als Wichtel geboren zu werden, mußt du aus dem Reich des Todes kommen, du kommst aber aus dem Engelreich.«

»Ja, dann gehe ich einfach in meinen Wichtelkörper zurück, den ich zuletzt hatte, als Ameli.«

»Das wäre theoretisch schon möglich«, antwortete der weise Habakuk. »Einigen von uns könnte dies gelingen, wenigen. Aber bei dir, Aramai, ist das völlig ausgeschlossen. Bedenke, auf der Erde ist inzwischen viel Zeit vergangen. Einige deiner liebsten Wichtelwesen sind bereits ins Reich des Todes gegangen. Du würdest sie nicht mehr antreffen. Deine Eltern und Geschwister wären sehr verwirrt, wenn ihr kleines Mädchen zurückkäme, wo sie selbst viel älter geworden sind.«

Aramai hatte keine Zeit zu fragen, wer von ihren Liebsten ins Reich des Todes gegangen war. »Du würdest das auch nicht aushalten, Aramai«, gab ihr Micha zu verstehen. »Schau doch nur dein prächtiges Farbenkleid an, das du nun bei uns bekommen hast. Niemals würden wir es in einen so kleinen Wichtelkörper pressen können.«

Aramai verstand. Es waren zu viele Schwierigkeiten mit ihrer Bitte verbunden, und ihre Augen blickten sehr traurig auf das Bilderbuch.

Micha konnte noch nie ertragen, wenn Aramai so traurige Augen bekam, und so sagte er: »Aramai, es ist wirklich sehr gut, daß du so früh über den Regenbogen gekommen bist. Mir ist durch dich und deine Erzählungen von der Wichtelwelt bewußt geworden, daß wir Schutzengel nicht mehr länger so einfach zuschauen können. Die Wichtel sind zu weit fortgerutscht von unserem Engelreich. Es gibt mittlerweile zuviel Leid und Krieg auf der Erde. Auch die Erde selbst wird zu sehr ausgebeutet und ist bedroht. Wir müssen uns neue Wege einfallen lassen, wie wir den Wichteln helfen und sie wieder richtig beschützen können.«

Ja, das meinten die anderen Schutzengel auch, und wieder begann das pulsierende und aufregende Farbenspiel in ihren prächtigen Farbenkleidern. Aramai staunte nicht schlecht. Da wurden die verschiedensten Überlegungen angestellt, beratschlagt, geprüft und betrachtet. Es kamen immer mehr Engel dazu, auch solche aus noch feineren Regionen. Diese konnte Aramai nicht mehr verstehen, so fein war ihre Gefühlssprache. Nur hin und wieder übersetzte ihr Micha einiges. Er sagte ihr auch, daß ein richtiger Erzengel gekommen sei, um sich ihrer Bitte anzunehmen. Aramai konnte wirklich nicht mehr alles verstehen. Sie verstand nur, daß in der geistigen Welt auch sehr strenge Gesetze galten, die man einhalten mußte.

Es dauerte eine ganze Weile, bis alle Meinungen, Vorschläge und Gedanken eingeholt waren, und dann kam der Moment, da sich der weise Engel Habakuk wieder zu Wort meldete und zusammenfassend allen erklärte: »Nun, zum einen haben wir wirklich eingesehen, daß es gut und wichtig ist, daß Aramai zurück in ein Leben geht. Es ist für Aramai wichtig, denn ich bin nun überzeugt, es war ein Fehler, Aramai so früh über den Regenbogen kommen zu lassen, um als ... ja, also, um ...«, und nun mußte Habakuk sich tatsächlich ein bißchen verlegen räuspern und nach den richtigen Gefühlen suchen. Aramai hatte genau beobachtet, daß Michas Farbenkleid gefährlich zu blinken begann, und so sagte Habakuk nur noch: »Für sie war es wohl zu früh. Für uns ist es sehr wichtig, wie wir ja sehen.«

Da übernahm Micha das Wort: »Zu bedenken ist vor allem, daß Aramai alles, was wir sie gelehrt haben, vergessen wird, wenn wir sie durch das Reich des Todes zurückschicken. Das würde das ganze Unternehmen sinnlos machen. Außerdem hat sie das ganze Bilderbuch ihrer Inkarnationen angesehen, und ich habe gespürt, wie oft sie sich dabei innigst wünschte, dieser und jener Seele wiederzubegegnen. Ihr wißt alle, daß Wünsche, die im Engelreich gedacht werden, sich auf der Erde verwirklichen, wenn wir zurückgehen.«

»Micha, du hast recht«, sagte der weise Engel Jesaia. »Aramai ist noch stark mit all den Seelen aus ihren vergangenen Leben verbunden, und die karmischen Fäden könnten ihr zur Gefahr werden. Womöglich müßte sie einen sehr schweren Weg, den sie schon gegangen ist, nochmals gehen.«

»Ja, und einige Wege ist sie noch nicht gegangen«, wagte der Engel Habakuk nochmals einzuwenden. »Manche Wege wurden ihr einfach von unserem hochheiligen Herrn erlassen, weil sie versprach, ihm immer zu dienen. Und das waren nicht wenige Wege.«

Habakuk hatte schon recht, und die Schutzengel nickten eifrig mit den Köpfen. Für Aramai war das eine völlig neue Information. »Ist das möglich?« flüsterte sie mit fragendem Blick in Michas Richtung. »Ja«, sagte Micha, wenn ein Wichtel um Verzeihung bittet und auch bereit ist, anderen Wichteln zu verzeihen, dann leiten wir diese Bitte weiter. Solche Gnadengesuche werden nur selten abgelehnt. Du, Aramai, hast oft gebetet und hast auch anderen Wichtelwesen verziehen, wenn sie dir weh getan haben.«

»Daher war es wohl auch möglich, daß Aramai so früh schon über den Regenbogen gehen konnte«, meinte der schöne junge Engel mit der so sanften Gefühlssprache.

»Auf alle Fälle können wir den Hüter des Karma nicht umgehen«, sagte da einer der Engel. Ja, den Hüter des Karma, ihn kann man nicht umgehen, das wußten alle Schutzengel, und oft hatten sie schwere Verhandlungen mit ihm. Deshalb faßten sie den Beschluß, gleich zum Hüter des Karma zu gehen und ihm das Vorhaben darzulegen.

Der Hüter des Karma hörte den Schutzengeln sehr gut zu und ließ seine Augen lange auf Aramai ruhen. Dann endlich sagte er: »Ihr habt recht mit euren Überlegungen. Es ist nicht einfach, wenn man vom Engelreich kommt, durch das Reich des Todes zu gehen. Obwohl ich da vielleicht einen Ausweg wüßte. Wie aber soll das gehen, wenn Aramai sich an alles hier erinnern kann? Wenn sie als Wichtelkind auf die Welt kommt, wird sie all das sehr verwirren, weil sie einerseits alles weiß, andererseits aber ein unwissendes Wichtelkind ist. Wie jedes Kind, das die Vorleben vergißt, wenn es aus dem Reich des Todes kommt. Die Gefahr wäre sehr groß, daß die anderen Wichtel, die ja nichts wissen, sie einfach für verrückt hielten.«

Alle Schutzengel verstanden sofort die Gefahr, die Aramai drohte. Nein, so kamen sie nicht weiter. Da wurden alle ganz still. Daß alle Engel so still wurden und selbst die Farben in ihren Kleidern zur Ruhe kamen, war dem Hüter des Karma nicht recht, und so brummte er: »Na, mal sehen, was die Planeten sagen. Vor allem die äußeren Planeten Saturn, Uranus und Neptun. Diese haben bei wichtigen karmischen Entscheidungen immer viel mitzureden. Vielleicht wissen sie einen Rat.«

Während der Hüter des Karma sich mit den Planeten beriet, wurden von den Engeln noch wichtige Überlegungen angestellt. Wenn Aramai sich der Schutzengel und sogar vieler geistiger Gesetze erinnerte und sie den Wichtelmännchen davon erzählte, würde man ihr glauben?

»Wenn nur sie allein davon spricht, wird es sehr schwierig für sie sein«, sagte Micha. »Wenn du wirklich zurückgehst, Aramai, dann werde ich auch zurückgehen, um in deiner Nähe zu sein und dich zu beschützen. Ich darf mich an mehr erinnern, meine Erdenleben sind so lange her. Ich bin nicht mehr durch Karmafäden an andere Seelen gebunden.«

Nun entstand aber wirklich eine richtige Aufregung unter den Schutzengeln, und die Farben pulsierten und strahlten so wild durcheinander, daß Aramai fast schwindlig wurde.

»Micha will auch zurück, mit einem richtigen Körper und durch das Reich des Todes, das ist unglaublich!«

Es gab so viele Stimmen und Schwingungen und eine solche Erregung, daß Aramai nur noch einzelne Brocken verstand. Einige sagten spontan, sie täten es Micha gleich; und es wurde beratschlagt, wer sie in ihrer Abwesenheit als Schutzengel vertreten solle. Die eifrigsten Engelschüler wurden eingesetzt.

Es entstand auch die Idee, mit einigen Seelen, die bereits sehr gelehrig und weise waren und im Reich des Todes auf ein neues

Erdenleben warteten, Kontakt aufzunehmen. Ihre Schutzengel wollten auch ihnen einzelne Seiten aus dem Bilderbuch ihrer Inkarnationen zeigen. Sie baten den Hüter des Karma, er möge es einrichten, daß sie sich erinnern konnten. Natürlich würde man ihnen zudem noch besondere Belehrungen zuteil werden lassen, damit sie auch über die Gesetze der geistigen Welt und vor allem der Engelwelt Bescheid wüßten.

Aus der anfänglichen Aufregung über Michas Entschluß wurde nun die wahrste Freude. Aramai sah, wie die Farben ihrer Kleider wieder ruhiger strahlten, dabei aber ganz wunderschön und voller Freude glitzerten. Einiges Interessante mehr konnte sie verstehen. Die vielen Ideen, die die Engel hatten, wurden *Das große geheime Werk* genannt, und die einzelnen Schutzengel waren eifrigst damit beschäftigt, ihre Pläne zu koordinieren. Die Zeit spielte eine große Rolle, und die Laufbahnen der Planeten mußten berücksichtigt werden. Worüber ebenfalls sehr intensiv beratschlagt wurde, war die Entscheidungsfreiheit, die ja alle Seelen hatten. Die Schutzengel durften von sich aus ja nicht eingreifen und ihren Schützlingen auch niemals eine Entscheidung abnehmen. Das waren die großen Unsicherheitsfaktoren.

Vieles verstand Aramai nicht. Da war von einem Berg die Rede, dem höchsten Berg in dem Land, in dem Aramai geboren werden würde. Welches Land dies dann schließlich sein sollte, wußte man noch nicht, denn die Entscheidung des Hüters des Karma stand ja noch aus. Doch eben an diesem höchsten Berg würde man sich treffen, wo immer er war, in jedem Land gab es schließlich einen höchsten Berg.

»Vergiß nicht den Berg«, sagte Micha eindringlich zu Aramai. »Dort will ich dich treffen, und dorthin kommen auch viele Wichtel, die instruiert sind, dir zu helfen.«

»Ja, und auch solche, denen du helfen sollst«, rief da ein Schutzengel von weiter drüben Aramai zu. »Ich will dir nämlich unbedingt meinen Schützling schicken. Mich ruft er nicht mehr, aber ein Treffen mit dir könnte ich schon arrangieren.«

»Ja«, stimmten viele ein, »ich schicke dir auch meinen Schützling.«

»Ich auch, ich auch«, tönte es von überall her.

Aramai konnte all das nicht mehr richtig fassen. Und immer, wenn es ihr so ging, wurde sie sehr müde und schlief ein. Sogar mitten im Engelreich, wie ja jeder schon weiß. Im Halbschlaf hörte Aramai den Engel neben ihr noch begeistert sagen: »Oh, ich habe einen so liebenswerten Schützling, der mich oft ruft. Ich werde ihm auftragen, eine Ausbildungsschule zu gründen, er könnte sie Kosmologen- Akademie nennen.«

»Das ist aber eine gute Idee«, antwortete ein anderer Schutzengel. »Ich habe auch einen sehr gelehrigen Schützling, ich könnte ihm ein Buch diktieren: *Das geheime Wissen der großen* ...«

Wie gesagt, viele Pläne wurden geschmiedet, aber Aramai war nun tief eingeschlafen.

Erst als die tiefe Stimme des Hüters des Karma erklang, wurde Aramai wieder wach.

»Ich denke, es läßt sich machen«, sagte dieser gerade. »Die Planeten hatten eine gute Idee. Sie werden es einrichten, daß Aramai sich erst so nach und nach an alles erinnern wird. Ihr Schutzengel könntet mithelfen, ihr die richtigen Stichworte einzugeben und im rechten Moment die richtigen Wichtel zu ihr hinzuführen.«

Das war nun wirklich eine großartige Idee. Alle nickten begeistert, und auch Micha war einverstanden: »So nach und nach. Ja, Aramai, auf diese Weise wirst du die Zusammenhänge und Begegnungen mit den Seelen aus deinem Bilderbuch verkraften können.«

»Obwohl es doch sehr viel ist«, gab der Hüter des Karma nochmals mit seiner tiefen Stimme zu bedenken. »Gib acht, Aramai, daß du dich nicht in den karmischen Fäden verstrickst.«

»Ja, gib acht«, rief ebenso der weise Engel Jesaia. »Auch wenn wir dich durch das Reich des Todes schicken. Du warst doch solange hier im Reich der Engel, daß deine Schwingung unweigerlich höher bleiben wird als die der anderen Wichtel. Das heißt, du wirst viel empfindsamer sein als diese und auch viel verletzlicher. Gib acht, liebe Aramai, daß dir die Wichtel nicht gar zu weh tun, du mußt dich immer gut schützen!«

»Aramai braucht einen guten Schutzengel. Wer ist statt Micha eingeteilt worden, wo dieser doch mit ihr gehen will?« fragte der junge Engel mit der so sanften Gefühlssprache, der noch niemals ein Erdenleben gelebt hatte. Offensichtlich war ihm Aramai sehr ans Herz gewachsen.

»Ich bin eingeteilt«, kam die Antwort von Michas Lieblingsschüler, der vor kurzem seine Lehre abgeschlossen hatte. » Mein Name ist Engelbert, und ich bin mit dir verwandt, Aramai.« Mit ihr verwandt? Da konnte Aramai nur sehr erstaunt schauen.

»Ja, ich bin ein Sohn von deinem Ururgroßonkel.« Aramai war so aufgeregt, daß sie ganz vergaß, Näheres zu erfragen. Außerdem hörte sie noch etwas, das sie aber nicht richtig verstehen konnte.

»Aramai, Erzengel Michael hat soeben gesagt, daß er uns auch besonderen Schutz geben wird und wir ihn nur ja oft rufen sollen, du und ich«, sagte Micha soeben.

Mittlerweile hatten die anderen Schutzengel dem Hüter des Karma ihre weitreichenden Pläne mitgeteilt, so daß dieser lautstark über die viele Arbeit seufzte: »Immer muß ich alles für euch erledigen«, sagte er, »und zwischen den Planeten hin und her rennen. Ich muß euch ins Reich des Todes führen, zu euren Schützlingsseelen und vieles mehr. Und jetzt auch das noch. Wißt ihr denn, wieviel Arbeit das ist? Ja, und da fällt mir ein, wie bringen wir Aramai durch das Reich des Todes?«

Micha sagte: »Aber du hattest doch eine Idee, oder?«

»Hm, ja. Aramai, es ist folgendes: Wenn eine Seele aus dem Reich des Todes kommt, dann haben immer alle geistigen Kräfte das Recht auf einen ehrlichen Einblick in die karmischen Zusammenhänge. Die lichten Kräfte unterstützen die Seele auf ihrem Lebensweg bestmöglich, aber die dunklen Kräfte wollen sie in Versuchung führen. Ich, als Hüter des Karma, muß da ganz neutral Auskunft geben. Ich darf nichts beschönigen. Wenn du also durch das Reich des Todes gehen willst, um wiedergeboren zu werden, dann mußt du eine Prüfung auf dich nehmen, Aramai. Und das gilt auch für alle anderen, die aus dem Engelreich kommen«, fügte er noch schnell hinzu.

»Eine Prüfung, die will ich gerne auf mich nehmen«, sagte Aramai leichten Herzens.

»Paß auf, die Prüfung könnte schwerer werden, als du denkst«, flüsterte ihr ein Schutzengel zu, den sie noch nicht näher kannte.

»Aber was ist das für eine Prüfung?« wandte sich Aramai dem Hüter des Karma fragend zu.

»Du kannst dir eine aus deinen vielen Leben aussuchen. Vielleicht gibt es etwas, das du noch nicht richtig gelebt hast?«

Aramai dachte angestrengt nach, aber das fiel ihr ausgerechnet jetzt nicht ein. Der Hüter des Karma, der sich Aramai ja genau angesehen hatte, fragte deshalb: »Aramai, vielleicht hast du einmal irgend etwas versprochen, das du noch nicht gehalten hast?«

»O ja, natürlich«, sprudelte es sofort aus Aramai heraus, »ich habe Onkel Balthasar versprochen, ihn zu heiraten. Das will ich einlösen.«

»Gut, so soll es sein«, der Hüter des Karma war einverstanden.

»Keine leichte Prüfung, Aramai«, sagte da Micha neben ihr, und seine Stimme war eine Spur leiser geworden.

Für Aramai war das alles wirklich schon viel zu viel, und sie konnte die Tragweite der gefaßten Pläne und Beschlüsse bestimmt nicht verstehen. Nein, bestimmt nicht, das wußten alle Schutzengel, nicht nur Micha.

Für die Schutzengel war natürlich unglaublich viel zu tun, und auch Micha hatte viel vorzubereiten. Deshalb mußte er Aramai öfter alleine lassen. »Wie willst du die Zeit bis zum Aufbruch zur großen Reise verbringen, Aramai?« fragte er sie daher.

»Ach, Micha, ich möchte ein großes Abschiedsfest mit allen lieben Engeln feiern, und am liebsten würde ich es selbst organisieren und vorbereiten.« Das war wirklich eine gute Idee von Aramai, und Micha und all die anderen Engel freuten sich sehr darauf. Auch der Hüter des Karma freute sich, ausnahmsweise hatte er sein Kommen zugesagt. Für Aramai war die Vorbereitung des großen Festes der reinste Genuß. Es gab ja wirklich nichts Schöneres, als im Engelreich so etwas tun zu dürfen, wurde doch jeder Wunsch und jeder Gedanke hier augenblicklich verwirklicht: die wunderschönsten Farbdekorationen, die herrlichsten Möbel, feinstes Silber und Gold. Phantastische Blumengestecke, edelste Kerzenleuchter, herrliche Speisen, und alles war kunstvoll arrangiert. Der junge Engel mit der sanften Gefühlssprache, ihr wißt schon, er war von Aramais Seite nicht mehr wegzubringen, ihm machte alles großen Spaß. Er lehrte Aramai noch weitere Kunstkniffe, und so hatten die beiden wirklich viel Freude zusammen.

Obwohl im Engelreich die Zeit eine ganz andere Dimension hatte als auf der Erde, ging sie auch dort vorüber, und der Zeitpunkt des Abschiedsfestes war gekommen. Nun, was das für ein Fest war, läßt sich mit Worten beim besten Willen nicht beschreiben. Die Pracht und Herrlichkeit, die Freude, Liebe und Harmonie waren einfach einzigartig. Aramai erlebte das Fest wie einen einzigen, berauschend schönen Traum. Ihr Farbenkleid strahlte so wunderschön und so weit, daß selbst die älteren Schutzengel ganz begeisterte Blicke auf sie warfen. Die herrlichste Musik erklang in den berückendsten Tönen. Natürlich wurde auch viel getanzt. Aramai wurde von einer Hand zur nächsten gereicht. Aramai tanzte und tanzte. Die Musik wurde zu einem einzigen Jubelklang und Lobgesang.

Einmal lag eine Hand in ihrer Hand, o Aramai, so strömend warm hatte es sie doch schon einmal durchflutet, so ein Glücksgefühl hatte doch schon einmal ihr Herz fast gesprengt, und diese Hand gehörte zu ... doch da schwanden Aramai die Sinne, und alles drehte sich rasend schnell um sie. Richtig zu Bewußtsein kam sie erst wieder in Michas Armen, und sie tanzte und tanzte mit ihm, als dürfe all das niemals enden. Die Musik trug sie, hob sie und umschmiegte sie. So tanzte sie und tanzte sie in Michas Armen, bis sie vor Aufregung wieder müde wurde und plötzlich einschlief.

So kam es, daß Aramai zuletzt der Abschied von den Schutzengeln erspart blieb. Still und leise blieben diese stehen, als Aramei einschlief, und ihre Farbenkleider breiteten sich zu einem wundervollen, satten Farbtunnel aus. Durch diesen trug nun Micha Aramai bis ins Reich des Todes, und noch weiter bis zur Schwelle der Wiedergeburt.

Das neue Erdenleben

Die Schutzengel hatten wirklich fleißigst gearbeitet. Eine von Aramais Lieblingsmüttern war gefunden und auf die Welt geschickt worden. Aramai hatte während ihrer vielen Leben natürlich mehrere sehr liebe Mütter. Die Mutter für dieses Leben war für Aramai aber besonders wichtig. Das wußten die Engel, und sie wählten eine der stärksten Seelen aus. Eine Seele, die nicht gleich verzagte, wenn es Aramai nicht gut ging.

Auch ein sehr lieber Vater war gefunden worden, einer der sehr stark mit der Natur verbunden war und immer am Boden der Tatsachen blieb. Aramais Schutzengel, Engelbert, hatte bei der Wahl ihrer Eltern natürlich ein großes Wort mitzureden, und besonders der Vater lag ihm sehr am Herzen. Dann mußten noch die richtigen Geschwister gefunden werden, denn jeder Engel wußte, wie sehr es Aramai liebte, in einer großen Familie zu sein. Daß die Geschwister auch ganz besondere Geschwister waren, solche nämlich, die in anderen Leben viel zu früh von Aramai Abschied nehmen mußten, versteht sich von selbst und wird im Laufe unserer Geschichte noch deutlich werden.

Normalerweise werden die Eltern und Geschwister einer Seele natürlich vom Hüter des Karma ausgesucht. Er weiß ja ganz genau, welche karmischen Ursachen die Kinder und auch die Eltern bewegt haben und was sie lernen und auflösen müssen. Manchmal steht sehr viel gleichzeitig zum Lernen an. Dann läßt der Hüter des Karma die Seele im Reich des Todes in ihr Bilderbuch der Inkarnationen hineinschauen. Die Seele darf sich die Prüfung, die sie zuerst machen will, selbst aussuchen und kann sich daher schon im Reich des Todes gut auf das nächste Erdenleben vorbereiten. Manchmal werden die Seelen auch gefragt, ob sie diese Aufgabe auf sich nehmen wollen. Ja, die Seelen, die gelernt haben, ihre Schutzengel zu rufen, werden eigentlich immer gefragt und auch auf die Besonderheiten der karmischen Verbindung mit ihren Kindern aufmerksam gemacht, was dann die Erziehung der Kinder sehr erleichtert, wie sich jeder vorstellen kann.

Natürlich setzt diese Vorgehensweise eine gewisse Reife der Seele voraus. Der Hüter des Karma ist immer sehr froh, wenn die Seelen so bewußt mitarbeiten, um ihr Karma abzutragen. Er ruft dann immer auch den Schutzengel, und in vielen Fällen, wie uns das der weise Engel Habakuk schon erklärt hat, können Gnadengesuche verfaßt und weitergeleitet werden. Dann müssen die schwersten Prüfungen oft nicht gemacht werden. Manchen Wichtelseelen widerstrebt es, um Verzeihung oder um Gnade zu bitten, sie wollen auch nicht die so gut gemeinten Ratschläge ihrer Schutzengel annehmen. Lieber nehmen sie schweres Leid auf sich.

Dann natürlich kann der Hüter des Karma auch nichts machen, und das Gesetz erfüllt sich von allein. Die Schutzengel der betroffenen Wichtelwesen sagen: »Alles ist gut, so wie es ist.« Ihr Lächeln bleibt ruhig und harmonisch, und unendlich geduldig stehen sie den Wichtelwesen weiter zur Seite. Ja, manche Schutzengel müssen Jahrhunderte lang warten, bis ihr Schützling eines seiner eigenen Probleme wirklich gelöst hat und eine Stufe der Erkenntnis weitergehen kann.

»Die Wichtelwesen haben absolute Freiheit und bestimmen ihre Leben selbst«, ist die eindeutige Antwort aller Schutzengel, wenn sie gefragt werden, warum sie nicht eingreifen: »Wir sind nur dazu da, um zu helfen, wenn das Wichtelwesen uns ruft und sich helfen lassen will.«

Daher ist es verständlich, daß es für die Schutzengel eine große Freude war, nun Eltern, Geschwister und auch Freunde für Aramai auswählen zu dürfen. Aramai war ja über den Regenbogen gegangen, und daher frei von allen karmischen Verpflichtungen. Es war ein großes Vergnügen für die Wichtelengel.

»Aber gebt acht, ihr lieben Wichtelengelbrüder«, meldete sich der weise Jesaia mitten im geschäftigen Treiben zu Wort. »Auch Aramai hat ihren freien Willen, und wer weiß, wen sie alles zu treffen wünscht in ihrem Erdenleben. Ihr wißt, sie hat sehr intensiv in ihr Bilderbuch der Inkarnationen geschaut, und ihr Herz hat vor Sehnsucht oft sehr heftige Farbwellen geschlagen. Gebt also acht, Aramai wird viele karmische Fäden aufs neue knüpfen und sich wieder verstricken in alten Bindungen.«

Aramai hatte von all dem nichts mitbekommen. Sie schlief so tief und fest und erwachte erst in einem wunderhübschen Wichtelstubenwagen.

Ihre Eltern hatten sehr große Freude mit ihr, sie war auch ein richtig festes und liebes Wichtelbaby. Schwierig war es nur, wenn ihr Vater mit ihrer Mutter sprechen wollte, oder wenn ihr Vater sich gar über Aramais Stubenwagen beugte und sie ansprach, dann begann Aramai ganz fürchterlich zu weinen. Die Eltern waren dann immer sehr erschrocken, denn sie wußten ja nicht, warum Aramai so bitterlich weinte. Womöglich hatte sie Bauchweh oder sonst etwas, aber je mehr sie vermeintlich beruhigend auf sie einredeten, um so mehr schrie sie. Bis die Mutter merkte, daß Aramai sehr empfindlich auf laute Stimmen reagierte, besonders auf die tiefe Stimme ihres Vaters.

Aus unserer Sicht ist das natürlich sehr verständlich, war doch Aramai an die zarte Gefühlssprache der Engel gewohnt. Die laute Sprache tat ihr weh und machte ihr Angst. Dazu kam, daß sie, wenn sie schrie, selbst auch eine sehr laute und schrille Stimme hatte. Sie wußte also nicht, daß das ihre eigene Stimme war. Und so schrie und schrie sie manchmal wirklich unerträglich. Noch ein zweites Problem ergab sich gleich in ihren ersten Erdentagen: Aramai wollte nicht einschlafen. Das heißt, sie wollte nur einschlafen, wenn ihre Mutter sie im Arm hielt. Schlief sie dann endlich und legte ihre Mutter sie zurück in den Stubenwagen, war sie sofort wieder wach. Da sie aber sehr müde war, begann sie zu weinen, und die Mutter mußte sie wieder aus dem Stubenwagen herausnehmen, und alles begann von vorne.

Aramai war es so sehr gewöhnt, in Michas warm strahlender Umarmung einzuschlafen, doch das konnte ihre Mutter nicht wissen. Schließlich fand die Mutter eine Lösung. Sie legte sie zurück in den Stubenwagen und gab Aramai ihren Finger zum Festhalten. Das funktionierte, und das kleine Wichtelbaby hielt den Finger der Mutter mit seinen Babyhändchen ganz fest. Oft mußte die Mutter sehr lange neben dem Stubenwagen sitzen, bis Aramai endlich tief eingeschlafen war und den Finger losließ. Dabei hätte die Mutter noch soviel Arbeit gehabt. Es war ja gerade ein Krieg zu Ende gegangen auf der Wichtelwelt, das Leben war schwer und mit harter Arbeit verbunden.

Für Aramais Eltern war die Familiengründung sowieso eine sehr schwere Prüfung, denn der Vater hatte seine Berufsausbildung noch nicht abgeschlossen, und so mußte die Mutter das Geld verdienen. Das war eine bedrückende Situation für die Mutter, schon als sie ihr Baby unter dem Herzen trug, und sie wußte auch keine vernünftige Lösung. Aber wir wissen ja, die Mutter war von den Engeln ausgesucht worden. Folglich ist klar, daß sie zu diesen einen sehr guten Kontakt hatte. Daher kam es, daß eine wunderbare Sache arrangiert wurde. Im selben Haus wohnte eine sehr liebe ältere Frau, die keine Kinder hatte. Und ihr lieber Mann, der schon sehr lange im Rollstuhl saß, war auch um vieles älter als sie. Viele Jahre hatte Johanna, so hieß die Frau nämlich, fürsorglich ihren Gatten gepflegt. Als diesem nun die Schutzengel das anstehende Problem erläuterten, erkannte er die Situation genau und schlief sofort hinüber ins Reich des Todes.

Das war kurz vor Aramais Geburt, und so kam es, daß Aramais Mutter eine so liebe Wahl-Oma für sie gefunden hatte. Diese Wahl-Oma hatte nun auch genügend Zeit für Aramai und zudem große Freude mit ihr. Wir sehen, die Schutzengel arrangieren wirklich alles bestens. Die Wahl-Oma hatte nämlich auch einen sehr schönen großen Garten, und der war für Aramai sehr wichtig. In diesen großen Garten durften die Eltern nach einiger Zeit ihr Wichtelhaus bauen. Es wurde wirklich ein sehr hübsches kleines Haus.

Die schöne Zeit im Wichtelgarten

Die Zeit verging nun für Aramai auf die wunderbarste Weise. Bald wurde das Häuschen gebaut, und sie wurde in ihrem großen Kinderwagen mitten in den Garten gestellt. Die ganze frühe Kindheit war für das Mädchen Aramai ein herrlicher Traum. Sie lachte, sang und tanzte, und alles um sie herum lebte: die Steine, die Gräser, die Blumen, die Würmer. Mit allen Wesen der Natur war sie in Verbindung. Alle Wesen kannte sie, und mit jedem hatte sie etwas zu plaudern, zu lachen und zu musizieren. Bald wurde auch ihr Schwesterchen Gundula geboren. Als Gundula zudem herumkrabbeln konnte, wurde es für Aramai noch viel lustiger und spannender auf der Wichtelwelt.

»Schau, Gundula«, rief sie, einmal aus der einen Ecke des Gartens und ein andermal aus der anderen Ecke, soviel gab es zu sehen und zu beobachten. »Schau doch, Gundula, die kleine Ameise, oh, wie lieb die ist und wie stark! Sie hat einen Zw ... kern, und den schleppt sie durch die Wiese. Oh, wie lustig das ist, schau doch!« Zwetschgenkern konnte Aramai natürlich noch nicht aussprechen, und es war auch kein Zwetschgenkern sondern ein Kirschkern. Aramai war natürlich noch zu klein, um alles so genau zu wissen. Und Gundula konnte ihr größeres Schwesterchen auch noch nicht verstehen. Da Aramais Stimme aber sehr fröhlich klang, krähte die kleine Gundula recht fröhlich mit und lachte begeistert.

»Na, das findet ihr lustig, ich finde das nicht so lustig, bloß ein bißchen schwer. Oh, diese Wichtelkinder von heute haben gar keinen Respekt mehr vor einer fleißigen Ameise.« Aramai war nicht erstaunt über die brummige Zurechtweisung der Ameise. Für Aramai war es selbstverständlich, sich mit allen Tieren unterhalten zu können, hatte sie doch die Gefühlssprache noch nicht verlernt. So fragte sie die Ameise gleich zurück: »Was heißt Respekt?«

Nun war die Ameise ein bißchen überfragt und wand sich mit ihrem Kirschkern weiter, doch Aramai ließ nicht locker: »Wenn du willst, daß ich Respekt vor dir habe, mußt du mir schon erklären, was das heißt.«

Nun fühlte sich die Ameise richtig in die Enge getrieben. Sie mochte nämlich nicht gerne zugeben, daß sie Worte verwendete, deren Bedeutung sie nicht genau kannte. Da griff sie zu einer wunderbaren Ausrede: »Du solltest mich wirklich nicht bei meiner schweren Arbeit stören, Wichtelkind. Frag doch die vorlaute Amsel, die weiß immer alles. Mich strengt das Sprechen jetzt wirklich an.«

Kaum hatte die Amsel ihren Namen gehört, kam sie sofort angeflogen und setzte sich knapp über Aramai und Gundula auf einen Hollerzweig, der über den Gartenzaun hing. Bevor Aramai die Amsel etwas fragen konnte, begann diese mit den neuesten Klatschgeschichten, die es aus Nachbarsgarten zu berichten gab: »Aramai, stell dir vor, heute morgen habe ich beobachtet, wie grauenhaft der Kater ...« Aramai war an den Klatschgeschichten der Frau Amsel nicht interessiert, die meisten kannte sie schon. Daß die Amsel den schwarzen Kater nicht leiden konnte, das wußte hier im Garten auch jeder. Daher lief sie ein Stück weiter, um die zarte Baumfee, die in der uralten Linde wohnte, zu begrüßen. Diese hatte nämlich immer viel Interessanteres zu berichten, als die meisten anderen hier im Garten. Sie wußte, was sich im Erdreich zutrug.

Als Aramai sich unter die Linde setzte, kam die Baumfee sogleich zum Vorschein, denn sie freute sich immer über den Besuch des gelehrigen Wichtelkindes. Sofort begannen beide, sich intensiv zu unterhalten. Die Baumfee beherrschte die Gefühlssprache perfekt, und sie hatte Aramai soviel zu erzählen, daß diese sich ganz an die alte Linde anlehnte, um ja alles zu verstehen.

»Aramai, bist du eingeschlafen? Komm, das Essen ist fertig!« Das war die Mutter, die nach ihr rief. Aramai verabschiedete sich schnell von der lieben Fee und versprach, am nächsten Tag wieder zu kommen.

»Was machst du bloß immer unter der Linde, Aramai. Du sitzt oft einfach da. Es sieht aus, als würdest du schlafen«, fragte die Mutter beim Essen.

»Oh, ich unterhalte mich mit der Baumfee.«

»Mit der Baumfee? So, so«, nachdenklich strich sich die Mutter über die Stirn. » Worüber unterhaltet ihr euch denn?«

»Sie erzählt mir von den kostbaren Steinen mit den schillernden Farben, die es im Erdreich gibt. Heute hat sie mir über den Berg- ah, Bergkies erzählt«, antwortete Aramai höflich, und sie runzelte die Stirn, denn der Name war nicht ganz richtig, das wußte sie.

»Mein Gott«, rief da die Wahl-Oma, »das Kind spricht ja über Edelsteine. Hast du Bergkristall gemeint, Aramai?«

»Ja, genau, Bergkristall«, Aramai war sehr froh, daß die Oma den Namen wußte, aber doch auch erstaunt, »Oma, kannst du auch mit der Baumfee sprechen?«

»Woher das Kind das nur alles hat«, seufzte die Mutter. »Aramai, es wird wirklich Zeit, daß du in die Schule kommst, sonst geht deine Phantasie noch mit dir durch.«

»Vielleicht steht etwas in ihrem Wichtelmärchenbuch«, meinte die Oma.

»Du Mama, Mama ...«, Aramai hätte die Mutter noch gerne gefragt, was Heilkräfte sind. Die Baumfee hatte nämlich viel über die Heilkräfte der Steine erzählt. Aber die Mutter wirkte so müde, und Gundula begann zu weinen, so daß Aramai lieber doch nicht fragen wollte.

Die Mutter hatte es aber sehr wohl bemerkt und sagte: »Iß Aramai, du stocherst ja nur in deinem Essen herum. Du kannst ruhig deinen Vater fragen, wenn er von der Arbeit kommt«, und zur Oma gewandt: »Soll doch der Vater auch einmal spüren, wie das so ist, wenn die Kinder einem Löcher in den Bauch fragen.«

Nun war Aramai erschrocken, wußte sie doch, daß die Mutter wieder ein Baby im Bauch hatte.

Daß heißt, die Mutter hatte ihr gesagt, sie trage ein Brüderchen oder ein Schwesterchen unter dem Herzen. Das war ja herrlich und eine große Freude. Gundula hatte sie ja allerliebst, aber vielleicht noch ein kleines Brüderchen, das wäre wirklich schön. Aramai wollte natürlich Genaueres in Erfahrung bringen, ob man feststellen könne, ob es ein Brüderchen würde und wie das funktionierte. Natürlich hatte sie sich wieder an die Baumfee gewandt, sie war tatsächlich ihre beste Vertraute, die ihr schon einiges verraten hatte. »Kinder werden gemacht, wenn die Eltern sich sehr lieb haben. Sie entstehen im Bauch der Mutter, wachsen dort und brauchen immer mehr Platz. Darum bekommt die Mutter einen großen Bauch«. So oder so ähnlich hatte die Baumfee ihr die Zusammenhänge erklärt. Das war vor einigen Tagen gewesen, und Aramai nahm sich vor, nicht mehr so viel zu fragen. Wenn dadurch Löcher entstanden, war dies sicher gefährlich.

Ja, Aramai hatte über vieles nachzudenken. Sie war stolz auf ihre Erkenntnisse, besonders darauf, daß sie wußte, daß Kinder im Bauch entstehen.

Unter dem Herzen, dachte sie, das war wieder so eine oberflächliche Redewendung der großen Wichtel.

Engel Engelbert und Habakuk hatten die Szenen beobachtet, und Habakuk sagte: »Das geht tagein, tagaus so weiter. Ich werde den anderen Engeln von Aramai berichten.«

Engelbert blieb natürlich in der Nähe von Aramai, gerade zu dieser Zeit, hatte ihm doch der Hüter des Karma verraten, daß er bald sehr benötigt werden würde.

Ja, und Habakuk berichtete in der Engelwelt, und vor allem der kleine Engel, der gar kein … , na ihr wißt schon, hörte besonders aufmerksam zu.

Wir könnten natürlich noch viel Interessantes und Schönes aus Aramais Kindheitstagen ansehen. Doch da wir wissen, wie dick ihr Bilderbuch der Inkarnationen ist, und sie sich sehr viel vorgenommen hat für dieses Erdenleben, wollen wir uns auf die wichtigsten Ereignisse beschränken.

Aramai war fortwährend glücklich und vergnügt und wurde immer übermütiger. Eines Tages tanzte sie im Zimmer herum, sehr zur Belustigung der kleinen Gundula, die fröhlich lachend und jauchzend in ihrem Sitzwagen lehnte. Aramai sang und trillerte immer fröhlicher, und ihr Tanz wurde zu einem richtigen Schauspiel. Sie machte die lustigsten Körperverdrehungen und

Sprünge, ein Tuch der Mutter hielt sie wie einen Partner vor sich, und so wirbelte sie durch den Raum. Die Mutter war beim Fensterputzen, sie mußte aber immer wieder zu ihren fröhlichen Kindern hinsehen.

»Aramai würde eine gute Ballettänzerin sein«, flüsterte ihr die Intuition, die wir später in unserer Geschichte noch näher kennenlernen wollen, ins Ohr. »Nun habe ich auch schon so verrückte Gedanken wie meine kleine Tochter«, dachte sich die Mutter und ging weiter zum nächsten Fenster.

Aramai wirbelte immer schneller und schneller durch den Raum, und sie fühlte sich immer leichter und leichter. Schutzengel Engelbert sah, wie ihr Farbenkleid immer kräftiger in allen Regenbogenfarben zu leuchten und zu schillern begann, und er erkannte die große Gefahr.

»Aramai, hör auf! Wenn dein Farbenkleid so strahlt, dann gehst du wieder über den Regenbogen und das geht nicht! Aramai, gib acht!« Doch Aramai hatte ihn nicht gerufen, sie konnte ihn nicht hören. Und so kam es, daß der Hüter des Karma eingreifen mußte.

»Ah«, laut und schmerzlich schrie Aramai auf und begann zu weinen. Die Mutter stürzte herbei und sah, daß Aramai beim Herumtoben einen Topf mit sehr heißem Wasser, den sie für Gundulas Fläschchen hingestellt hatte, vom Ofen gerissen und sich über den Rücken geschüttet hatte.

Zum Glück gelang es Engelbert, eine Wichtelfrau zu finden, die Aramais Mutter eine sehr gute und wirksame Heilsalbe brachte. Die Verbrennung heilte gut, doch Aramai hatte durch den Schmerz einen gewaltigen Schock bekommen. Für viele, viele Jahre konnte sie nicht mehr so frei, fröhlich und ausgelassen sein und so schön tanzen und sich bewegen.

»Tut mir leid, Aramai«, sagte der Hüter des Karma, »aber du warst nahe daran, deine Prüfung zu verfehlen, die du freiwillig auf dich genommen hast.« Natürlich wußte Aramai zu diesem Zeitpunkt noch nichts davon.

Das zweite wichtige Ereignis in Aramais Kindheit und die schlimme Entdeckung, kein Wichtelkind zu sein

Als die Mutter Aramai zum erstenmal den Schulranzen umhängte und diese klein und zart in der Haustür stand, da wurde der Mutter ganz schwer ums Herz, und sie dachte: »Aramai, nun beginnt der Ernst des Lebens für dich. Mögen dich Gott und alle seine Schutzengel begleiten.« Aramai verstand die Gedanken ihrer Mutter immer genau, und fröhlich lachend verabschiedete sie sich von ihr. Natürlich war ihre Fröhlichkeit größtenteils gespielt. Aber sie mußte einfach fröhlich sein, wenn jemand unglücklich oder bedrückt war in ihrer Nähe. Sie wußte zwar nicht warum, aber sie mußte einfach. In Wirklichkeit war ihr nicht so fröhlich zumute, denn sie war sich nicht sicher, ob ihr die Schule gefallen würde. Was sie aber noch mehr bedrückte, war der Gedanke an den Wichteloberlehrer. Wie mochte der wohl sein? So waren ihre Schritte doch sehr zaghaft, als sie den Schulweg zum erstenmal ging. Groß war dann ihre Erleichterung, als sie feststellte, daß ihre Lehrerin eine Frau war. So änderte sich noch nicht sehr viel für Aramai, nur, daß sie nicht mehr ganz so fröhlich und glücklich war und nicht mehr so ausgelassen spielte. Die Schule war ein bißchen langweilig, aber sie hatte ja ihre Tagträume. Der Schulweg war recht interessant, da gab es natürlich viel Neues zu sehen und zu entdecken und viele neue Freundschaften zu schließen. Die Freundschaften mit den Blumen, Bäumen, Steinen und Tieren waren ihr wichtiger als die zu anderen Kindern.

Das schlimme Ereignis nahm seinen Anfang, als Aramai einen Aufsatz über ihre Familie schreiben mußte. Mit vollem Eifer war sie bei der Sache:

Wir sind eine große Wichtelfamilie. Wir wohnen in einem schönen großen Wichtelhaus. Mein Vati arbeitet im Wald wen er nicht gerade in der Kanzlei is. Ich habe gans libe wichtelgeschwister. Gundula und Wiggi, mein Brüderli .

Meine Oma mag ich gerne. Die Wichtel in der Schule mag ich nicht so. Am gernsten spile ich im Gaten. Die Baumfee besuch ich jeden Tag. Mit der Amsel und mit dem schwazen Kater gibt es imma fil zum lachen …

Und Aramai schrieb immer weiter, als die Pausenglocke läutete, hörte sie diese nicht. Sie hörte erst zu schreiben auf, als die Lehrerin ihr das Heft wegnahm.

Am nächsten Tag machte die Lehrerin ein sehr strenges Gesicht und rief sofort: »Aramai, steh auf!« Nachdem sie gehorsam aufgestanden war, wurde sie von der Lehrerin gefragt, ob sie ein Märchenbuch in ihrem Schulranzen habe, ob sie geschwindelt habe und den Schulaufsatz aus diesem Märchenbuch abgeschrieben habe, noch dazu mit so vielen Fehlern. Aramai verstand nicht, was das mit dem Märchen sollte. So verneinte sie die Beschuldigung, geschwindelt zu haben und sagte: »Ich habe über meine Familie geschrieben und unseren Wichtelgarten.«

»Ja, Kind«, sagte da die Lehrerin, » wenn du über deine Familie erzählst, kannst du nicht immer von Wichteln reden.« Aramai wußte gar nicht, was sie sagen sollte, sie verstand das Ganze nicht. Sie wippte ein bißchen verlegen hin und her und spielte mit ihren Zöpfen. Die anderen Kinder begannen, in den Bänken zu tuscheln und zu kichern.

»Aramai, es gibt Tiere und Pflanzen, und was sind wir?« fragte schließlich die Lehrerin und ermahnte die kichernden Kinder mit ihrem strengen Blick.

»Ja, wir sind Wichtel«, gab Aramai natürlich sofort zur Antwort.

»Meine Güte«, entfuhr es da der Lehrerin, » wir sind doch keine Wichtel. Wichtel sind Fabelwesen, Aramai.« Das Gekicher in den Bankreihen wurde nun zum lauten Gelächter.

»Oh, ist die aber blöd«, sagte die dicke kleine Schulwartstochter, und ein anderes Kind sagte sofort: »Sie mag auch nicht spielen mit uns, sie ist wirklich eine blöde Kuh.« Schon tönte es aus der anderen Ecke: »Wichtelkuh, Wichtelkuh, blöde, blöde Wichtelkuh!«

Aramai bekam einen hochroten Kopf und sagte: »Wie gemein ihr seid.« Der Tumult in der Klasse war so groß, daß die Lehrerin sich anstrengen mußte, Ruhe zu schaffen. Sie rief die kleine Schulwartstochter, die öfter so vorlaut war, an die Tafel und ließ sie aufschreiben.

»Pflanzen, Tiere und Menschen«, tönte es aus der ganzen Klasse.

»Nun », wandte sich die Lehrerin wieder an Aramai, » wir sind Menschen. Hast du das jetzt verstanden, und es gibt keine Baumfeen, und mit Käfern kann man nicht sprechen, Steine haben keine geheimnisvollen Kräfte, und man sagt bunte Kleider und nicht Farbenkleider.« Die Lehrerin klatschte Aramai das Heft mit dem Schulaufsatz auf die Bank. Unter der so wunderschönen Geschichte über ihre Familie und ihren Garten stand mit roter Tinte ganz groß eine Fünf!

Das war nun für Aramai wirklich zu viel, sie konnte diese Welt, die plötzlich keine vertraute Wichtelwelt mehr sein sollte, nicht mehr verstehen. So packte sie das Heft und ihren Schulranzen und lief so schnell sie konnte aus der Klasse und nach Hause.

Wie wir uns denken können, wollte sie natürlich sofort zur Baumfee laufen und dieser die Ungeheuerlichkeiten erzählen, doch gerade an diesem Vormittag waren Forstarbeiter gekommen und hatten die alte Linde gefällt. Rundum entstanden nämlich viele neue kleine Häuser. Und unmittelbar da, wo die Linde stand, mußte eine Straße gebaut werden. Als Aramai angerannt kam, waren die Forstarbeiter gerade damit beschäftigt, die Rinde vom Stamm zu schälen, und die Äste lagen abgeschnitten überall verteilt. Der Schock war für Aramai so groß, daß ihre ganze Vorstellungswelt zusammenbrach. Sie wünschte sich nichts sehnlicher, als sofort aus dieser Wichtelwelt, die keine mehr war, zu verschwinden.

Bereits am Nachmittag dieses Tages hatte Aramai sehr hohes Fieber, und das Fieber stieg immer noch weiter, keine Essigsockerl halfen mehr und kein Sirup. Zudem redete sie lauter wirres Zeug, und die ganze Familie war sehr aufgeregt. Alle machten sich große Sorgen um sie. Als es immer schlimmer wurde, lief die Mutter hinaus, um einen Arzt zu holen. Die Wahl-Oma blieb am Bett sitzen und murmelte ohne Unterlaß: »Jesusmaria, Jesusmaria ... hilf«, dabei schlug sie die Hände immer wieder zusammen und seufzte wieder, »Jesusmaria, Jesusmaria ... um Gottes Willen, hilf!«

Das war nun nicht gerade die formvollendetste Anrede, um die geistige Welt und die Schutzengel zu rufen, aber die Form hatte natürlich im Engelreich nicht diese lächerliche Bedeutung wie im Erdendasein, und so wurde der Hilferuf auch sofort verstanden. Ja, Engelbert wartete schon voller Ungeduld darauf, endlich gerufen zu werden, obwohl wir wissen, daß er nicht hätte ungeduldig sein dürfen. Jedenfalls war er nun ehrlich erleichtert. In weiser Voraussicht hatte er bereits mehrere Engel zur Hilfe herbeigerufen. Diese legten nun alle ihre Hände rundherum auf Aramais Körper.

Aramai wurde sofort ruhiger, und es dauerte nicht lange, und sie schlief tief und fest ein. Als die Mutter mit dem Arzt kam, hatte sie bereits kaum noch erhöhte Temperatur, und die Hilferufe der Wahl-Oma wurden zu einem dankbaren »Jesusmaria, ihrer Gnaden, ein Wunder ist geschehen!«

Die Mutter, die sich sehr aufgeregt hatte, daß der Arzt zu einem Krankenbesuch am Berg so lange gebraucht hatte, sank nun sehr erleichtert neben Aramais Bett auf einen Stuhl. Nur der Arzt brummte ärgerlich: »Ach, diese überbesorgten Mütter, nicht einmal einen Bissen Abendbrot hätte sie mich essen lassen!« Als er aber sah, daß die Wahl-Oma bereits Käse und Butter aus der Speisekammer holte, war er besänftigt und zückte seinen Rezeptblock, um doch einen neuen Fiebersirup zu verschreiben. So war er nicht ganz umsonst gekommen.

Aramai schlief tief und fest. Als sie endlich aufwachte und ihre Augen aufmachte, sah sie eine wunderschöne, zarte und feine Hand über sich. Sie sah nicht, wem diese Hand gehörte, sie sah nur die Hand. Die Hand war unglaublich schön und strömte eine sanfte Wärme aus. Augenblicklich war Aramai von einer tiefen Ruhe und einem wunderbar liebevollen Gefühl durchströmt und schloß die Augen. Doch gleich machte sie die Augen wieder auf, um zu schauen, ob die Hand noch da war. Beruhigt stellte sie fest, die Hand war noch da, und Aramai schlief wieder ein. Lange Jahre hatte sie niemandem dieses Erlebnis erzählt, obwohl sie es nie vergessen hatte. Oft hatte sie darüber nachgedacht und war zu dem Entschluß gekommen, das war die Hand von Jesus gewesen. Also war die Hand von Jesus für sie da, und das war eine große Beruhigung für sie.

Die Aufregung in der Schule legte sich. Ihre Mutter hatte ein langes Gespräch mit der Lehrerin geführt, wobei sie dieser von Aramais Feinfühligkeit und ihrem phantasievollen Wesen erzählt hatte. Zuletzt sah die Lehrerin auch ein, daß sie Aramai zu hart beurteilt hatte, war doch der Aufsatz ungewöhnlich lang und die Zeit zu knapp gewesen, um die Rechtschreibung überprüfen zu können. Auch die anderen Kinder wurden angehalten, Aramai nicht mehr auszulachen, was sie allerdings nur zum Teil einhielten. Die Mutter redete auch lange mit Aramai und erklärte ihr, wie sie sich als Menschenkind benehmen müsse.

Aramai selbst ließ alles über sich ergehen. Sie ging weiter zur Schule, machte ihre Aufgaben und spielte mit ihren jüngeren Geschwistern. Von außen betrachtet verlief alles gut und nahezu klaglos. Innerlich hatte sich Aramai aber sehr stark verändert. Nicht nur, daß sie nicht mehr so fröhlich war, sie sagte auch niemandem mehr, was sie wirklich dachte. Sie ließ die äußere Welt einfach an sich vorbeiziehen und spielte wie eine Marionette mit. Oft saß sie irgendwo und schaute »Löcher in die Luft«, wie die Wahl-Oma immer sagte.

Aramai hatte ihre Tagträume, ja, sie schuf sich ihre eigene Wirklichkeit und malte diese innerlich mit den schönsten Farben aus.

»Sie holt sich ein Stück Engelreich in ihre Welt, nicht wahr, Engelbert«, sagte Habakuk eines Tages. »Schau doch, wie lebendig und bunt die Bilder sind, die sie sich ausdenkt.«

»Es wäre schön, wenn du recht hättest, lieber Habakuk«, antwortet Engelbert, »aber ich denke, Micha hatte recht, als er meinte, die Schatten vergangener Leben werden sehr stark in ihr Leben treten. Bedenke, was wir aus ihrem Bilderbuch wissen.«

»Meinst du, die Sache in der Schule und mit der Baumfee hat ausgelöst, daß sie ins Reich des Todes hinüberschlafen wollte, so wie damals, als sie der kleine Junge war, der nicht mutig sein wollte?« fragte Habakuk.

»Ja, das denke ich«, meinte Engelbert. »Sie fühlte sich, nachdem ihr der Hüter des Karma schon viel Freude genommen hatte, einfach nicht stark genug. Ein weiteres Ereignis aus wieder einem anderen ihrer Leben spielte eine große Rolle. Du weißt doch, aus dieser ganz frühen Zeit, als sie als kleines, lustiges Mädchen von ihren Geschwistern und Spielgefährten getrennt wurde, um diese besondere Erziehung zu erhalten.«

»O ja«, seufzte da Habakuk, »du hast recht, Engelbert. Wenn Aramai die Zusammenhänge nur erkennen könnte.«

Doch um diese Zusammenhänge zu erkennen, war für Aramai noch lange nicht die richtige Zeit gekommen.

Die Zeit der Schatten und eine Reise in der Gegenwart der Engel

Viele Jahre vergingen. Aramai fuhr mit dem Zug zur Schule in die Stadt. Aramai bekam noch zwei sehr liebe kleine Schwestern. Aramai ging in die Tanzschule, sie lernte ihren ersten Freund kennen. Aramai machte die Reifeprüfung. Aramai zog von zu Hause aus. Sie verdiente Geld mit verschiedenen Jobs, wie sie es nannte. Aramai zog in eine noch größere Stadt und kehrte wieder in die kleine Stadt zurück. Sie trennte sich von ihrem ersten Freund und lernte wieder einen Mann kennen. Sein Name war Ewald. In Aramai erwachte ein tiefes Gefühl für diesen Mann, doch sie konnte mit der Liebe nicht zurechtkommen. Eine schwere Zeit begann, Aramais beste Freundin starb, und ihre Welt war voller Schatten. Aramai bekam einen Heiratsantrag, doch da brach ein großer Kummer in ihrem Herzen aus. Sie konnte den Heiratsantrag nicht annehmen und wußte selbst nicht, warum es nicht möglich war.

Aramai läßt alles liegen und stehen und läuft davon

Ein alter grüner Kombibus fuhr quer durch Alpentäler und Ebenen, durch große Städte und auf langen Autobahnen einem fernen Land entgegen. Am Steuer saß Aramai und neben ihr Schutzengel Engelbert: »Aramai, bitte gib doch acht!« Sie fuhr geradeaus auf der Autobahn dahin, stundenlang wie im Traum. Ganz automatisch lenkte sie das Auto. Sie fuhr nicht schnell und immer auf der rechten Spur. Die großen Lastautos mußten daher den kleinen Kombibus überholen. Der Wind pfiff über die Ebene, und der kleine, alte Kombibus zog zuweilen gefährliche Schlangenlinien, wenn Aramai zu wenig gegen den Wind lenkte und in den Sog der großen Lastautos geriet.

»Engelbert«, tönte es von hinten, »ein großes Auto wird uns gleich überholen.«

»Danke, lieber Habakuk, das ist sehr aufmerksam von dir«, antwortete Engelbert, gleichzeitig griff er zum Lenkrad und stieg auch ein bißchen auf die Bremse. Habakuk hatte es sich nicht nehmen lassen, diese Reise mitzumachen und Engelbert Gesellschaft zu leisten. Der alte Kombibus war hinten wie ein Campingauto eingerichtet. Obwohl unglaublich viele Koffer und Schachteln übereinander geschichtet waren, war doch ein Teil vom Campingbett frei. Habakuk hatte es sich hier richtig gemütlich gemacht. Die Reise gefiel ihm offensichtlich ausgezeichnet.

Es war nicht verwunderlich, daß Engelbert immer wieder in Aramais Fahrweise eingriff. Erstens hatte sie ihn darum vor Antritt der Reise gebeten, und zweitens hat er in diesem Fall auch die Erlaubnis vom Hüter des Karma bekommen. Denn unsere Schutzengel greifen immer ein und helfen uns, wenn etwas nach dem großen Gesetz für uns »nicht dran« ist. Ein Autounfall zum Beispiel. Aramai wäre ohne Engelberts Hilfe längst in einen solchen verwickelt worden, nicht aus eigener Schuld. Nein, sondern weil die großen Lastwägen rücksichtslos überholten und zu knapp an ihren Kombibus heranfuhren. Aber da Aramai anderen niemals unachtsam, verantwortungslos oder gar vorsätzlich auf der Straße einen Schaden zugefügt hatte, konnte ihr auch nichts geschehen. Dafür sorgte schon Engelbert.

Zudem hatte der Hüter des Karma mit den Planeten abgesprochen, daß Aramai nun, nachdem sie durch so viele Schatten gegangen war, wenigstens eine kleine Zeit der Ruhe zugesprochen bekam, bevor sie das nächste schwerwiegende Ereignis zu verkraften hatte. Und dieses würde wirklich schwer für Aramai werden, da waren sich alle einig – der Hüter des Karma, die Planeten und die Schutzengel.

»Obwohl sie das nicht unbedingt erleben müßte«, meinte einer der Engel, als sie sich wieder einmal über Aramai und ihre bevorstehende Reise unterhielten. Doch Habakuk war sich sicher: »Ich kenne Aramai wirklich schon gut, sie wird es auf sich nehmen und diesen Faden aufs neue knüpfen.«

»Nun«, gab der weise Jesaia zu bedenken, »ich meine doch, diese Begegnung ist ein Teil von Aramais Prüfung, die sie freiwillig auf sich genommen hat.« Die Schutzengelwelt wußte natürlich, daß Aramai am Ziel ihrer Reise wieder einen jungen Mann kennenlernen würde. Und sie wußten auch, daß es für Aramai zwar unglaublich schön, aber doch letztlich wieder schwierig werden würde, noch schwieriger und schmerzlicher als die bereits zurückliegenden Ereignisse.

Doch noch war es nicht so weit. Aramai war immer noch unterwegs, die Reise dauerte immerhin einige Tage. »Warum mußte nur alles so kommen?« dachte sie, während eine dicke Träne über ihre Wange kollerte. Viele Bilder der Erinnerung gingen durch ihren Kopf. Ein Bild kam immer wieder, das Bild von Ewald. So wie sie ihn kennengelernt hatte, groß, schlank, dunkle Haare, gut gekleidet. Besonders männlich war er ihr vorgekommen damals, eine starke Persönlichkeit. Ein Mann, der einer Frau Halt geben kann. Den Halt, nach dem sie sich so sehnte. Mit ihrem ersten Freund Herbert hatte sie ja einige schöne Jahre verbracht, eine schöne Jugendbeziehung. Doch sie fand in ihm einfach nicht, was sie unbewußt suchte.

Herbert war der geborene Kameramann. Er war ein Träumer

und sah die Welt durch sein Objektiv, und oft hatte sie das Gefühl, als lebe er sein Leben wie auf einer Filmrolle. So, als könne man sich erlauben, jede Szene zu leben. Fand sie keinen Gefallen an seinen Inszenierungen, wurden die Szenen einfach geschnitten. Daß diese Schnitte ihr oft sehr weh taten, war nie richtig in sein Bewußtsein gedrungen. Er wollte ihr nie wirklich weh tun, das wußte Aramai. Er war auch immer sehr zerknirscht, wenn sie ihm erklärte, daß es so nicht sein könne. Kurzerhand schrieb er das Drehbuch seiner Handlungen um und inszenierte die nächsten mehr oder weniger dramatischen Szenen. Da war zum Beispiel der große Werbefilmauftrag auf Korsika gewesen.

Aramai schüttelt in der Erinnerung den Kopf, wie gut, daß sie darüber jetzt nur lächeln konnte. Die drei Wochen Dreharbeiten brachten ein paar spärliche Filmrollen ein. Die Hauptdarstellerin in diesen Filmen, Doris – sogar an ihren Namen konnte sich Aramai noch mit Schmunzeln erinnern – , war hübsch mit langen dunklen Haaren und einem bezaubernden Lächeln. Es war nur zu offensichtlich, daß der Werbefilm, Kameramann und Darstellerin sehr privater Natur war. Aramai konnte auf diesen Filmrollen kein Produkt finden, das beworben werden sollte, von ein paar schönen Sonnenuntergängen und Seemöven einmal abgesehen. Sie hatte ihn gefragt, wem er seine privaten Allüren eigentlich verkaufen wolle und wie das Minus auf dem Konto in ein so dringend benötigtes Plus umgewandelt werden sollte, drohte doch von Monat zu Monat die Stromabschaltung und Sperrung des Telefons.

Doch diese Fragen Aramais blieben unbeantwortet. Die Szene »Urlaub in Korsika« war für ihn bereits Verschnitt mitsamt der lächelnden Doris. Auch Aramais Frage, ob er meine, daß Doris jetzt immer noch lächle, oder ob Frauen für ihn wirklich nichts anderes seien als schöne Silhouetten und ein gutes Profil in der Abendsonne, hörte er einfach nicht. Wie auch, war er doch schon wieder unterwegs zum nächsten Superfilm. Ganz etwas anderes, eine Reportage über ein Motorradrennen, diesmal wirklich die Story des Jahres.

Ja, so war es ihr mit Herbert ergangen, ein paar Jahre lang. Immer wieder war es ihm gelungen, sie zu versöhnen, und wenn sie ihre Koffer wieder einmal packen und ausziehen wollte, dann hatte er es doch wie durch ein Wunder geschafft, eine ordentliche Summe Geld zu verdienen, alle offenen Rechnungen zu bezahlen und mit ihr in Urlaub zu fahren. »Jetzt, wo es uns besser geht, kannst du mich doch nicht verlassen, Aramai!« Es hatte lange gedauert, doch eines Tages konnte sie nicht mehr, trotz Urlaubseinladung, trotz Versöhnungsarmreifen, trotz Bitten und trotz seiner Tränen. Wie einfach es doch letztlich war. Sie hatte ihre Koffer gepackt und war zur Tür hinausgegangen.

Wenige Wochen später hatte sie Ewald kennengelernt. Es war auf einem Fest gewesen, Aramai hatte sich für dieses Fest sogar ein Kleid selbst genäht, mit einem tiefen Ausschnitt am Rücken, und ihre langen Haare trug sie kunstvoll zu einem Knoten aufgesteckt. Er war einer der ersten Gäste gewesen, ein guter Freund hatte ihn mitgebracht. Sie erinnerte sich genau, sie war in den oberen Stock gelaufen, um noch eine Blumenvase zu holen, und in ihrer Eile stolperte sie beim Heruntergehen mit ihren hohen Stöckelschuhen über die letzten Stufen und fiel geradewegs in seine Arme.

»Nicht so stürmisch, Madame.« War es der Ton seiner Stimme, waren es seine geheimnisvollen mandelbraunen Augen, sein schwarzes Haar? War es, weil er so wunderbar tanzen konnte?

»Ich war wirklich vom ersten Augenblick an ganz schrecklich in ihn verliebt«, sagte Aramai nun laut zu sich selbst, und ein Lächeln umspielte ihren Mund.

»Ja, wirklich schrecklich verliebt«, echote Habakuk schelmisch aus dem Hintergrund und so intensiv, daß Aramai nochmals laut wiederholte: »Ja, wirklich schrecklich verliebt«, dabei schaute sie kurz über ihre Schulter nach hinten. Ganz unbewußt konnte sie zuweilen die Gefühlssprache ihrer Schutzengel immer noch sehr gut verstehen.

Dann kehrten ihre Gedanken wieder zurück zu den letzten Jahren. Zu dem kleinen, von Wein und Fliederhecken umwucherten Häuschen, in dem Ewald und sie wohnten. Zu dem schönen Garten, der an das Haus grenzte. Zu den gemütlichen Abenden, die sie in diesem Haus verbrachten, wenn Ewald seine Bilder malte und sie in einem Buch las, oder sie sich unterhielten und die Jazzmusik genossen, die sie beide so gerne hörten. Am Anfang, als sie bei ihm einzog, hatte sie sich nichts dabei gedacht, daß jeder ein eigenes Schlafzimmer hatte. Es war ihr sogar sehr angenehm. In ihrem kleinen Elternhaus mußte sie sich das Zimmer mit ihren drei Schwestern teilen. Nicht, daß ihr das etwas ausgemacht hätte, nein, aber nun war es angenehm, ein eigenes Zimmer zu haben.

Natürlich besuchten Ewald und sie sich anfangs fast jede Nacht. Doch als dann die gegenseitigen Besuche immer weniger wurden und schließlich ganz aufhörten, wurde es sehr schwierig für Aramai.

Aramai seufzte tief auf und lenkte den Bus viel zu weit in die Mitte der Straße. Engelbert griff natürlich sofort ein.

»Wenn ich Elfi damals nicht gehabt hätte«, sagte sie wieder laut zu sich. Ja, Elfi lebte damals noch und war ihre beste Freundin. Bei ihr konnte sie sich ausweinen, und danach war ihr immer öfter zumute gewesen in jener Zeit.

»Wie lange ich doch gebraucht habe, bis ich bereit war zu erkennen, was wirklich los war«, dachte sie jetzt, »und wie sehr ich mich geschämt habe.« Ewald hatte nämlich Freunde, Männerfreunde, und immer öfter ging er spät in der Nacht noch in die Stadt und brachte dann einen meist sehr jungen Mann mit nach Hause. Aramai hörte ihre Schritte, immer wenn sie heimkamen. Weit, weit weg war ihre Wichtelkindheit, weit weg auch die Freude, die Leichtigkeit, weit weg. Die Tage waren alle mühsam und schwer. Nicht ihre Arbeit war schwer, nein, die Arbeit, die sie endlich gefunden hatte, war sehr schön. Sie verkaufte herrliche alte Möbel, Antiquitäten und wunderschöne Stoffe für Fensterdekorationen, Wandbespannungen und Möbelbezüge. Sie konnte sehr selbständig arbeiten in diesem Einrichtungshaus. Die Beratung und Betreuung der Kunden erforderte viel Einfühlungsvermögen, Fachwissen und Phantasie. An die Arbeit dachte sie gerne zurück, die Arbeit hatte Spaß gemacht, doch sonst war es schwer. Es war, als lastete eine Tonne auf ihrer Brust.

Was war aus ihrem männlichen Mann geworden? Aus ihrer Sehnsucht nach Halt und Geborgenheit?

Einmal war es sehr, wirklich sehr schlimm. Aramai wurde bei dieser Erinnerung ganz klein hinter dem Lenkrad, und Engelbert rückte sehr nahe an sie heran, um ihr mit seinem Farbenkleid Kraft zu geben. »Es ist sehr wichtig, Aramai, daß du all das nochmals ansiehst«, flüstert er in seiner zarten Gefühlssprache ihr zu. » Nur so kannst du es bewältigen.«

Ja einmal, es war in der Werkstatt des Betriebes, in dem sie arbeitete, da sagte plötzlich einer der Arbeiter zu ihr: »Na, wie geht es dem werten Herrn Ingenieur Ewald?«

Ihr gefiel der Ton seiner Stimme nicht. »Gut«, sagte sie knapp. »Na, wenn Sie einmal einen richtigen Mann brauchen, Frau Kollegin, stehe ich gerne zur Verfügung«, und dabei klopfte ihr der Arbeiter hämisch lachend auf die Schulter. Damals war sie so entsetzt, ihr war schrecklich schlecht geworden, und sie konnte sich nicht mehr erinnern, wie sie an jenem Tag überhaupt nach Hause gekommen ist. Endlich hatte sie den Mut gefunden, mit ihrer Freundin Elfi offen über ihre schwierige Situation mit Ewald zu reden. Bis dahin hatte sie ihren Freunden gegenüber ihre Beziehung beschönigt und immer nur die halben Wahrheiten gesagt.

»Alle wissen es, daß Ewald bisexuell ist, Aramai«, hatte ihre Freundin zu ihr gesagt. Oh, es tat so bitter weh. »Und keiner hatte den Mut, mir zu sagen, daß ihr es wißt, auch du nicht«, wollte sie antworten, aber sie schwieg still.

Wir wissen ja, Aramai lebte in ihrer eigenen Welt, immer noch. Alles was außen geschah, spielte sie wie eine Marionette mit. Bahnten sich in der Außenwelt Schwierigkeiten an, so hielt sie innerlich an ihren schönen Traumbildern fest, solange sie konnte, bemalte die Bilder mit den zartesten Farben und fand letztlich für alles eine Entschuldigung. Fragen ihrer Freunde tat sie mit oberflächlichen Antworten ab: »Ewald hatte eine schwierige Kindheit. Er ist zu sensibel, sehr intelligent und maßlos verwöhnt von seiner Mutter.« Solches und Ähnliches sagte sie, spürte und ahnte aber hinter den in Erscheinung tretenden Dingen feine Fäden verborgener Zusammenhänge. Sie wußte, die wahren Gründe lagen viel tiefer.

Aramai lenkte den alten grünen Kombibus auf einen Parkplatz neben der Autobahn. Sie zündete sich eine Zigarette an. Genauso unbewußt, wie sie das anrollende Geräusch der vorbeifahrenden Autos wahrnahm, zog sie an ihrer Zigarette und blies den Rauch gegen die Windschutzscheibe, als könnte sie ihre Gedanken damit wegblasen. Aber die Gedanken der Erinnerung sind hartnäckig. Wieder fiel ihr Ewalds Mutter ein und das Gespräch, das sie einmal mit ihr geführt hatte. Aramai hatte lange nicht den Mut gehabt, mit seiner Mutter über ihn und seine Probleme zu sprechen. Wußte die Mutter eigentlich, wie Ewalds Leben wirklich aussah? Sie wußte es sehr wohl, fand Aramai in dem Gespräch heraus, doch die Mutter wollte sich damit nicht beschäftigen. Ihr genügte der Schein. »Ganz gleichgültig, wie alles ist, Aramai«, hatte sie damals zu ihr gesagt, »wenn nur der Ewald glücklich ist. Wenn er nur glücklich ist, ist mir alles recht.«

Was ist eigentlich Glück für diese Frau? Wer gibt ihr das Recht, ihren Sohn so zu erziehen, als sei er der einzig wichtige Mensch auf dieser Welt? Was war mit Aramais Glück, was war mit den jungen Männern, die im Morgengrauen aus seinem Bett wieder auf die Straße gestellt wurden? Natürlich, die Mutter bekam ja nicht sehr viel mit vom Alltag ihres Sohnes. Sie lebte in den Bergen, in ihrer heilen Welt. Den Alltag in der Stadt, den kannte sie nicht, und wenn die Mutter zu Besuch kam, wurde natürlich das Scheinglück aufrechterhalten.

Aramai drückte ihre Zigarette aus und lenkte den Kombibus wieder auf die Autobahn. Es war ein schönes Stück Land, durch das Aramai gerade fuhr. Rechts und links von der Autobahn erstreckten sich weite Kornfelder, in der Ferne säumten sanfte Hügelketten den Horizont. Soeben war die Sonne hinter den Hügeln verschwunden. Unter dem glutroten Himmel mit seinen vereinzelten rosaroten Wolkenstreifen lag die Landschaft mit ihren fruchtbaren Feldern, den großen Gehöften dazwischen und den Dörfern, die sich an die Hügel schmiegten und im

Dämmerlicht nur noch schemenhaft zu erkennen waren. Aramais Blick glitt zwar in die Ferne, doch sie nahm all das nicht wirklich bewußt wahr. Die meisten Autos hatten bereits ihre Scheinwerfer eingeschaltet, und es dauerte eine Weile, bis Engelberts und Habakuks Worte »Licht einschalten« in Aramais Bewußtsein drangen.

»Warum verläßt du ihn nicht endlich«, hatte Elfi oft gefragt. Jetzt, wo sie offen sprechen konnte, sagte sie wieder und wieder zu ihr: »Geh weg, Aramai, es ist dein Leben! Er benutzt dich nur. Du bist nichts anderes als seine Alibifrau. All eure Freunde wissen es bereits. Du kannst es nicht geheimhalten in dieser kleinen Stadt. Es ist nicht gut für dich, so zu leben.« In ihrer Erinnerung sah Aramai ihre Freundin, wie sie auf sie einredete.

Aber Aramai konnte nicht gehen, sie konnte nicht. Warum? Sie konnte es keinem erklären. Es war ein Band, das sie hielt. Doch von karmischen Bändern wußte sie zu diesem Zeitpunkt noch nichts.

Nein, sie begann zu kämpfen, auf ihre Art. Sie hatte Hegel, Sokrates und Platon gelesen und Psychologiebücher, Vorlesungen von Freud, von Kretschmer und C.G. Jung, alles, was sie in die Hände bekommen konnte. Sie wollte verstehen. Sie wollte wissen warum. Ursache und Wirkung, immer wieder stieß sie darauf. Es gab nichts auf dieser Welt, das ohne Ursache war, also würde sie die Ursache finden, bestimmt.

Vieles hatte sie erfahren, aus seiner Kindheit, von seinen Ängsten, von seinen Befürchtungen, die er hatte. Astrologiebücher hatte er ihr gezeigt, mit deren Hilfe er versuchte, ihr seine schwierigen Konstellationen zu erklären. Vieles konnte sie lernen von ihm in jener Zeit. Er wußte, daß es karmische Ursachen gab in einem Leben und vieles mehr. Doch Karma war bis dahin nur ein Wort.

Einmal waren sie zusammen spät abends noch in die Stadt gegangen. Wie immer, wenn sie allein waren, entstand eine besonders innige Schwingung zwischen ihnen, die so fein war und so zart, daß sie ihre Gedanken spüren konnten. Diese Schwingung zwischen ihnen hatte eine sehr starke Kraft. So auch an jenem Abend. Ewald hatte ihr mit einem Schmunzeln seinen Arm zum Einhängen gereicht; und kaum hatte sie seinen Arm genommen, da fühlte sie sich bereits federleicht. Ihr war, als berührten ihre Füße den Boden nur noch ganz leicht, und als schwebe sie neben ihm. »Schön?« fragten seine Augen, von der Seite.

»Ja, sehr schön«, hatte Aramai mit ihrer Gefühlssprache geantwortet. Dann gingen sie schweigend durch die nächtlichen Straßen.

Später waren sie in der Fußgängerzone stehengeblieben und hatten sich lange in die Augen geschaut. »Gehst du nicht etwas zu weit in diesem Leben, Ewald?« hatten Aramais Augen ihn damals gefragt.

»Keine Sorge«, kam es zurück mit einem Lächeln, »ich bin ewig.« Lange hatten sie so gestanden, und eine unglaubliche Ruhe hatte Aramai erfüllt. Dann hatte Ewald sie herumgedreht, so daß sie sich mit ihrem Rücken an ihn lehnen konnte, und zärtlich hielt er seine Arme um sie geschmiegt und seine Wange an ihre rechte Schläfe. »Schau, Aramai, schau auf das Haus da drüben.«

Schön waren die Fassaden der Altstadthäuser mit ihren Simsen und Verzierungen, mit ihren alten Fenstern und den kleinen vorgebauten Erkern. Fremd und futuristisch mit den Geschäftsportalen darunter, den Neonröhren und den zwischen Betonstelzen schwebenden Glasflächen.

»Schau, Aramai, schau genau ...« Ewalds schweigende Gefühlssprache war sehr eindringlich geworden, und plötzlich konnte Aramai viel mehr sehen, als eigentlich zu sehen war. Das Haus war ockerfarben gestrichen. Doch nun trat unter der Farbe eine neue Fassade zutage. Bunte Bilder konnte Aramai wahrnehmen. Fresken. Da sind Fresken darunter, durchzuckte es sie in Gedanken. Wie schön sie sind. Dann waren auch die Fresken weg, und das ganze Haus schien sich zu verändern. Die Fenster waren kleiner, die Auslagen weg, dafür eine Tür mit Holzläden daran, und das Haus war niedriger geworden. Ein Bäumchen stand ganz nahe ans Haus geschmiegt. Aramai kam aus dem Staunen nicht mehr heraus. Die Veränderung geschah, wohin sie auch blickte. Auch die Fassaden daneben veränderten sich, und schemenhaft sah sie Menschen in ungewöhnlicher Kleidung durch die Straße gehen und Pferde – sie hörte die Hufe auf dem Pflaster. Doch gleichzeitig die Autos, die Menschen von jetzt und das Licht der Reklametafeln, und sie wußte, Ewald war bei ihr. Auch er sah wie sie, ja er war es, der sie mitnahm auf diese Zeitreise.

Trotz aller Schwierigkeiten war ihre Liebe sehr tief gewesen. Es war auch besser mit ihnen geworden, so nach und nach. Aramai war es nun auch egal, was die anderen sagten oder dachten.

»Du weißt«, sagte Habakuk, »ich habe mit dem Hüter des Karma gesprochen, ob es nicht bald Zeit würde, daß Aramai sich ans Bilderbuch ihrer Inkarnationen erinnert. Er sagte, Saturn und Uranus spielen noch nicht mit. Es muß noch einige Zeit vergehen.«

»Ja, da läßt sich nichts machen«, sagte Engelbert, »aber du kennst doch Aramais Gedanken, und sie spürt bereits sehr viel. Und vergiß nicht«, fügte er noch dazu, »lieben zu lernen ist die Prüfung, die sie sich freiwillig ausgesucht hat.«

»Na, heiraten hat sie sich ausgesucht« sagte Habakuk.

»Aber Habakuk, heiraten ohne lieben gelernt zu haben? Das geht nicht.« Engelbert schüttelte seinen Kopf.

Doch in dem Moment bremste Aramai scharf ab und fuhr von der Autobahn herunter. Sie hatte keine Uhr, sie trug nie eine. Aber es war lange schon finster. Sie war vom Fahren und all den vielen Erinnerungen sehr müde geworden. Habakuk machte sofort Platz, und Aramai parkte den Bus einfach auf einem Feldweg, den ihr sicherlich Engelbert irgendwie gezeigt hatte. Sie turnte nach hinten aufs Campingbett und schlief sofort tief und fest ein.

»Sollen wir nicht dem Leser erzählen, wie Aramais Geschichte mit Ewald weitergegangen ist?« meinte Habakuk.

»Ja, wir können den Leser schon wissen lassen, daß Aramai viel gelungen ist, was die Seelenentwicklung von Ewald anbelangt und auch ihre eigene«, sagte Engelbert, »sie haben beide viel voneinander gelernt. Vor allem, daß man einem Menschen zugestehen sollte, sein Leben so zu leben, wie er es will und wie er es kann. Und daß man, auch wenn die Dinge außerhalb des gewohnten Umgangs liegen, nicht darüber zu urteilen braucht, ob etwas gut oder schlecht ist. Aramai hatte, trotz des Schmerzes und der Schwere, die sie erlebt hatte, niemals an Ewalds Liebe und Seelengröße gezweifelt. Und das ist es, was einem anderen wirklich weiterhilft.«

»Ja, und die Sache mit dem Heiratsantrag«, sagte Habakuk. »Ich denke, das war ein so tiefes Erlebnis für Aramai, daß sie es sicher selbst noch erzählen will.« Engelbert und Habakuk hatten sich ein gutes Stück vom Kombibus entfernt. Sie genossen den Tomatenduft vom Feld, neben dem Aramai geparkt hatte. Da die beiden Engel wußten, wie tief und fest Aramai schlief, wurden auch sie sehr ruhig und versanken in tiefer Meditation.

Ein schönes Bild, schmunzelte der Mond und hüllte die beiden Engel und den alten grünen Bus mit der schlafenden Aramai in seine silbernen Strahlen ein.

Am nächsten Morgen setzte Aramai ihre Reise fort. Nun gab es doch sehr viel zu sehen.

Teil II

Das Buch

Das Buch erzählt die Reise meiner Selbst-Bewußtwerdung und führt mich zu den Weisungen von Maria

1

Eigentlich fing alles so richtig an, als ich in Ostende in der Klinik lag. In meiner tiefen Bewußtlosigkeit wußte ich noch nicht, daß ich im Krankenhaus war. Ich hatte keinen Schmerz, keinerlei Empfindung meines Körpers, aber ich konnte eine Stimme wahrnehmen; sie drang tief hinein in mich bis in mein Innerstes. Diese Stimme erreichte mich durch alle Schleier meiner Bewußtlosigkeit hindurch. Vor dieser Stimme konnte ich mich nicht schützen; dieser zarten eindringlichen Frauenstimme war ich hilflos ausgeliefert: »You are too young to die, you are too beautiful to die.«

Schon allein die Stimme erzeugte eine ungeheure Wehmut in mir, so etwas wie tiefen Abschiedsschmerz, und ich versuchte dieser Stimme zu entfliehen. Doch ganz zart und einschmeichelnd schlich sie mir nach, immer wieder: » You are too young to die, you are too beautiful to die.«

Bis sie mich plötzlich an der wundesten Stelle meines Herzens berührte, und mit einem Ruck fühlte ich mich hinabgezogen in die entsetzliche Schwere meines Körpers. Gleichermaßen wurde mir die Bedeutung der Worte bewußt und auch, wie weit ich bereits von meinem Körper weggewesen sein mußte. Alle Kraft meiner Seele ballte sich zu einem »Nein, o nein, laßt mich doch gehen!« zusammen. Doch es half nichts, die zarte Stimme wurde zu einer tonnenschweren Energie, die sich mit dunkler Gewißheit auf mich legte: » You are too young to die.«

Es war ein aussichtsloser Kampf zwischen Leben und Tod. Was ich auch versuchte, um mir die Schläuche aus der Nase zu reißen, den Infusionsschlauch zu zerbeißen, eine Flasche zu zertrümmern, es gelang nicht. Immer waren die Schwestern als Hüter meines Lebens und meiner Jugend schneller als ich. Und als der

Kampf um den Tod immer aussichtsloser wurde, da hüllte mich wieder schonende Bewußtlosigkeit ein und senkte mich in tiefe Apathie. Und wieder war es eine Stimme, die mich erreichte. Es war das herzzerreißende Weinen und Schluchzen einer Frau, ein Weinen und Schluchzen, das allem Schmerz der Welt Ausdruck zu verleihen schien. Ich lauschte erstaunt und völlig teilnahmslos. Bis heute weiß ich nicht, woher dieses Weinen kam. Von einer Frau, die vielleicht neben mir lag? Ich war ja immer noch in absolute Dunkelheit gehüllt und konnte keinen Raum wahrnehmen. Später dachte ich manchmal, es könnte auch mein eigenes Weinen gewesen sein, das Weinen meiner Seele um mich selbst.

Als ich dann, nachdem die Ohnmacht in einen unruhigen Fieberschlaf übergegangen war, aus diesem endlich zu vollem Bewußtsein erwachte, lag ich da, mit den Händen und Beinen an das Bett gebunden, in einem schönen, kleinen, sonnendurchfluteten Einzelzimmer, und zwei blonde Engelsgesichter neigten sich zu mir herab. Nie werde ich vergessen, mit welch unglaublicher Liebe und tiefem Mitgefühl eine der Schwestern zu mir sagte: »Sie sind in Ostende, in der Psychiatrie, sie haben versucht, sich das Leben zu nehmen. Ihr Freund ist tot, das müssen sie akzeptieren. Und sie müssen weiterleben.«

So ist das also mit deiner Freiheit, mit deiner Selbstentscheidung, dachte ich. Da liegst du nun, du winziges Wesen, klein und angebunden im Bett, und nun heißt es akzeptieren, fertig werden mit allem. Hätte ich doch wenigstens weinen können, doch ich konnte es nicht. In mir war alles leer und stumpf. Ach, wäre ich doch nur ein indischer Yogi, der sein Leben einfach aushauchen kann. Mein Gott, warum läßt du mich nicht gehen? Ich will nicht mehr leben, verstehst du das denn nicht? Ich will tot sein. Bernard ist tot, ich weiß, daß da alles nichts hilft, aber ich will auch nicht mehr, ich will einfach nicht mehr. Versteh das doch. Aber es kam natürlich keine Antwort.

Die Schwestern kamen immer wieder herein, um nach mir zu sehen. Sie sprachen mich mit lieben Worten an, aber ich wollte nicht antworten. Da fing eine von ihnen, eine jüngere und ganz liebe mit wunderschönen blonden Haaren, zu weinen an; dicke Tränen kollerten über ihr Gesicht und tropften auf meine Bettdecke, während sie meine Wange streichelte.

»Ich weine für Sie, weil Sie es nicht können«, sagte sie zu mir. Doch es half alles nichts, in mir war nur Leere und Stumpfsinn. Irgendwann kam der behandelnde Arzt zu mir herein. Ich weiß noch genau, er hatte eine knallrote Hose unter seinem weißen Arztkittel an und stellte sich mit einem ziemlich kaltschnäuzigen »Na, wie geht's ?« zu mir ans Bett und starrte mich und meine angebundenen Hände an. War es den mitfühlenden Schwestern nicht gelungen, Emotionen bei mir zu wecken, ihm gelang es. Ich spürte Ärger und Aggression in mir.

»Nun, Frau Karin, wie ist das, wollen Sie jetzt leben oder nicht?« Sein Blick war so bohrend, daß ich nicht wußte, wie ich ihm ausweichen sollte. »Wenn ja, dann nehmen wir die Binden von ihren Händen und Füßen ab. Aber ich brauche eine klare Antwort.«

Was sollte ich bloß tun? Ich wußte, es mußte etwas geschehen. »Warum konnte ich nicht sterben?« fragte ich kleinlaut und wollte ihn von seiner Frage ablenken.

»Ich weiß es nicht«, war seine Antwort.

»Waren die Tabletten zu schwach?«

Keine Regung in seinem Gesicht, nur die Wiederholung seiner Frage: »Wollen Sie jetzt wieder leben?«

Was sollte ich bloß tun, ich starrte zum Fenster hinaus. »Ich bin wohl noch zu jung zum Sterben«, hatte ich mir nun selbst zur Antwort gegeben.

Schwierige Tage kamen. Die Hände und Beine wurden befreit. Man half mir auf, ich wurde aus dem Bett gehoben. Ich konnte jedoch nicht richtig stehen, und die ersten Schritte waren eine Qual. Okay, ich werde weiterleben, weil ich eben weiterleben muß. So allein im Zimmer, das ging schon. Da konnte ich gut in mir selbst versinken und einfach so dahindösen. Doch da schaltete eine Schwester den Fernseher ein, obwohl ich dies nicht wollte, ich konnte ihn auch nicht ausschalten. Die Stimme der

Außenwelt drang zu mir herein, und ich wurde von ihr berieselt. Es kamen Nachrichten, und plötzlich hörte ich wie vom Donner gerührt zu: »Mutter erschießt im Gerichtssaal den Mörder ihrer Tochter.« Mörder! An Bernards Mörder hatte ich noch gar nicht gedacht. Ich war ja so geschockt von seinem Tod, daß ich an den Menschen, der dies getan hatte, noch nicht denken konnte. Und nun kamen wieder alle Bilder ins Laufen, Bilder, die ich mir nicht mehr ansehen wollte.

Ich hatte eine sehr unruhige Nacht. Bilder kamen und gingen. Ich sah mich fahren, auf der Autobahn in dem alten grünen VW-Bus. Obwohl ich gerade eine sehr schmerzvolle Trennung, eine sehr traurige Liebesgeschichte hinter mir hatte, hatte ich doch schon gefühlt, daß etwas sehr Wesentliches in mein Leben treten würde. Herrlich war dieses Fahren gewesen, so allein, in die weite Ferne, ins Fremde, ins Ungewisse.

Dann die Einsamkeit dort am Meer, das Haus am Hügel, die fremden Menschen, die fremde Sprache.

Dann die Begegnung mit ihm. Ich war damals schon sehr erstaunt gewesen, als ich Joses Wagen den Berg herauffahren sah. Schließlich war es das erste Mal und blieb auch das einzige Mal, daß er mich besuchte. Und der Fremde an seiner Seite. Lange Zeit sprach er nichts, und ich war nicht einmal sicher, ob er das holprige Englisch verstand, in dem Jose und ich uns über belanglose Dinge unterhielten. Jose erkundigte sich nach meiner Arbeit. Ich war im Auftrag deutscher Freunde in Spanien und sollte für sie ein schönes Grundstück finden, das sich für den Bau einer Bungalowanlage eignete. Plötzlich meldete sich der Fremde zu Wort, er wolle mir ein bestimmtes Grundstück zeigen. Mit Joses Wagen fuhren wir hin. Es war wirklich ein traumhaft schöner Platz, etwas erhöht, seitlich in einer Bucht, mit einem herrlichen Blick auf die Klippen und auf das Meer.

»Weißt du, das ist aber ein Königsplatz«, sagte der Fremde zu mir, dessen Namen ich noch immer nicht kannte, »und einen Königsplatz muß man beherrschen können.« Damals konnte ich mit seinen Worten noch nichts anfangen, später verstand ich die Bedeutung genau.

Auf der Rückfahrt sagte er, er wolle mir gerne sein Haus zeigen, ob Jose und ich noch Zeit hätten. Und wir hatten Zeit. Von seinem Haus war ich auf Anhieb völlig begeistert. Es lag unter der Straße in einer kleinen Bucht, nicht weit vom Meer. Und obwohl ich diese Bucht bereits kannte und unzählige Male an der Straße vorbeigefahren war, hatte ich es noch nie zuvor entdeckt, so versteckt lag es zwischen Hügeln, eingebettet inmitten einer richtigen Oase. Palmen, Kakteen, Feigenbäume und Blumen. Richtig grün war es rund um das Haus. Ganz anders als bei mir am Berg, wo alles so karg und steinig war und der Wind mir immer wieder die mühsam aus dem ausgetrockneten Flußbett heraufgetragene Erde für mein Gemüsebeet verwehte. Hier war alles üppig, bunt und heimelig. Und hier gab es auch Wasser aus einem Erdbrunnen. Ein Bewässerungsbassin in der Größe eines kleinen Swimming-pools zog mich sofort magisch an. Ich wußte noch nicht, wie sehr ich es als Badewanne und Planschbecken liebgewinnen würde. Zwischen dem Wasserbassin und dem alten gemauerten Haus mit den grünen Fensterläden war eine heimelige Terrasse mit schönen Steinplatten ausgelegt. Überall standen Blumentöpfe mit wunderschönen blühenden Pflanzen, die mir alle unbekannt waren. Dazwischen ein einfacher Holztisch mit zwei Korbstühlen. Ich wurde eingeladen, auf einem von ihnen Platz zu nehmen. Wir tranken Tee, und durch meine begeisterten Fragen kam mit dem so wortkargen Fremden nun doch ein angenehmes Gespräch in Gang. Ich erfuhr, daß sein Name Bernard sei, daß er Belgier sei und als Architekt in Lateinamerika arbeitete und noch manches mehr. Doch dann drängte Jose zum Aufbruch. Wir hatten uns schon verabschiedet, ich saß neben Jose im Auto, das dieser gerade startete, als Bernard vor dem Auto stehend plötzlich in einen wahren Freudentaumel ausbrach. Dieser so wortkarge Mensch sprang herum und lachte laut, klatschte in die Hände und trommelte mit den Händen auf die Motorhaube des Wagens. Ich war richtig erschrocken, und eine große Unruhe überfiel mich, da ich ahnte, diese Freude galt mir.

Weitere Bilder kamen und verschwammen wieder. Unser erstes

gemeinsames Abendessen, zu dem er mich einlud: Muscheln. Und seine klare Sprache bereits an diesem Abend: »Ich brauche eine starke Frau. So wie ich zu leben, ist gefährlich, daher brauche ich eine starke Frau. Ich weiß, du bist stark, sehr stark.«

Warum mußte ich stark sein? Hatte ich nicht bereits damals schon genau gefühlt, was er mir sagen wollte?

Dann unsere erste gemeinsam verbrachte Nacht, mein Zögern und auch hier wieder ganz klar: » Schau, laß uns doch keine Zeit verlieren, unsere Zeit ist so kostbar.«

Und als wir dann nebeneinander im Bett lagen, er hatte seine Arme verschränkt und die Hände unter den Achseln vergraben, hatte ich ihn wohl ein bißchen unsicher angesehen. »Oh«, hatte er gelacht, »hab nur Geduld, ich möchte meine Hände wärmen, um dich nicht mit kalten Händen anzugreifen.«

Nein, nein, ich mußte diese Bilder verjagen, ich konnte das nicht mehr ertragen. Warum, o Gott im Himmel? Es gibt so viele Paare, die sich nicht verstehen. Wir verstanden uns so gut, so innig, unsere Beziehung war so schön und tief. Warum mußtest du uns auseinanderreißen? Gerade uns. Warum hast du uns so wenig Zeit gelassen? Nicht einmal ein Jahr. Das ist schrecklich, das ist gemein. O nein, ich kann nicht mehr, ich will nicht mehr weiterleben, ich will nicht! Und du sagst, ich muß. Jetzt zwingst du mich auf den Knien ins Leben und da, wo ich das Leben liebte, da schicktest du den Tod. Gott, was bist du für ein Gott?

Ich wälzte mich im Bett herum. Meine Frage nach Gott wurde immer drängender. Gab es ihn überhaupt? Und wenn ja, wo blieb seine Liebe? Da fielen mir wieder die Träume ein. Vor drei Wochen hatte ich geträumt, Bernard wird erschossen. Ganz genau habe ich in seinem Körper die fünf Einschüsse gesehen: Halsschlagader, Herz und die drei Schüsse im Bauch. Sein Vater hatte mir vor wenigen Tagen bestätigt, daß es genau diese fünf Schüsse waren. Warum konnte ich das träumen? War alles in unserem Leben bereits festgelegt? Bestimmung? Und wer bestimmt so etwas? Wie gut, daß damals vor drei Wochen bereits meine Freunde bei mir auf Urlaub waren. Wie gut, daß ich ihnen von dem Traum erzählen konnte. Keiner würde mir das heute glauben. So müssen sie nun auch darüber nachdenken, nicht nur ich. Warum schickt Gott solche Träume? Hätte ich eine Chance gehabt, hätte ich es verhindern können? Vielleicht hätte ich Bernard doch warnen müssen. Ich weiß, wie ich aus dem Traum schreiend aufgewacht und aus dem Haus gerannt bin. Der Mann meiner Freundin war mir nachgelaufen, sie hatten mich beruhigt. Ich wollte ja sofort zum Telefon fahren, ihn anrufen und warnen. Aber alle hatten mir gesagt, es sei nur ein Angsttraum, weil ich wußte, daß er sich in einem Kriegsgebiet befindet. Deshalb hätte ich Angst und wohl überhaupt Angst, ihn zu verlieren. In wenigen Wochen würde ich ihm nachreisen, und alles wäre gut. Ich solle ihn doch nicht mit meiner Angst belasten. Und so hatten sie mich beruhigt, und ich habe nicht angerufen. Und nun ist es wirklich passiert, wie im Traum, er ist tot. Hätte ich es verhindern können, hätte ich es verhindern müssen? So gib mir doch eine Antwort, Du Gott in Deinem fernen Himmel!

Längst schon saß ich im Bett, und das erste Morgengrauen zog seine zarten Streifen über das Krankenfenster, doch in mir war pechschwarze Nacht. Da, auf einmal fand sich das Vaterunser auf meinen Lippen. Lange hatte ich es nicht gebetet. Vater unser, der Du bist im Himmel. Geheiligt werde Dein Name, Dein Reich komme, Dein Wille geschehe, wie im Himmel so auch auf Erden. Unser tägliches Brot gib uns heute, und vergib uns unsere Schuld, wie auch wir vergeben unseren Schuldigern. Führe uns nicht in Versuchung und erlöse uns von dem Bösen. Denn Dein ist das Reich und die Kraft und die Herrlichkeit, in Ewigkeit, Amen. Ich betete, und ich spürte, da war etwas, ein Strohhalm vielleicht, aber doch, da war etwas. Und so betete und betete ich das Vaterunser immer wieder ohne Unterlaß.

Und tatsächlich, es tat sich doch einiges in mir. Zunächst war da die Sache mit der Schuld. Vergib uns unsere Schuld, das war schon einmal gut. Ja, das war gut. Ich wußte ja nicht, ob ich etwas falsch gemacht hatte, daß so etwas Schreckliches passieren konnte. Wußte nicht, ob ich etwas erkennen und verhindern hätte können, aber er würde mir meine Schuld vergeben. Das war gut. Vergib mir meine Schuld, ja, das war gut. Wie auch wir vergeben unseren Schuldigern. Das war auch gut. Das war sogar sehr gut. Da brauchte ich mir über den Mörder von Bernard keine Gedanken mehr zu machen. O wie gut, ich wußte ja genau, es war keine Lösung, zurückzuschlagen, so wie die Mutter des Kindes im Gerichtssaal. Ich brauchte mich um den Mörder nicht zu kümmern, es machte Bernard nicht mehr lebendig. Indem ich ihm vergab, legte ich alles in Gottes Hand. Das waren nun schon zwei Punkte, wesentliche Punkte, die sich nun recht gut anfühlten. Doch da war noch die Sache mit Dein Wille geschehe. Konnte ich mich diesem Willen einfach hingeben, anvertrauen, wie im Himmel, so auf Erden? Galt das auch nach dem Tod? Dein Wille geschehe, was bedeutete das für mein Leben? Es war mir damals noch nicht klar, aber ich ahnte die Dimension, die hinter diesem einfachen Satz »Dein Wille geschehe« steht. Und zunächst einmal war es wirklich beruhigend und doch ein wenig erleichternd, sich dem Willen Gottes anvertrauen zu können. Und so schlief ich endlich ein.

Am selben Tag wurde ich in eine Therapiegruppe gebracht. Es war ein großer Schrecken für mich. Das war also im Augenblick die Wirklichkeit! Da saß ich nun inmitten von lallenden Menschen mit verdrehten Augen und verkrümmten Gliedmaßen. Mir wurde eiskalt. Ich spürte zwar unendlich viel Liebe und Mitgefühl für diese Menschen, doch es konnte doch nicht sein, daß ich so war wie sie. Nein, ich bin nicht verrückt, ich konnte wieder normal denken und handeln, wenn ich wollte.

»Hallo, Frau Karin! Wollen Sie malen?« hörte ich die Stimme des Therapeuten. Ich fuhr hoch. Vor lauter Betroffenheit mußte ich wohl völlig in mich zusammengesunken dagesessen sein. Mir gegenüber sah ich die Hände eines jungen Mannes, der im Rollstuhl saß und sich schrecklich abmühte, bunte Blättchen zu greifen und in einem Muster aneinanderzureihen. Nein, nein, ich bin ganz normal, wenn ich will, dröhnte eine innere Stimme in mir, und ich hörte mich sagen: »Es tut mir leid, ich will keine Therapie machen, ich möchte bitte den Raum verlassen.«

Fluchtartig verließ ich den Raum. Ich hatte Mühe, mich in

dieser großen Klinik zu orientieren und mein Zimmer wiederzufinden. Zurück im Zimmer hatte ich einen wahren inneren Kampf auszufechten. »Nun, wollen Sie wieder leben? Ich brauche Ihre klare Antwort.« – »Ich kann nicht, ich will nicht!« – »Ich brauche Ihre klare Entscheidung.« – »Herr, Dein Wille geschehe ...« Meine Gedanken kreisten um mich wie um einen Brennpunkt.

Herr, Dein Wille geschehe. Ja. Aber was ist Dein Wille? Was ist Dein Wille? Ich wurde ruhig. Ich stand am Fenster und schaute in den Garten hinaus, der Wind bewegte die Blätter in den Bäumen. Diese Bäume standen da und warteten, standen einfach da, fest verwurzelt. Also, ich steh jetzt auch einfach da am Fenster und warte, dachte ich. Da kam die innere Antwort ganz klar: »Mein Wille ist, dir bewußt zu machen, daß du dich bewegen kannst, daß du wählen kannst, daß du frei bist zu handeln. Mein Wille ist, dir bewußt zu machen, daß du dein Leben neu gestalten kannst. Entscheide selbst, welchen Weg du gehen willst.« Diese innere Stimme und Erkenntnis beruhigten mich ungemein. Ich sah nun auch klar drei Wege vor mir: Die eine Möglichkeit war, destruktiv zu sein, die Energie gegen mich selbst zu richten. Ein Weg, der wahrscheinlich in die Geisteskrankheit führen würde. Als Zweites sah ich die Lösung, gar keine Energie aufzubringen und einfach teilnahmslos alles geschehen zu lassen. Ein Leidensweg monatelanger Therapien. Es gab aber auch noch den Weg, ganz klar zu sagen: »Herr, ich beuge mich Deinem Willen. Ich akzeptiere, daß Du stärker bist als ich. Ich akzeptiere, daß Du über die Dauer meines Lebens bestimmst. Und ich nutze die Chance, die Du mir jetzt gibst, nämlich meinen Willen zu gebrauchen und selbst zu entscheiden und zu bestimmen, was mit mir geschieht.« Also galt es jetzt im Moment, alle Kraft der Welt aufzubringen, das Ruder herumzureißen und dem Arzt zu sagen: »Ja, ich will leben, und ich will die Klinik sofort verlassen.«

Ich entschloß mich, den dritten Weg zu gehen, und verlangte, sofort den Arzt sprechen zu dürfen. Es war ein sehr gutes Gespräch, das ich mit dem Arzt führte. Ich bemerkte seine Erleichterung über meine klare Aussage, und ich spürte auch, daß er mir Bewunderung für meine kraftvolle Entscheidung entgegenbrachte, und das tat mir sehr gut. Und ich mußte ihm das heilige Versprechen abgeben, mich nicht umzubringen, zumindest nicht in Belgien.

In den nächsten Tagen arbeitete ich hart an mir. Ich begann wieder zu lesen. Ich war bereit, Besuch von Bernards Familie zu empfangen. Ich telefonierte mit meiner eigenen Familie, was sehr schwer war. Ich ging im Garten spazieren und versuchte sogar, so etwas wie Gymnastik zu machen. Doch nachts ging es mir immer sehr schlecht. Wie würde das Leben draußen weitergehen? Welchen Beruf sollte ich ergreifen in der Heimat, denn nach Spanien wollte ich nicht mehr. Und wofür, für wen sollte ich leben? Worin würde ich wieder Lebenssinn und Freude finden?

Da wandte ich mich wieder an Gott und betete das Vaterunser mit aller Kraft. Ich schloß meinen Pakt mit dem lieben Gott, und der lautete so: »Ich habe mich entschlossen, Dir immer zu gehorchen und nach Deinem Willen zu leben, aber Du, mein lieber Gott, wirst mir ab jetzt zeigen, wie das geht, zu leben nach Deinem Willen. Ich lasse mich von Dir führen, und Du zeigst mir, was zu tun ist. Okay?«

Da überkam mich eine große Ruhe, und ich wußte, so würde es gehen. Eines Morgens war es dann soweit, ich durfte die Klinik verlassen. Ganz langsam ging ich durch den Garten auf das große Tor zu, die Sonne schien warm und freundlich. Die Bäume und Sträucher trugen bereits herbstlich satte Farbenkleider, eine Hummel summte um mich herum, und das Vogelgezwitscher begleitete mich. Noch einmal atmete ich die Stille und den Schutz dieses Gartens tief ein, dann war ich am Tor.

»Gut, lieber Gott, nun trete ich hinaus in mein neues Leben, ein Leben nach Deinem Willen. Aber Du, vergiß nur ja nicht, Dein Versprechen zu halten und mir zu zeigen, wie dieses neue Leben zu leben geht, hörst Du?«

Dann ging ich durch das Tor, und der Lärm der Autos, die vorbeihastenden Menschen, die dicke, abgasschwere Luft kamen mir wie eine bedrohliche Wand entgegen. Alles war so laut in meinem Kopf, mir wurde ganz schwindlig. Doch fest entschlossen setzte ich einen Fuß vor den anderen. Ich wußte, es würde funktionieren!

Und es hat funktioniert bis heute, was immer auch noch in meinem Leben geschah. Wann immer ich Gott anrief und um seine Hilfe bat, kamen Menschen, Schutzengel, Botschaften, und Hinweise, die mich immer weiterleiteten. So begann meine Reise der Selbst-Bewußtwerdung.

2

In den ersten Monaten vergrub ich mich im Schoß meiner Familie. Ihr Schutz und ihre Liebe taten mir sehr gut. Doch sie mieden es mit peinlicher Genauigkeit, mich irgend etwas über mein Leben mit Bernard in Spanien zu fragen, und wenn ich etwas zu erzählen begann, dann schwiegen sie betroffen. Ich wußte, sie hatten wahnsinnige Angst um mich und wollten nicht an meinem Schmerz rühren. Es war nach außen, als wäre ich nie fort gewesen und hätte all das Schöne und Schreckliche nie erlebt. So war ich ganz alleine mit den Bildern meines Lebens, die natürlich immer wieder kamen. Oft geriet ich darüber ins Träumen. In Wirklichkeit war ich ziemlich hilflos, ich wußte nämlich überhaupt nicht, was ich anfangen und wohin mein Weg führen sollte. Es fehlte mir an einer Vision.

»Was soll ich nur tun, lieber Gott?« Ich spürte ja genau, daß da etwas war, das es zu erkennen galt. Gott wollte mir etwas sagen, aber ich verstand es nicht. So sehr ich auch nachdachte, grübelte und mir den Kopf zerbrach.

Eines Tages ging ich allein im Wald spazieren, an einem kleinen Bach entlang, und wie die Wellen des Bächleins kamen und gingen meine Gedanken und Bilder. Ich sah mich wieder in Spanien mit Bernard, wie wir die Klippen hochkletterten, wie wir ins Wasser sprangen und wie Kinder herumplanschten und Spaß und Freude hatten. Wie wir nebeneinander am Strand in der Abendsonne lagen, jeder auf seinem Handtuch und mit einem Buch beschäftigt. Und wie er dann sein Buch auf die Seite legte und an mein Handtuch anklopfte und fragte: »Bin ich willkommen?« Wie ich das schätzte und liebte an ihm. Wie noch kein Mann in meinem Leben schenkte er mir nicht nur alle Liebe, Wärme und Zärtlichkeit, sondern auch immer seine Achtung und Achtsamkeit auf meine Schwingungen und mein Freiheitsbedürfnis.

Ich hatte auf meiner Wanderung an dem kleinen Bach eine wunderschöne Lichtung erreicht und setzte mich auf einen

Baumstumpf. Ganz in Gedanken zupfte ich Blätter vom Farnkraut, das rund um mich wuchs, und ließ sie wie kleine Schiffe die Wellen des Baches hinabgleiten. Und mit den Blättern gingen die Bilder meiner Erinnerung. Da waren die gemeinsamen Ausflüge ins Landesinnere, die Tage zu Hause, wenn Bernard über seinen Architekturplänen saß und ich in der Küche kochte. Der sternübersäte andalusische Nachthimmel, in den wir stundenlang schauen konnten, wenn wir unsere Matratze einfach auf den Steinboden der Veranda gelegt hatten und eng aneinandergeschmiegt oft die ganze Nacht miteinander redeten. Dann tauchten die Bilder eines bestimmten Abends auf.

Spät waren wir nach Hause gekommen, nachdem wir lange in unserer Drei-kleine-Palmen-Bucht geblieben waren, die wir immer für uns alleine hatten, da sie so abgelegen war, daß kein Mensch sie finden konnte. Wir waren viel geschwommen und schon sehr müde und hungrig. Da beeilte ich mich, während Bernard unsere Sachen versorgte und die Blumen und das Gemüsebeet bewässerte, ein Abendessen aus Gemüse, Früchten und Körnern zuzubereiten und den Tisch auf der Veranda zu decken, mit Kerzen und Blumen geschmückt. Als er kam, hatte ich alles fertig und legte gerade eine Kassette mit Violinkonzerten von Mozart in den Recorder ein. »Wie hast du das so schnell geschafft? Hm, und wie köstlich das aussieht. Kannst du zaubern?«

Wir genossen unsere gemeinsamen Abendmahlzeiten immer sehr, aber diesmal war es eine besondere Stimmung, die uns umfing. Hinter dem Haus über den Hügeln senkte sich bereits die schwere Stille der nächtlichen Dunkelheit, während unser Wasserbassin das goldene Rot des letzten Sonnenstreifens am Horizont auffing und auf unsere Gesichter spiegelte. Bernard hatte eine Flasche des wunderbaren andalusischen Rotweins geöffnet. Und als er mir sein Glas zuhob, sagte er unendlich zärtlich und liebevoll: »Du solltest ein Restaurant eröffnen, wenn mir einmal etwas passiert. Du bist eine so wunderbare Köchin und kannst Menschen mit deiner Atmosphäre verzaubern.«

Ich hielt den Atem an. Ganz still und erstarrt blieb ich auf dem

Baumstumpf sitzen und mir war, als hörte ich nochmals ganz deutlich und unendlich liebevoll und zärtlich. »Du solltest ein Restaurant eröffnen...« Ein Restaurant, das war eine Idee. Wie schön ich die Räume gestalten könnte, liebevoll kochen, die Tische schön decken, wunderschöne Musik, herrliche Blumengestecke und Bilder an den Wänden. Kunstausstellungen, Lesungen und Jazzkonzerte. Was man da alles machen konnte. Das war eine göttliche Idee, und er hatte es mir gesagt! Ein Restaurant, ja, das war es! Die Menschen würden kommen, ich konnte ihnen Ruhe und Entspannung schenken und ihnen köstliches Essen verkaufen, und vielleicht würden sie auch etwas begreifen von den feinen und geheimnisvollen, unsichtbaren Dingen, die ich fühlte.

Nun hielt mich kein Sitzen und keine Ruhe mehr, ich mußte gehen, mußte in Bewegung sein, um mir alles ausmalen zu können. Und so lief ich über Stock und Stein, und meine Vision, mein Traum, lebte in den schillerndsten Farben in mir. Wie konnte ich das bloß anstellen? Ich hatte ja den Beruf nicht gelernt. Nur einmal, als Studentin, habe ich eine Wintersaison lang in einer Pension, bei der Mariandl in Tirol, gearbeitet. Aber es würde gehen, ich spürte es, ich mußte nur die Vision in meinem Kopf leben lassen und mit jeder Zelle meines Körpers mich mit meinem Ziel identifizieren, dann würde es gehen. Gott wird mir Wege weisen.

Und so kam es auch. Wenn mich auch alle für verrückt erklärten, ich machte ganz schnell die Tür zu meinem Herzen zu und wies die Schwarzmaler mit ihren Bedenken zurück. Und siehe, es fanden sich einige Menschen, die die Idee nicht so verrückt fanden, und die mir Wege aufzeigten und weiterhalfen. Bald wußte ich, es würde ein Kaffeehaus werden. Das war etwas richtig Österreichisches und wohl auch einfacher zu verwirklichen. Nun galt es, den Behördenweg zu gehen. Ich mußte um Nachsicht zur Konzessionsprüfung ansuchen, einen Kurs belegen und sehr viel lernen. Es wurde mir nicht leicht gemacht. Mein Ansuchen wurde mangels praktischer Ausbildung abgelehnt. Ich mußte gegen den Bescheid Berufung einlegen. Ich studierte den Gesetzestext selbst, argumentierte, verhandelte und schließlich setzte ich mit Zähigkeit und Hartnäckigkeit meinen Willen durch und wurde zur Prüfung zugelassen. Und nun endlich, nach einem Jahr, war ich bereit: Das Abenteuer Kaffeehaus konnte beginnen. Aber wo, wo sollte ich das machen, wie kam ich an den Platz, wie kam ich zu den Räumen? Ich wußte nicht, wo ich hinsollte. Ich wußte nur, ich muß aufs Land. Die Stadt war mir nach dem andalusischen Frieden zu hektisch und zu negativ geworden; die Menschen schienen mir so oberflächlich, so wenig empfänglich. Gut, aufs Land, aber das Land war weit. Ich studierte die Zeitungsinserate und suchte und suchte. Aber es war sehr schwierig. Meist spürte ich schon am Telefon, daß es nicht das Richtige für mich war, oder ich merkte bei der Ortseinfahrt, daß ich in diesem Ort nicht würde leben können. Dieses Hinspüren auf einen Ort, einen Raum hatte mich meine beste Freundin Elfi gelehrt und noch vieles mehr.

Ja, meine Freundin Elfi, sie war nun auch schon seit einigen Jahren tot, und ich vermißte sie noch immer sehr. Als ich einmal in Graz eine Wohnung gesucht habe, hat sie mir geholfen. Sie hat mich gelehrt, in Räume hineinzuspüren, vorerst ohne über Mietkosten, Zweck und Nutzen nachzudenken. Rein nur zu fühlen, mit geschlossenen Augen, ob es ein Raum ist, in dem man sich ausbreiten und wohlfühlen konnte. Sie war eine gute Lehererin, und ich konnte es nun schon recht gut. Elfi hatte dann immer noch alles mit den Zahlen nachkontrolliert, aber damals hatte ich von Zahlenmystik und Kabbala noch keine Ahnung.

Wochen und Monate des Suchens vergingen, und ich wurde immer verkrampfter. Außerdem war ich nun, da ich von »meiner Idee« so überzeugt war, weit weggerutscht von meiner inneren Kommunikation mit Gott und dem Gebet. Ich wollte unbedingt meinen Willen durchsetzen. Und doch schickte er mir Hilfe. Er lenkte einen sehr lieben Menschen in meinen Weg, der mir sagte: »Du mußt aufhören zu suchen. Du mußt finden.«

»Ja, wie soll ich denn das machen, ohne zu suchen?« fragte ich.

»Siehe, du läufst verwirrt und blind herum, hörst und sprichst die Sprache des Herzens nicht mehr. Ruf in deinem Herzen nach den Räumen, und das Haus, das auf dich wartet, wird dich finden.« Nun, das klang ja sehr schön, poetisch, aber ich war doch verwirrt und ärgerlich. Da rief mich meine Schwester Gudrun zu sich. Auch sie sagte: »Hör auf zu suchen, du machst dich und die ganze Familie verrückt. Komm doch ein paar Wochen zu mir, damit du endlich auf andere Gedanken kommst.«

Und das tat ich auch. Ich fuhr zu ihr in die Berge. In ihrer kleinen Wohnung hatten wir es sehr gemütlich, und ihr großer Freundeskreis nahm auch mich sehr liebevoll auf. Ich suchte nicht mehr so verbissen. Und da rief das Schicksal mit einem freudigen Ereignis nach mir. Eine Kusine, die im Nachbarort lebte, bekam ein Baby. Ich besuchte sie und erzählte ihr von meiner Idee, ein Kaffeehaus zu eröffnen. Da rief sie sofort aus: »Das alte Schloß! Es wartet auf dich! Mitten in unserem Dorf steht ein altes Schloß, das verfällt, wenn nichts geschieht. Immer wenn ich daran vorbeigehe, bitte ich darum, daß sich jemand der alten Mauern annimmt …«

Meine Ohren und mein Herz waren weit offen.

So ging ich das alte Schloß besichtigen. Die Türen waren nur mit Drähten zugehängt, alles war voller Gerümpel, Spinnweben und verfallen. Der Putz bröckelte von den Wänden, der Holzboden war morsch, die Fenster kamen mir beim Öffnen mitsamt Fensterstock entgegen. Nur der Vorraum war halbwegs in Ordnung, durch ihn gelangte man in die beiden oberen Stockwerke. Doch all das berührte mich überhaupt nicht. Ich schloß meine Augen und fühlte. Und was ich fühlte, ließ mein Herz schneller schlagen. Das ist es, das ist der Platz, hier gehöre ich her. Ich erzitterte und bebte. Dieses alte Gemäuer, das Gewölbe, die dicken Mauern, das war es. Und dann sah ich noch den zauberhaften Schloßgarten hinter dem Haus. Ja, kein Zweifel, das ist das Haus, das mich gefunden hat.

3

Die erste Wintersaison war ein einziger Taumel aus Begeisterung und Arbeit, Arbeit und nochmals Arbeit. Ich stand in der Küche, backte Kuchen, arbeitete hinter dem Ausschank, war gleichzeitig wieder vorne bei den Gästen, mußte einkaufen, abrechnen und sauber machen, bis ich weit nach Mitternacht erschöpft ins Bett sank. Viele Menschen kamen, um das eigenwillige Kaffeehaus zu besuchen. So etwas gab es hier noch nicht: das alte Gemäuer mit modernem Beton restauriert, die schlichten Fliesen, die alten Sofas, Tische und Stühle, die gemauerten Simse, die Wandabschlüsse mit den Kieselsteinen und überall Kerzen. Und doch die reine und etwas kühle Klarheit, die die Räume ausstrahlten. Der Frühling kam und auch der Sommer, die Wintergäste waren abgereist, die Neugier der Einheimischen war gestillt, und es wurde ruhig. Zu ruhig. Das Schweigen der Mauern, das Schweigen der Jahrhunderte senkte sich über die Räume. Wenn die Menschen weg waren, wurde es eisig still, und diese Stille und Einsamkeit beschlich mich unausweichlich. Im Sommer waren die Mauern innen so kalt, daß ich fast das ganze Jahr heizen mußte. Die Heizkosten stiegen ins Astronomische. Jeden Tag kostete es mich große Herzenskraft, die ersten Gäste mit so viel Gefühl und Wärme zu umgeben, daß sie die Kühle, die die Mauern ausstrahlten, nicht merkten, sich wohl fühlten und blieben. Manchmal gelang es nicht, und die Gäste gingen wieder.

Es war eine sehr schwierige Zeit für mich. Ich verstand die Lebensweise der Einheimischen nicht so richtig, und sie nicht die meine. Ihre Späße waren mir zu derb, und ihnen war mein Gehabe zu kompliziert und zu fein. Meine schönen, zarten Gläser waren bald alle zu Bruch gegangen. Es entstanden Spannungen und vor allem auch große wirtschaftliche Schwierigkeiten für mich. Ich war so überzeugt von meinem Unternehmen gewesen, daß ich für die Sanierung dieses schönen Gebäudes nur das Allerbeste aussuchte, was sehr viel Geld gekostet hatte. Nun spürte ich, wie schwer dieses mit Kaffee und Kuchen zu verdienen war, denn laute Alkoholgelage, die weit mehr Gewinn gebracht hätten, konnte ich nicht ertragen.

Da schickte Gott mir die Künstler in mein Leben. Sie spürten und schätzten meine Atmosphäre. Sie waren begeistert, und so arrangierte ich eine Kunstausstellung nach der anderen. Auch Konzerte und Lesungen. Ihre Bilder, ihre Musik, ihre Worte und ihr Lachen erfüllten die alten Mauern mit neuem Leben und erweckten Quadratzentimeter um Quadratzentimeter in jedem Raum. Ein eigener Gästekreis entstand. Es waren Menschen, die oft weit fuhren, um eine Stunde mit Kaffee und Kuchen zu genießen, in Zeitungen zu schmökern oder sich zu unterhalten. Es war nicht die breite Masse, aber doch ein sehr netter Kreis von Menschen, die alles sehr zu schätzen wußten, was ich ihnen anbot, und die mich und mein Unternehmen so einigermaßen am Leben erhielten.

Meine Schwester Gudrun hatte sich in der Nähe ein altes, baufälliges Bauernhaus gekauft und begonnen, es herzurichten. Nun wollte sie heiraten und nach München zu ihrem Mann siedeln. In der Familie wurde beratschlagt, was mit dem Haus geschehen sollte. Das Naheliegendste war, daß ich mich darum kümmerte, denn das Haus war ja in meiner Nähe und alle anderen Geschwister wohnten weit weg. So begann ich wieder zu planen, zu bauen und zu sanieren. Drei Ferienwohnungen richtete ich in diesem alten Haus ein, das mit seiner Atmosphäre bald meine neuen Gäste entzückte.

Auch im Kaffeehaus gab es wirklich schöne Highlights in diesen folgenden Jahren, in denen die Mauern erbebten unter den Klängen von Jazzmusik, dem Lachen und Tanzen der Menschen, als ich große Schneefeste, Konzerte, Lesungen und Ausstellungen veranstaltete. Doch immer mußte ich etwas tun, mußte Initiativen ergreifen und Schwingung aussenden. Ich tat es ja mit Begeisterung und großer Freude, doch die wirtschaftlichen Schwierigkeiten wurden größer statt kleiner. Die Vermietung des Bauernhauses deckte die Kosten des Umbaus, doch im Kaffeehaus war meine finanzielle Situation enger denn je. Die viele Arbeit war auch körperlich sehr anstrengend, aber noch mehr das Versprühen von Zuversicht, Humor und Herzlichkeit, wenn mir oft so bang war, wenn Monat für Monat die Raten und Zinsen der Bank wie ein Damoklesschwert über mir hingen. So kam ich schließlich wieder ins Hadern mit dem lieben Gott: »Du hast mir ja versprochen zu zeigen, wie ich leben soll! Diese viele Arbeit und die Schwierigkeiten! Ist das jetzt Leben?«

Ewald, der sich nach Bernards Tod liebevoll freundschaftlich um mich gekümmert hatte, war inzwischen auch gestorben. Ich war so sehr in Arbeit und Sorgen verstrickt, daß ich erst viele Jahre später in der Lage sein sollte, die nötige Trauerarbeit zu leisten und die unglückliche Geschichte innerlich zu bewältigen. Seine Mutter hatte mich gefragt, was ich von seinen Sachen haben wollte, und ich hatte seine Bücher gewählt. Unter seinen Büchern befanden sich reihenweise Astrologiebücher, Lehrgänge anerkannter Autoren. Zu diesen Büchern griff ich nun und begann, sie zu studieren. Warum war meine Wirklichkeit so, wie sie war? Was sollte ich lernen, welche Chancen und welche Freiheit ließ mir mein Schicksal? Ich rechnete und studierte, ich erstellte mir mein Horoskop, ich untersuchte die Planetenverbindungen und mühte mich zu verstehen. »Selbsterkenntnis ist das Wunder, das uns hilft, unser Leben in den Griff zu bekommen.« Dieser Satz verfolgte mich schon lange. »Also, wer bin ich? Warum war ich gerade mit diesen Voraussetzungen zur Welt gekommen? Worin lag die Ursache begründet, daß mein Charakter und meine Fähigkeiten eben so waren, wie sie waren, und worin lag die Ursache begründet, daß das Schicksal zuweilen scheinbar so unberechtigt in mein Leben eingriff? »

Vieles verstand ich, vieles verstand ich nicht, und es blieben Fragen über Fragen. Die Zeit, da ich mich mit Hegel und seinen Anschauungen über Ursache und Wirkung auseinandergesetzt hatte, rückten mir wieder nahe. Ja, immer wieder Ursache und Wirkung. Die Astrologie brachte einen neuen Aspekt dazu: Karma.

In dieser Zeit erlebte ich einen besonderen Tag im Kaffeehaus. Ich hatte gerade eine wunderbare Ausstellung mit sehr mystischen Ölbildern und modernen Bronzeskulpturen in meinen Räumen, die eine eigene besondere Schwingung erzeugten. Eine christliche Damenrunde, wie sie sich selbst bezeichneten, hatte zwei Räume belegt. Bei Kaffee, Kuchen und Eisbecher unterhielten sie sich angeregt über ihre seelsorgerische Tätigkeit, fragten auch mich sehr viel und banden mich in ihr Gespräch ein. Nun war das aber gerade ein Tag, da meine Kellnerin frei hatte, und so sauste ich hin und her, um zu bedienen, herzurichten und gleichzeitig doch immer einige Worte mit den Damen zu wechseln. Zuerst war alles sehr belanglos: wie schön und wie gut alles sei und wie liebevoll serviert. Dann kamen immer persönlichere Fragen: »Sie sind aber nicht hier geboren, oder? Woher kommen Sie?«

Und nachdem ich geantwortet hatte, ging die Fragerei weiter: »Und wie kommen Sie hier zurecht? Können die Menschen Sie verstehen?« Es war die Anführerin, wie ich sie im Stillen nannte, die nicht locker ließ. Ich gab eine ausweichende Antwort und huschte davon. Doch kaum kam ich beladen mit Tabletts wieder in den Raum, da sprach sie mich wieder an: »Es ist eine schöne Aufgabe, die Sie gewählt haben, Menschen eine schöne Atmosphäre und so gute Kuchen und Getränke zu bieten. Sie lehren die Menschen hier einiges, wissen Sie?«

»Na, ich weiß nicht«, antwortete ich, »möchten Sie noch etwas trinken?«

»Ja gerne, empfehlen Sie mir noch etwas Besonderes. Die Torte war ganz ausgezeichnet und Ihr Kaffee Marie Louise auch, so einen besonderen Kaffee haben wir noch nirgendwo bekommen, nicht wahr?« wandte sie sich in ihrer bestimmten Art an die anderen. Bewußt schaute ich jetzt diese etwas korpulente, robust und bestimmend wirkende Frau an. Sie schien wirklich die Anführerin des ganzen Vereins zu sein.

»Da hast du recht, Annemarie«, antwortete eine kleine, hagere Dame, die mit dem offensichtlich sorgfältigst gestärktem Kragen ihrer weißen Bluse und dem lindgrünen Kostüm von Kopf bis

Fuß so wunderbar aufgerichtet bei Tisch saß. »Wie bereiten Sie diesen Kaffee Marie Louise zu, Fräulein?«

»Kakao und Kaffee wird zusammen verrührt, dann kommt ein Sahnehäubchen darauf und etwas Tia Maria Likör darüber. Es freut mich, daß es Ihnen gemundet hat«, erwiderte ich höflich.

»Na, was wollen wir noch trinken Kinder? Wollt ihr ein Glas Wein oder wollt ihr lieber noch ein Eis essen?« rief die Anführerin durch den Raum, und das Geplauder verstummte. Ich teilte Eiskarten aus, und da sprach sie mich wieder an: »Und Sie machen das alles alleine?«

»Ja, mit meinen Mitarbeitern«, sagte ich und reichte auch ihr die Eiskarte. »Haben Sie keinen Mann ?«

»Nein, eigentlich nicht«, sagte ich zu ihr, und schon spürte ich ihren forschenden Blick durchdringend auf mich gerichtet. »Eigentlich nicht, aha«, wiederholte sie meine Worte, »und das ist eigentlich auch schade, sehr schade. Sehen Sie, mein Kind, wenn Sie etwas für einen Mann tun können, dann tun Sie es doch. Männer sind so viel hilfloser als wir Frauen in diesen Dingen, da sollten Sie nicht zu stolz sein.« Und mütterlich nahm sie meine Hand und tätschelte sie. Ganz befangen stand ich da. Natürlich, da war die Geschichte mit ... aber das war eine Geschichte, über die ich mit niemandem sprechen wollte. Unsicher sah ich die Frau an, mir schien, als wüßte sie alles. »Wenn das so leicht wäre«, sagte ich, und schnell fügte ich hinzu, »darf ich Ihnen ein Kiwi Sorbet empfehlen? Darin ist eine frische, feingeschnittene Kiwifrucht, es wird mit Sekt aufgegossen, und dann kommt eine Kugel Kiwieis hinein. Es ist sehr erfrischend und leicht.«

»O ja, bitte, das klingt doch wunderbar, habt ihr zugehört. Es gibt Kiwi Sorbet!« In lockerem Ton plauderte sie nun mit ihren Freundinnen und erleichtert, daß sie mich nicht weiter fragte, nahm ich die weiteren Bestellungen auf.

Während ich mit dem Herrichten beschäftigt war, kamen wieder Gäste, ein Mann und eine Frau. Auch bei diesen Gästen merkte ich sofort, schon wie sie grüßten und sich prüfend umsahen, daß ich sie mit besonderer Aufmerksamkeit behandeln mußte. Sie suchten sich die gemütliche Kaminecke zum Sitzen aus, und ich bemerkte im Vorbeigehen, daß die Frau dem Platz nachfühlt, so wie ich das immer mache. Und ich hörte einige wohlwollende Worte, die sie angeregt ihrem Begleiter mitteilte.

»Haben Sie diesen Raum gestaltet«, fragte sie mich geradeheraus, als ich servierte.

»Ja, zusammen mit meinem Architekten, einem Freund von mir«, antwortete ich ihr.

»Interessant, wirklich! Schau einmal die Bögen an, Franz. Da steckt Mathematik drin und ein großes Wissen, nicht wahr, mein Kind?«

Erstens wurde ich nun schon wieder mit »mein Kind« angesprochen, und das mit Mitte Dreißig, und zweitens, was war heute überhaupt los? Ich war ja an Fragen und auch an Komplimente von Menschen gewohnt, aber irgend etwas war anders, das spürte ich. Diese Menschen heute hatten tieferes Interesse an mir, das fühlte ich, und schon sprach sie weiter: »Und die Fliesen, schau Franz, alles berechnet, keine einzige Fliese ist geschnitten worden. Alles in gerader Teilung, wahrscheinlich stimmen auch die Quersummen.«

Gerne wäre ich näher auf das Gespräch eingegangen, denn ich war geschmeichelt, daß sie die Ordnungsprinzipien meiner Räume bemerkt und durchschaut hatte. Nur wenige Menschen konnten diese Dinge bewußt aufnehmen und verstehen. Doch die Damen im Nebenraum verlangten nach mir. Also eilte ich in den Nebenraum. Fragen über die Bronzeskulpturen wurden gestellt. Besonders die schlichte Pietà beeindruckte die Damen sehr, und ich gab einige Erklärungen über den Künstler ab. Da zog mich die Anführerin zu sich hin und sagte zu mir: »Mein Kind, ich habe Sie lange angesehen, und ich denke, wer weiß, was der Herrgott mit Ihnen noch vorhat. Hören Sie nur weiter gut auf ihn. Sie sind noch so jung und sind doch bereit, ihm zu dienen, nicht? Daher kann er noch viel mit Ihnen machen.«

Und wieder lag ihr Blick tief in mir.

»Woher weiß sie, daß ich auf Gottes Wort höre?« dachte ich und wußte nicht, was ich sagen sollte. Da drückte sie mir fest die Hand und sagte: » Alles Gute für Sie und Gottes Segen.«

Ein wenig verwirrt ging ich das Bestellte holen, und als ich am Kamintisch vorbeikam, faßte mich die andere fremde Frau an der Hand und hielt mich fest. Ihre Augen sprühten nur so vor lauter Lachen und Belustigung: »Na, die Damen wollen Sie natürlich wieder ganz vereinnahmen, nicht? Lassen Sie sich nur nicht einfangen. Bleiben Sie schön bei sich selbst und auf Ihre Freiheit bedacht.«

Sie ließ mich los, und ich eilte hinter den Ausschank. Was war heute nur los? Was wußten sie alle über mich? Es kamen wieder Gäste, und ich hatte keine Zeit, nachzudenken. Zu gerne hätte ich mich aber näher mit der fremden Frau am Kamintisch unterhalten. Diese Frau übte eine starke Anziehung auf mich aus, und sie wirkte so stark und fröhlich. Ihrem Begleiter schien sie alles Mögliche zu erklären.

Ob sie von mir sprach? Es schien so. Mir wurde heiß, und ich war aufgeregt. Die christlichen Damen wollten zahlen. Ich überlegte, ob ich es schaffte, mit der Fremden nochmals ins Gespräch zu kommen. Ich wollte mich beeilen, doch als ich bei allen Damen kassiert und alle guten Wünsche angenommen hatte, waren beide, Fremde und Begleiter, nicht mehr auf ihren Plätzen. Das Geld lag großzügig bemessen unter den Gläsern festgeklemmt auf dem Tisch. Ich fühlte mich traurig. Meine Energie sank auf den Nullpunkt. Da hörte ich Schritte, und tatsächlich kamen beide von den Toilettenanlagen die Treppe herunter.

»Haben Ihnen die Bilder und Skulpturen gefallen?« Die Frage sprudelte nur so aus mir heraus. Ich mußte diese Frau festhalten, da war noch etwas, das ich erfahren wollte.

»O ja, die im ersten Raum sind sehr schön. Haben Sie in den anderen Räumen auch noch welche? Komm, Franz, das müssen wir uns noch anschauen.« Ich war sehr froh, daß sie mir die Gelegenheit gab und führte sie nun durch die Räume und gab voller Eifer die besten Erklärungen und Erläuterungen ab, zu denen ich fähig war. Sie hörte mir ruhig zu und sah sich alles an. Die Bilder und Skulpturen waren numeriert, und kleine Zettelchen mit den Zahlen klebten daran. Als wir schon wieder zurück gingen, entdeckte sie eine Sphinx aus Bronze, die ich in eine nicht gut einsichtige Ecke gestellt hatte, da sie mir überhaupt nicht gefiel. Sie entsprach keineswegs meiner Vorstellung von dem, was eine Sphinx ausdrücken müßte. Ich ärgerte mich, daß sie die Skulptur entdeckt hatte.

»Da, schau Franz«, sagte sie in diesem Moment,« na klar, die Sechzehn, die Katastrophe, das ist wieder die Bestätigung.«

»Mein Gott, sie weiß über die Zahlenmystik Bescheid und wohl auch über die Kabbala«, durchzuckte es mich sofort. Das Wissen meiner Freundin Elfi, das ich damals noch nicht verstand. »Kabbala«, rief ich aus, ohne zu überlegen, »kennen Sie sich da aus?«

»Ja, mein Kind, was wollen Sie wissen?« Ihre Augen lachten mich an.

»Alles«, tönte es aus ganzem Herzen aus mir heraus, ohne darüber nachzudenken.

»Nun, Franz, da müssen wir uns eben noch eine gute Stunde Zeit nehmen«, wandte sie sich an ihren Begleiter. Ich lud sie ein, Platz zu nehmen und bot ihnen Getränke an. Franz wurde zum Auto geschickt, Bücher und Unterlagen herbeizuholen, und mich wunderte nicht mehr, daß sie diese Bücher mithatte. Ich holte Papier und Schreibstift. Sie berechnete meinen Namen und mein Geburtsdatum. Sie erzählte mir vieles über mich, und sie empfahl mir einige Bücher, die mir weiterhelfen würden. Ich war wie gebannt und hörte ihr zu. Sie wußte sehr viel über mich, rein nur aus den Zahlen. Ich war fasziniert, mich begeisterte vor allem auch ihre Ausdrucksweise und ihre schöne Sprache. Und sie erzählte und erklärte alles mit großem Humor, es schien auch ihr Spaß zu machen. Doch schließlich kam der Moment, da sie sagte: »Nun, das reicht fürs erste. Haben Sie noch Fragen dazu?«

Ich hätte mich noch stundenlang mit ihr unterhalten können, doch ich wagte nicht, sie noch länger aufzuhalten. Sie hatte mir sehr viel Wissen vermittelt, und so sagte ich mit aller Dankbarkeit in der Stimme: »Ich danke Ihnen von Herzen, daß Sie mir so viel Wissen anvertraut haben.«

»Ich danke Ihnen, daß ich Sie lehren durfte«, antwortete sie, »es ist eine wundersame Gnade, lehren zu dürfen«, und mit einem Lächeln fügte sie hinzu, »ich danke Ihnen auch, daß wir uns wiederbegegnen durften.«

»Wiederbegegnen?« fragte ich sie erstaunt. War ich dieser Frau schon einmal begegnet? Angestrengt dachte ich nach, aber bestimmt kannte ich sie nicht. Sie merkte, daß ich sie nicht verstand und erklärte mir daher: »Wir sind uns wohl sicher schon öfter begegnet, doch ganz bestimmt in Ägypten.«

Ich war in meinem Leben noch nie in Ägypten. Meinte sie etwa, wir kennen uns aus einem anderen Leben? Ich hatte ja nun wirklich schon viel gelesen und wußte auch viel aus der Astrologie, und mir schien es sehr wahrscheinlich, daß wir wiedergeboren werden. Die Astrologie ergäbe keinen Sinn, wäre es nicht so. Doch nun vor einem Menschen zu stehen, der diese Tatsache selbst erkannt hatte, sich gar an mich zu erinnern schien, das war schon etwas anderes, das war neu, das war ein überwältigendes Gefühl. Ich wußte nichts zu sagen, und so verbeugte ich mich voller Ehrfurcht vor ihr.

»Schau, Franz, diese Verbeugung, japanisch, chinesisch, auch Spuren einer früheren Inkarnation«, dann öffnete sie ihre Handtasche und zog eine Visitenkarte heraus und reichte sie mir mit den Worten: »Damit Sie wenigstens wissen, wer ich in dieser Inkarnation bin. Alles andere werden Sie selbst noch entdecken.«

Dann verabschiedeten sich beide mit Segenswünschen, und ich blieb tief berührt mit der Visitenkarte in der Hand stehen. Dann las ich die Visitenkarte und wurde zuerst schamrot, doch dann mußte ich herzlich und laut lachen. Auf der Karte stand ihr Name und darunter »Rektor der Kunsthistorischen Fakultät in …«, und ich hatte ihr lang und breit mein kärgliches Wissen über Kunst erzählt.

Dieser Tag gab mir sehr viel zu denken. Ich hatte viel erfahren, das Spiel mit den Zahlen faszinierte mich sehr und brachte manche neue Erkenntnis. Doch noch mehr beschäftigten mich die so frei gemachten Aussagen der beiden Frauen. Warum wußte die christliche Anführerin so genau, daß ich auf der Suche nach meiner Bestimmung war und in Kommunikation mit Gott. Wie konnte sie so nahe an diese neue Geschichte von mir herankommen? Was wußte sie über mich und woher? Und ihr Satz: »Wenn Sie etwas tun können für einen Mann, dann tun Sie es! Männer sind sehr viel hilfloser als wir Frauen in diesen Dingen, da sollten Sie nicht zu stolz sein.« Wie treffend das auf meine Situation paßte, doch was sollte ich tun? Was kann man denn tun, wenn Gefühle nicht richtig angenommen und erkannt werden? Wie kam sie darauf, daß Gott noch alles Mögliche vorhaben könnte mit mir? Und die andere Frau, woher wußte sie, daß sie mich aus einem anderen Leben kannte? Ich hatte ja nun einen anderen Körper und ein anderes Aussehen. Das, was ich bis jetzt wußte, stammte aus der Astrologie, Philosophie und ein bißchen Physik, und dieses Wissen half mir bereits sehr. Viele Zusammenhänge konnte ich erkennen, die andere nicht sehen konnten. Ich konnte den Menschen schon einiges auf den Kopf zusagen, wenn ich über ihre Daten Bescheid wußte, jetzt mit der Zahlenmystik ging das noch schneller und leichter. Sicher mußte das vielen erstaunlich vorkommen, aber es war nichts Erstaunliches dabei. Es war Wissen dahinter, ich hatte es einfach gelernt, so wie jeder lernen kann, der sich die Mühe macht. Also mußte einfach die Möglichkeit zu lernen noch viel weiter gehen. Sicher steckte hinter all dem Neuen und Geheimnisvollen ganz einfach wieder fundiertes Wissen. Und ich wollte noch sehr viel lernen. Natürlich hätte ich in Buchläden gehen können und suchen oder Seminare belegen können. Aber das außerhalb zu suchen, war nicht mehr mein Weg. Ich rief lieber mit dem Herzen, um mich dann finden zu lassen. Wenn dann ein Hinweis, eine Botschaft kam, nahm ich sie an und ging ihr nach. Darin war ich bereits ziemlich sicher, und ich wußte ja, Gott schickte mir immer Menschen, Bücher, Botschaften ins Haus, wenn die Zeit für eine neue Erkenntnis oder neue Schritte reif wurde.

Bereits wenige Wochen nach diesem besonderen Tag kam eine Frau namens Maria zu mir ins Kaffeehaus. Sie brachte mir zweierlei. Zum einen das Buch *Das Lied der Bernadette*[1] von Franz Werfel, und zum anderen eine sehr wichtige Botschaft. Wir waren ins Reden und Plaudern gekommen, und ich hatte ihr von der Astrologie und den Zahlen erzählt und sprach nun darüber, daß ich glaubte, daß mir noch etwas Wesentliches fehle.

»Weißt du«, sagte ich zu ihr, »ich kann ja einiges schon recht gut erkennen. Zum Beispiel das Mars-Quadrat-Sonne. Ich erkenne, daß ich immer wieder selbst negative Energie gegen mich richte. Aber es sind Situationen, die ich nicht meistern kann, nicht mit allem Verstand. Die Zusammenhänge, die in diese Situationen führen, sind mir unbewußt, und aus dem Unbewußten heraus handle ich und schade mir oft selbst. Verstehst du, Maria, ich kann das erkennen, wenn auch erst im nachhinein. Aber wie kann ich richtig damit umgehen? Was kann ich wirklich gegen diese unbewußten Muster tun, in die ich immer wieder stolpere?«

Maria verstand genau, was ich meinte und hörte mir aufmerksam zu.

»Weißt du, ich erkenne in meinem Horoskop auch, daß da karmische Zusammenhänge sind, die mich festhalten. Ich muß wohl in meinen vorherigen Leben in allerhand verwickelt gewesen sein und habe mich sicher schuldig gemacht.«

Doch von den karmischen Dingen wollte Maria nichts wissen, und auch meine Gespräche über Astrologie waren ihr zuweilen unangenehm, das wußte ich. Sie war streng gläubige und praktizierende Katholikin und lehnte den Gedanken an Wiedergeburt ab. Doch sie half mir ganz wunderbar weiter, als sie nun zu mir sagte: »Nun, ich denke, du mußt einen Schutzengel anrufen, oder einen Heiligen. Und den mußt du um Hilfe bitten. Verstehst du?«

Einen Schutzengel um Hilfe bitten. Na ja, ich war nicht sehr bewandert in diesen Dingen. Ich war zwar auch katholisch, aber meine Eltern gingen kaum in die Kirche, obwohl meine Mutter sicher sehr auf Gott vertraute und auch mein Vater, auf seine Art. Die Lehre der Kirche war mir ziemlich fremd, außer dem bißchen Wissen aus der Schulzeit. Und so gehörten Schutzengel in meine Kindheit, und der Glaube an sie schien mir ein bißchen kindisch. Mein Glaube an Gott, das war etwas anderes. Ich sprach Ihn zwar mit Herr und Vater an, wegen der Achtung, die ich Ihm zollte, aber er war für mich eine übergeordnete, abstrakte Macht. Eine für Menschen nicht vorstellbare Form des unendlichen schöpferischen Geistes. Er war für mich Gesetz, Ordnung, Prinzip. Einen Schutzengel anrufen, eine personifizierte Wesenheit, das war ein neuer Gedanke für mich, und so fragte ich Maria: »Nun gut, wenn ich einen Schutzengel anrufen würde, wen soll ich dann rufen?«

»Das mußt du selbst herausfinden, das kann ich nicht für dich beantworten«, sagte Maria zu mir.

»Aber ich kenne doch keine Schutzengel. Wir haben zwar einen Seliggesprochenen in der Familie, den Engelbert Kolland, den könnte ich ja bitten, etwas für mich zu tun. Wen bittest du, Maria?« fragte ich.

»Ich bitte meinen Schutzengel, meinen persönlichen, aber vor allem auch den heiligen Erzengel Michael. Für mich ist der heilige Michael der, den ich anrufe«, sagte sie.

»Meinst du, er ist auch der richtige für mich?« mußte ich nochmals nachfragen.

»Ganz sicher«, erwiderte Maria. »Ja, ich denke du solltest Michael anrufen, sicher hat er mich zu dir geführt. Das kann ich jetzt erkennen.«

Nun gut, ich wußte noch nicht so genau, wie ich damit umgehen würde. Also las ich zunächst das *Lied der Bernadette.* Das Buch veränderte etwas in mir. Ich hatte zwar immer schon, wenn ich in die Kirche ging, am Marienaltar Kerzen angezündet. Das war so eine Gewohnheit von mir. Ich ging sehr selten in eine Messe, gerne aber auf dem Friedhof spazieren und in die leere Kirche zur Besinnung und um mein Vaterunser zu beten. Wie gesagt, Gott war für mich eine abstrakte Macht. Doch nun begann ich, über Maria und Jesus nachzudenken, und da erinnerte ich mich an eine Begegnung mit einem Mann, die ich vor zwei oder drei Jahren hatte.

Ich hatte damals nach einer langen Wintersaison einen Urlaub gebucht, Hals über Kopf. Ich wollte nach Teneriffa, aber es gab nur noch einen Flug nach Gran Canaria. Dort angekommen war ich ziemlich traurig und enttäuscht, mit so einem Menschengewimmel hatte ich nicht gerechnet. Ich mietete mir ein Auto und fuhr jeden Tag an der Küste entlang, um Ruhe zu finden und entdeckte auch wirklich schöne Plätze. Doch Abends, wenn ich zurückkam, war es mir in meinem Appartement zu laut, und so suchte ich nach einem gemütlichen Lokal und fand es schließlich. Es war ein besonderes »Café«. Es hatte eine ganz andere Atmosphäre als alles andere ringsherum. Es war ruhig und angenehm, es gab gute Kuchen und guten Kaffee, und meist spielten sie im Hintergrund leise Musik von Clayderman und Rondo Veneziano. Dort richtete ich es mir jeden Abend gemütlich ein, bestellte mir meinen obligaten Milchkaffee und las in meinem Buch. Manchmal beobachtete ich auch einfach die Leute, die hierher kamen und stellte fest, daß es jeden Abend die gleichen waren. Man grüßte sich also schon freundlich beim Hereinkommen. Das ist wie bei mir im Kaffeehaus, dachte ich, auch ein eigener Kreis von Menschen, und immer wieder die gleichen. Zwei Frauen schienen das Kaffeehaus zu führen, die eine älter, die andere jünger, beide sehr hübsch und sehr aufmerksam, und gerne unterhielt ich mich ein wenig mit ihnen in einem Gemisch aus Englisch und Spanisch. Eines Abends war ein Mann im Lokal und bald, nachdem ich Platz genommen hatte, stellte mir die eine Frau ihn vor.

»Mi marido«, lachte sie strahlend. Ich begrüßte ihn und dachte mir, der paßt überhaupt nicht zu ihr. Er war sehr groß und wirkte etwas grobschlächtig, und der Anzug, in dem er steckte, wirkte auch eher komisch an ihm. Unter seinem Ärmel schaute eine Tätowierung hervor. Er schien meine skeptischen Gedanken zu spüren, und er lachte mich an und fragte, ob er mir seine Geschichte erzählen dürfe. Seine Frau brachte mir den üblichen Kaffee und für ihn ein Mineralwasser, und er begann, mir zu erzählen.

Er sei eigentlich Franzose und hätte in Paris gelebt, aber er sei ein ziemlich schlimmer Gesell gewesen als Junger und hätte einige Vorstrafen gehabt. Dann habe er seine Frau kennengelernt und sie hätten geheiratet. Er habe sich anfangs in seiner Ehe ziemlich bemüht, aber der Alkohol war sein Problem. Er trank eben gerne. Und da sie ihn nicht wollte, wenn er trank, ging er zu anderen Frauen, und das ging dann so dahin. Er arbeitete auch nicht viel, und sie hatten kein Geld, und alles war ziemlich schlimm. Da ging er wieder einmal und fand eine Frau, und nun sagte er zu mir in gebrochenem Englisch, sei alles noch viel schlimmer geworden, denn diese Frau liebte er sehr. Aber er liebte ja auch seine Frau, die schon soviel mit ihm ausgehalten hatte, und konnte sie nicht verlassen. Da trank er immer mehr und mehr und wurde so traurig, daß er sich nicht mehr helfen konnte. Und eines Tages hatte er wieder viel getrunken, und da sei er an einer Kirche vorbeigekommen, und plötzlich war er hineingegangen und hatte Gott gefragt: »Was soll ich tun?«

Und ein paar Abende später habe dann Jesus an seine Tür geklopft und lange mit ihm geredet. Von da an sei alles gut geworden. Jesus hatte ihm gesagt, was er tun solle, und so sei er hierhergefahren nach Gran Canaria und habe zwei Jahre sehr viel gearbeitet und Geld verdient. Dann habe er seiner Frau und seiner Freundin geschrieben. Er habe beiden gestanden, wie sehr er sie beide liebe und daß er sich nicht entscheiden könne. In seinem Herzen sei eben Platz für beide, habe er geschrieben. Und sie sind beide gekommen! Er lachte mir stolz in mein ungläubiges Gesicht und winkte hin zur Kuchenvitrine, und beide Frauen, die junge und die ältere, lachten zurück.

»Ich habe ganz getan, wie Jesus sagte«, wiederholte er mir nochmals und kramte aus seinem Anzug ein Bild von Jesus hervor. Es war eines der üblichen kitschigen Kirchenbilder, das er mir schenkte.

Diese Geschichte war mir durch das Lied von Bernadette wieder eingefallen. Ich überlegte, was aus dem Jesusbild geworden war, aber ich konnte mich nicht erinnern. Wahrscheinlich hatte ich es achtlos weggeworfen. So begann ich doch, tiefer über Maria und Jesus nachzudenken. Daß Jesus gelebt hatte, war mir immer schon klar, und ich dachte, er müsse ein unglaublich begabter und auch von Gott geführter Mensch gewesen sein. Aber seine Auferstehung und sein und Marias Erscheinen? Ich wußte nicht, wie ich darüber denken sollte. Botschaften zu empfangen war vielleicht eine Frage der Bereitschaft, der Wachheit und inneren Aufmerksamkeit? Bernadette Soubirous war wohl in ihrem einfachen, kindlichen Wesen mit der Gnade des Sehens beschenkt worden.

Auch über den heiligen Erzengel Michael dachte ich viel nach. Und mir wurde bewußt, daß die Planeten ja auch Kräfte repräsentierten, mehr noch Wesenheiten, und in manchen Büchern fand ich einiges über Planetenengel. Es schien mir möglich, daß sich Schwingungen, die bestimmte Eigenschaften betrafen, sammeln konnten. Auch wir Menschen waren ja das Produkt verschiedenster Schwingungen. Und so ähnlich wir uns auch sind, haben wir doch alle einen eigenen Charakter und somit eine eigene Schwingung. Ich beschloß also, an das Vaterunser, das immer noch das einzige Gebet war, das ich kannte, nun auch die Anrufung des Erzengels Michael zu reihen. Auch den seligen Engelbert wollte ich um Hilfe bitten. Und so formulierte ich: »Heiliger Erzengel Michael, ich bitte dich, erhöre mich, führe mich und lenke mich und weise mir den Weg.« Und ich fühlte, es war wunderbar beruhigend, diese Worte immer wieder zu sprechen. Ich mußte sie immer aus einem inneren Bedürfnis heraus dreimal hintereinander sagen.

4

Der Herbst dieses Jahres kam und umhüllte mich mit großer Traurigkeit. Die Geschichte, die sich zwischen mir und einem Mann angebahnt hatte, zu dem mich ein ganz starkes Gefühl hinzog, nahm keinen guten Verlauf. Seit dem Tod von Bernard waren es nur wenige Begegnungen gewesen, die ich zugelassen hatte, und manchmal waren es gerade ein paar Tage, die ich mit einem Mann verbrachte. Das war in Ordnung für mich, es waren schöne Begegnungen, und ich wollte keine Beziehung aufbauen und mich nicht binden. Doch nun war etwas anderes, tieferes in mein Leben getreten, und das wollte mich nicht loslassen.

In dieser Herbstzeit erlebte ich auch eine Zeit sehr intensiver Seelenbegegnung mit meinem Freund Rudi. Rudi kam schon jahrelang aus Deutschland auf Urlaub zu uns. Er liebte dieses Gebiet um den Dachstein sehr. Als ich das Schloß-Café eröffnete, war er einer der begeisterten Gäste und wurde zum treuen Stammgast. Daraus hatte sich eine sehr schöne Freundschaft entwickelt. Rudi kam oft auch zu Zeiten, im Frühling oder Herbst, wenn kaum Touristen da waren. Immer versuchte er, mich in die Natur hinauszulocken. Ich arbeitete nun ja wirklich nahezu Tag und Nacht. Doch Rudi gelang es, mich so zu inspirieren, daß ich mir Freiräume für gemeinsame Wanderungen schuf. Nun stand er eines Nachmittags plötzlich wieder in der Tür.

»Rudi, o wie schön, daß du da bist!« Überglücklich eilte ich ihm entgegen. Dich schickt der Himmel, dachte ich bei mir, war doch der Schmerz in mir so drückend. Ich wußte, mit ihm konnte ich darüber reden, ohne mir das Übliche anhören zu müssen. Meine Bekannten, die von meiner Liebesgeschichte wußten, meinten nämlich, mich belehren und beschützen zu müssen. Sie hatten kein Verständnis dafür, daß ich die Liebe nicht in mir verraten und ersticken wollte, da sie nicht erwidert wurde. Man dürfe nicht lieben, wenn man nicht wiedergeliebt wird, und müsse sich daher die Liebe aus dem Herzen reißen.

Rudi würde mir das Kleinod der Liebe nicht aus dem Herzen

reißen, das wußte ich, er würde mir bloß helfen, damit fertigzuwerden. Also eilte ich ihm mit offenen Armen entgegen. Doch als ich so auf ihn zueilte, spürte ich plötzlich eine große Verletzlichkeit von ihm ausgehen. Ich merkte, er schloß mich zwar herzlich in seine Arme, hielt mich aber doch auf Distanz.

Seine Augen strahlten mich an: »Vorsicht, Schwester, nicht so stürmisch!«

Und ich merkte, es war eine unglaubliche Veränderung seit unserer letzten Begegnung mit ihm vorgegangen. Er war hagerer geworden, aber sehr strahlend, und sein Wesen war zarter, verletzlicher und vergeistigter. Als wir ein paar Worte über seine Reise und Ankunft ausgetauscht hatten, fanden wir beide wieder in unser inneres Gleichgewicht zurück, und ich lud ihn ein, am Kamintisch Platz zu nehmen. Ich war gerade dabei gewesen, ein paar Holzscheite nachzulegen, was ich nun noch schnell fertigmachte, und bot ihm dann wie üblich Kuchen und Tee an, da ich ja wußte, wie gerne er Kuchen und Tee hatte. Doch er lehnte dankend ab, er wolle nur heißes Wasser, er habe selbst ein paar Kräuter mit, die er hineingeben würde. Ich brachte ihm das Gewünschte und nahm mir selbst eine Tasse Tee und setzte mich zu ihm. Es war schön, daß gerade keine anderen Gäste im Lokal waren und wir uns so ungestört unterhalten konnten.

»Rudi, erzähl, was machst du? Was gibt es Neues, wie lange kannst du bleiben?«

Sein breites, gütiges Lächeln breitete sich über sein Gesicht aus, und ruhig sah er mich an. Ich kannte das schon, er hatte die Gabe, meine temperamentvollen und oft überschwenglichen Äußerungen zuerst einmal zu sammeln und so ruhig aufzunehmen, daß die Ruhe, die er dabei ausströmte, sich auch über mich legte. Ich meinte schon, aus seinem Gleichmaß zu spüren, daß Rudi diesmal für längere Zeit gekommen war. Er bestätigte dies und meinte, er habe viel Zeit. Er erzählte mir, daß er bereits seit drei Wochen strenge Fastenzeit einhalte, nichts esse, nur trinke. Mir war das ganz unverständlich, wie man so lange nichts essen konnte.

»Fasten hat für mich schon auch eine Bedeutung. Ich esse zum

Beispiel während der ganzen Fastenzeit kein Fleisch«, sagte ich, »aber drei Wochen, wie hältst du das aus?«

»Weißt du«, sagte er, »richtiges Fasten ist keine Hungerkur. Es ist ein Geheimnis, es öffnet dein Wesen, und du kannst viel mehr wahrnehmen als normal.«

»Warum fastest du, Rudi?« wollte ich wissen.

»Ja, ich habe eine sehr wichtige innere Entscheidung zu treffen, und durch das Fasten klären sich meine Gedanken. Mein Körper und mein Geist werden gereinigt. Ich möchte hier in den Bergen viel im Wald spazieren gehen und in der Natur sein. Möchte alle Gedanken, die mir kommen, ganz tief ansehen und überprüfen, ob sie für mich richtig sind.«

»Meinst du, Rudi, daß du dann leichter deine innere Stimme hören kannst? Oder die Stimme vom lieben Gott?« fügte ich noch schnell hinzu. Ich sprach ja kaum mit jemandem über meine innere Führung.

»Ja, genau so ist es«, antwortete er mir. Da konnte ich mich nicht mehr zurückhalten. Noch nie hatte ich jemanden von meinem Pakt mit dem lieben Gott erzählt, aber Rudi mußte ich jetzt davon erzählen und auch, wie gut es funktionierte. Er hörte in aller Ruhe zu, und ich spürte, er verstand mich ganz tief. Doch statt darauf zu antworten, sagte er: » Ich möchte dir auch etwas anvertrauen. Ich faste, weil ich klären will, ob es richtig ist, in einen Klosterorden einzutreten.«

Nun blieb mir aber doch die Luft weg. Rudi, von dem ich wußte, daß er ein sehr erfolgreicher Gartenbauarchitekt war, wollte ins Kloster gehen. Ich konnte nichts dazu sagen, aber es berührte mich tief. Er erzählte mir dann weiter, daß er bereits in Rom gewesen sei und Kontakte zu einigen Abteien hätte. Er wisse eben nur noch nicht genau, welchem Orden er beitreten solle. Auch müsse er noch die letzte innere Entscheidung treffen, dieses Ja aus ganzem Herzen, und er hoffe, daß ihm das in der Zeit hier gelingen würde. Ich sei auch der erste Mensch, dem er davon erzähle. Nun war ich doch innerlich stolz, an so wichtigen Dingen seines Lebens Anteil haben zu dürfen.

In den nächsten beiden Wochen sahen wir uns beinahe täglich. Ich richtete es mir mit meinem Betrieb so ein, daß wir viel ungestörte Zeit miteinander verbringen konnten. Wir machten schöne, lange Herbstwanderungen zusammen. Rudi erzählte mir viel über verschiedene Klosterorden und vor allem über einen seiner Lieblingsmönche, der auch einige Bücher geschrieben hatte. Er hieß Thomas Merton. Rudi hatte mir auch ein Buch von ihm mitgebracht, und er las mir daraus vor.

Wir waren an diesem Tag die Silberkarklamm hinaufgegangen. Diese Klamm ist eines der schönsten und eigenwilligsten Naturwunder, die sich hier bei uns rund um den Dachstein so vielfältig auftun. Ein steiler Weg führt bergan in eine enge Felsschlucht. Das wilde Rauschen des Wasserfalls hüllt alles rundum ein und zieht das Bewußtsein in eine andere Frequenz. Steile Holzleitern und Stege führen zwischen den schroffen, steil aufragenden Felswänden hinauf, und überall gibt es kleine Wasserfälle zu entdecken, die Silberfäden gleich über die Felsen rieseln, sich sammeln zum wilden Getöse des großen Wasserfalls. Dieses Schauspiel der Natur nimmt mich jedesmal gefangen, und ich genieße die klare und kühle Wasserluft, die mir Geist und Aura reinigt. Und jedesmal betrachte ich fasziniert die Bäume, die sich in der Schlucht erheben, nur im kargen Boden der Felsvorsprünge verwurzelt. Beim Hinaustreten aus der Klamm tut sich, wie zum Schutz, dann ein Talkessel auf. Rundum ragen die steilen Wände des Dachsteinmassives auf, sich majestätisch aufrichtend, um den klaren Horizont zu berühren. Man betritt eine andere Welt. Weiter oben im Kessel steht eine gemütliche Hütte und lädt mit einer schönen Terrasse zum Verweilen ein.

Hier hatten Rudi und ich uns auf den Holzbänken niedergelassen, und ich lauschte seiner Stimme mit geschlossenen Augen, den Kopf an den Baumstamm hinter mir gelehnt und das Gesicht den herbstlichen Sonnenstrahlen dankbar darreichend. Sanft und weich drang Rudis Stimme an mein Ohr:

»Nein«, entgegnete Konfuzius, »du hast zu viele Methoden auf einmal im Kopf, ehe du den Fürst überhaupt wirklich kennenge-

lernt hast. Im günstigsten Fall wird er dich laufenlassen, aber ändern wirst du nichts. Vielleicht wird er deinen Worten scheinbar zustimmen, doch sein Herz ändert sich nicht.«

Da meinte Yen Hui: »Ich bin am Ende meiner Weisheit. Kannst du mir raten, was ich tun soll?«

»Du mußt fasten ...«

Wir wurden unterbrochen, der Wirt brachte mir gerade den Kaiserschmarren, den ich mir bestellt hatte, und entschuldigend schaute ich zu Rudi hin. Irgendwie hatte ich ein schlechtes Gewissen, neben ihm zu essen, während er fastete. Doch er lachte nur: »Siehst du, ich lese dir vom Fasten vor, und du bekommst zu essen. Ich wünsche dir gesegneten Appetit.«

Nun lehnte Rudi sich in die Sonne, und ich widmete mich meinem Kaiserschmarren. Er schmeckte mir herrlich, ich war auch vom Gehen schon richtig hungrig geworden. Während des Essens ging mir durch den Kopf, was Rudi mir von Thomas Merton bereits erzählt und vorgelesen hatte.

Thomas Merton war nach zwanzig Jahren strengster Disziplin 1960 im Trappistenorden auf die Schriften des großen Chinesen Tschuang-tse (um 300 v. Chr.) gestoßen und hatte diese in dem wunderbaren Büchlein Sinfonie für einen Seevogel[2], aufbereitet, so daß sie auch für unser westliches Bewußtseinsvermögen verständlich wurden. Und Rudi hatte nun gerade begonnen, mir die Geschichte vorzulesen, die mir in all den kommenden Jahren zur persönlichen Lieblingsgeschichte werden sollte und mir immer noch als Leitfaden dient. Sie erzählt, wie Yen Hui, der Lieblingsschüler seines Meisters Konfuzius, von diesem Abschied nimmt und seinem inneren Ruf, die Welt zu verbessern, folgen will. Alle möglichen Vorgehensweisen, die er sich überlegt hatte, schildert er dem Meister, doch dieser verwirft ihm jede.

»Bitte, Rudi, lies weiter«, sagte ich sofort nach dem Essen und lehnte mich wieder zurück.

»Du mußt fasten«, sagte Konfuzius. »Weißt du, was ich damit meine? Es ist nicht leicht. Aber von Gott kommt nichts Leichtes.«

»Oh«, sagte Yen Hui, »fasten kann ich. Meine Eltern waren arme

Leute. Monatelang haben wir kein Fleisch und keinen Wein gesehen. Ist das nicht Fasten?«

»Nenn das eine Fastenübung«, sagte Konfuzius, »aber das Fasten des Herzens ist das nicht.«

»Dann sag mir«, so Yen Hui, »was Fasten des Herzens ist.«

Konfuzius erklärte: »Das Ziel des Fastens ist die innere Einheit. Das bedeutet Hören, aber nicht mit dem Ohr. Hören, aber nicht mit dem Verstand, vielmehr Hören mit dem Geist, mit deinem ganzen Wesen. Hören mit den Ohren ist eines, Hören mit dem Verstand ein anderes. Das Hören mit dem Geist dagegen ist nicht an eine bestimmte Fähigkeit gebunden, etwa an das Ohr oder an den Verstand. Deshalb verlangt das Hören mit dem Geist, daß wir alle anderen Fähigkeiten beiseite schieben. Wenn dies geschehen ist, dann wissen wir genau, was richtig ist. Das Ohr und der Verstand können es uns nicht sagen. Wenn du aber mit dem Herzen fastest, dann verbannst du alle anderen Fähigkeiten weit von dir, und du kennst keine Beschränkung und keine Sorge mehr. Das Fasten des Herzens bewirkt Einheit und Freiheit.«

»Ich verstehe«, sagte Yen Hui, »das Bewußtsein meiner selbst stand mir bisher im Wege. Das Fasten des Herzens wird dieses Bewußtsein von mir nehmen. Dann werde ich frei von Beschränkung und von Sorge sein. Meinst du das?«

»Ja«, sagte Konfuzius, »du hast es begriffen. Wenn dir dieses Fasten gelingt, dann kannst du unter den Menschen leben, ohne sie laufend zu schockieren. Du wirst nicht in Gegensatz zu dem Idealbild treten, das sie sich von sich selber machen. Wenn sie dir zuhören wollen, sing ihnen ein Lied. Wenn sie nicht hören wollen, bleibe still. Dränge dich nicht in ihr Haus. Probiere an ihnen keine neuen Medizinen aus. Bleibe in ihrer Mitte, denn du kannst nichts anderes tun, als einer von ihnen zu sein. So kann dir vielleicht gelingen, was du im Sinne hast.

Es ist leicht, still dazustehen und keine Spur im Sand zu hinterlassen. Schwierig dagegen ist es zu gehen, ohne den Boden zu berühren. Wenn du Wege gehen willst, die von Menschen gebaut sind, dann wirst du Täuschungen erliegen. Wer dagegen dem Tao folgt, ist immer auf dem rechten Weg.

Du weißt, daß man mit Flügeln fliegen kann. Du hast noch nicht gelernt, ohne Flügel zu fliegen. Du bist mit der Weisheit derer vertraut, die Wissende sind, aber die Weisheit derer, die nicht wissen, ist dir noch unbekannt.

Schau dieses Fenster an: Es ist nichts als eine Öffnung in der Wand, trotzdem ist um seinetwegen das ganze Zimmer so hell. So ist es mit unseren vielen Fähigkeiten: Wenn sie hinaus sind, dann ist das Herz voller Licht, und ist das Herz voll Licht, kann es andere unmerklich verwandeln.«

Rudis Stimme war verklungen, die Sonnenstrahlen tanzten auf meinem Körper und drangen tief in mich ein, als wollten sie jedes Wort der Geschichte mir wahrhaftig erhellen. Die Worte hallten noch in mir, und ich wußte, dieses Fasten will ich lernen. Ich werde zwar weiterhin Kaiserschmarren essen, aber mit dem Herzen werde ich fasten lernen.

»Verstanden?« fragte Rudi leise.

»Ja«, antwortete ich, ohne das Gesicht aus der Sonne zu nehmen, »zumindest den Anfang, und ich ahne hinter tausend Schleiern das Ziel.«

Lange saßen wir noch in tiefem Schweigen zusammen auf der Bank in der Sonne, oben vor der Hütte, und dieses Schweigen war unsere schönste Sprache. Nicht Worte, sondern Verstehen tauschten wir aus.

An einem anderen Tag hatten wir unten im Tal einen Waldweg gewählt, und nach einiger Zeit des stillen Wanderns nahm ich mir ein Herz und sagte: »Warum ist es mit der Liebe so schwer, Rudi?«

»Es ist nicht schwer, Karin. Schwer zu ertragen ist nur, wenn du etwas erwartest, und es trifft nicht ein.«

Und nach einer Weile ergänzte er: »Aber das hat dann mit Liebe nichts zu tun.«

»Aber Rudi«, entgegnete ich, »wenn ich nun jemanden wirklich liebe, ganz tief, was soll ich dann mit meiner Liebe machen? Wo soll ich sie hingeben?«

»Schenk sie ihm ganz einfach«, kam zur Antwort.

»Aber wie kann ich ihm Liebe schenken, wenn er nicht da ist

und sie vielleicht auch nicht will«, und das war ja auch die Kernfrage, die mich beschäftigte. Durfte ich jemandem Liebe zufließen lassen, von dem ich nicht wußte, ob er das überhaupt wollte?

»Gib ihm einfach Platz in deinem Herzen. Denk an das Fasten des Herzens. Wenn alle Erwartungshaltung, alles Wollen aus deinem Herzen draußen sind, dann ist Platz für die wirkliche Liebe, und das kann die andere Person immer spüren, auch wenn sie fern von dir ist. Es liegt an dir, ihr diesen Platz einzuräumen und Liebe zu schenken, und es liegt an ihr, diesen Platz einzunehmen oder nicht.« Rudis Worte kamen ruhig und bestimmt.

Ich versuchte, seine Worte tief in mir aufzunehmen, aber es wehrte sich etwas in mir, und ich sagte: »Das sagt sich so leicht. Wenn ich an ihn denke, werde ich oft traurig, und alles wird schwer. Manchmal werde ich auch ärgerlich und möchte ihn und alle Gedanken an ihn verjagen, möchte mich wehren gegen das, was mich bindet, und doch liebe ich ihn.«

»Siehst du«, sagte Rudi, »da ist es wieder. Das hat mit Liebe nichts zu tun. Du bist ärgerlich und enttäuscht, weil sich nicht erfüllt, was du willst.« Dabei nahm er mich aber zärtlich an den Schultern und ergänzte leise: »Ich weiß schon, daß das sehr schwer ist und auch sehr weh tut. Aber schau, so ist das eben mit der Liebe, wenn sie ins Leben kommt. Nicht immer bekommen wir sie geschenkt, manchmal müssen wir uns Liebe hart erarbeiten. Müssen selbst erst in uns klären, ob es wirklich Liebe oder nur ein Spiel der Abhängigkeit ist. Bist du dir auch ganz sicher, daß du diesen Mann liebst?«

Ich konnte nicht antworten, ich war mir nicht sicher. Schweigend gingen wir den schönen Waldweg weiter. Rudi brach unsere Stille nur, um mich hin und wieder auf eine kleine Blume, einen schönen Stein oder besonders schönen Lichtstrahl zwischen den Zweigen aufmerksam zu machen. Ich war in meinen Gedanken tief mit meiner Geschichte beschäftigt und kam nicht davon los.

»Wie heißt er? Magst du mir von ihm erzählen?« fragte Rudi einfühlsam.

»Er heißt Günther«, sagte ich mit einem Seufzer, »aber ich kann und will eigentlich nicht davon erzählen. Wenn ich darüber spreche, dann kommt es mir vor, als verrate ich alles in mir, verstehst du?«

»Ja, das verstehe ich gut.«

»Aber weißt du, Rudi, ich bin dir doch sehr dankbar, daß ich mit dir reden kann. So kann ich sonst mit niemandem darüber sprechen. Mir kommt vor, diese Liebe braucht viel Schutz, und ich will sie von niemandem zerstören lassen. Aber ich will lernen, wie ich damit umgehen soll und was ich tun kann. Ich frage mich natürlich, warum ausgerechnet mir das nun wieder passieren muß. Ich habe doch wirklich schon genug durchmachen müssen in den Beziehungen, die ich gelebt habe. Warum passiert mir das jetzt wieder?« fragend schaute ich zu ihm hin, »was will Gott mir damit sagen?«

»Ich weiß nicht, was Gott dir sagen will, Karin. Aber vielleicht hast du es dir selbst zur Aufgabe gemacht, lieben zu lernen. Schau, es ist leicht, Menschen zu lieben, von denen wir wiedergeliebt werden. Sieh, Gott liebt alle Menschen, bedingungslos, auch die, die von ihm nichts wissen wollen.«

»Ja schon, aber ich bin ja nicht der liebe Gott. Ich bin ein ganz normaler Mensch, eine Frau, und ich möchte auch Liebe, Zärtlichkeit und Nähe. Und ich möchte Freude haben und Unterstützung bei meiner Arbeit«, entgegnete ich trotzig.

»Dann mußt du eben weitersuchen nach einem Menschen, der bereit ist, dir das zu geben.« Rudis Antwort war eindeutig.

»Das will ich nicht, denn dann müßte ich für jemand anderen Platz machen in meinem Herzen.«

Wir redeten noch eine Weile weiter und gingen so dahin. Mir wurde mehr und mehr klar, daß ich da mit meinen Gefühlen einen sehr steinigen Weg zu gehen entschlossen war und ahnte damals noch nicht, wie sehr gerade dieser Weg der Liebe zu einem Menschen, sich als Weg des spirituellen Erwachens erweisen würde und mich zu den schönsten und tiefsten Mysterien hinführen würde, die als Mensch zu schauen und zu fühlen möglich sind. Und heute denke ich noch an die Worte, die mir

Rudi auf diesem Waldweg ins Herz legte: »Liebe Karin, das braucht Geduld, viel Geduld.«

Und ich denke, welch unermeßliche Geduld hat doch Gott mit uns, und mit welch unerschütterlichen Geduld trägt Er seine Liebe vor uns her, bedingungslos darauf wartend, daß wir sie annehmen. Er zwingt sie uns nicht auf. O nein, Er wird nur nicht müde, mit Seiner Liebe vor uns herzugehen und sie uns sofort zufließen zu lassen, wenn wir bereit sind, sie anzunehmen.

Schön, sehr schön war diese Herbstzeit mit Rudi, und ich lernte so viel von ihm. Es war wunderbar mit ihm zusammenzusein, zu reden und im Schweigen zu verbleiben. Eine große Ruhe überkam mich dabei, und ich tankte innerlich sehr viel Kraft. Und gerade in dieser Zeit lernte ich auch etwas von ihm, das ich später mit mehr Wissen als wahre Meditation bezeichnen sollte.

Er lehrte mich, eine »Gelassenheit« im Herzen zu entwickeln. Als ich später Meditationsübungen kennenlernte, beruhten diese zumeist auf Konzentration. Konzentration auf eine Vorstellung, auf Licht, auf einen Punkt oder ein Mantra. Es sollten Jahre vergehen, bis ich in dieser inneren Haltung, die Rudi mich damals schon lehrte, das wesentliche Ziel der Meditation bewußt erkennen konnte: »Gelassen sein, im Strom des Lebens schwimmen und Mediation zwar als Übung erproben, dann aber als Geisteshaltung tagtäglich im Alltag anwenden.«

Und trotz der später folgenden Meditationstechniken habe ich das Erlernte bis zu einem gewissen Grad immer beibehalten können. Gartenarbeit als Meditation, Kuchenbacken als Meditation, Bodenwischen als Meditation. Heute weiß ich, daß jede liebevolle Hinwendung zu dem, was wir gerade tun, zu dem, was um uns anwesend ist, der eigentliche Ausdruck und das eigentliche Ziel sind, das Meditation uns näherzubringen sucht. Nämlich im Hier und Jetzt in Liebe zu verschmelzen, mit allem, was ist. Heute darf ich erkennen, daß meditativ Leben und meditativ Arbeiten die Wandlung bedeutet, die uns ermöglicht, aus unserer unendlichen Zeitreise heimzukehren in den »andauernden« Moment der Ewigkeit. Ein Zustand, der eintritt, wenn wir das, was sich uns im »Außen« spiegelt, plötzlich verinnerlicht haben. Wenn wir nicht mehr »um die Dinge herumrennen«, um sie zu erfahren, sondern der Mittelpunkt der Dinge sind, die sich uns dann in ihrem wahren Wesen ganz selbstverständlich offenbaren.

Heute fühle ich, daß Meditation aus meiner unendlich langen Reise mehr und mehr zu einem gelassenen Umherwandeln in der Ewigkeit führt. Das Ziel ist nicht mehr ferne, es ist da in jedem Moment, allgegenwärtig. Es bedarf keiner unendlich langen Folge von Schritten, um es zu erreichen. Der Weg ist nur dazu da, um soviel Bewegung zu verursachen, daß wir das Ziel, die liebende Allgegenwart Gottes, wie einen leichten Lufthauch erspüren.

5

In den darauffolgenden Monaten geschah eine Wandlung mit mir. Die Anrufungen an den heiligen Erzengel Michael taten ihre Wirkung auch in meinem Alltag, und ich mühte mich, täglich das Fasten des Herzens zu üben. Das hieß vor allem, mein Temperament zu zügeln. Immer und überall hatte ich gerne mitdiskutiert und mich mit meiner Meinung und Intelligenz hervorgetan. Jetzt übte ich mehr das Schweigen, das stille Beobachten und bemühte mich, nur mitzureden, wo ich gefragt war, wobei ich versuchte, auf geschliffene Kommentare zu verzichten. Aber das war schwer. Es lag und liegt zutiefst in meinem Wesen, immer etwas tun zu wollen und sich für etwas, das ich als gut und wichtig erachte, einzusetzen. Und meine Astrologin, die ich nun gefunden hatte und die mich auch viele Weisheiten lehrte, bestärkte mich in meinem Tun. Doch auch sie wies mir Wege, die nicht mit tatsächlichen Schritten zu beschreiten waren, sondern durch inneres Gehen. So wie Konfuzius im Fasten des Herzens sagt: »*... zu gehen, ohne den Boden zu berühren ...*«

Nun, meine anfänglichen Bemühungen, zu gehen ohne den Boden zu berühren, waren ein sehr schwieriges Unternehmen, und oft war ich verzagt. Da wurde mir ein Spruch von Franz von Assisi ins Haus getragen. Ich weiß nicht mehr, wer ihn brachte. Jedenfalls war dieser Spruch eines Tages einfach da, und zwar da in meinem Bewußtsein, als tiefe Erkenntnis:

Nicht der, der wandert, ist auch schon unterwegs,
nicht der, der sitzt, ist nicht unterwegs.
Nicht der, der den Wandernden verspottet, ist unterwegs
und nicht der, der den Sitzenden verurteilt, ist unterwegs.
Unterwegs ist einzig und allein,
wer immer wieder bereit ist loszulassen,
Vorurteile,
Ängste, Gedanken, Dogmen,
Menschen,
usw.

Und so mühte ich mich in meinem Alltag, all dies zu üben, zu lernen und umzusetzen. Hilfreich war auch ein Seminarmitschnitt von Kurt Tepperwein zum Thema Liebe. Seine Gedanken drangen tief in mich ein, und ein Seminarteil prägte mich besonders. Das waren seine Ausführungen über das Urteil und die Bewertung, die wir ständig abgeben. Und so bildete sich in mir ein weiterer sehr starker Leitsatz und der hieß: *Urteile nie!* Dieser Satz war ja auch die praktische Anwendungsformel, die sich aus dem Spruch von Franz von Assisi ergab. Freilich war es nicht einfach, dies im Alltag wirklich anzuwenden. Es erforderte sehr viel Selbstkontrolle, aber langsam, langsam machte ich kleine Fortschritte. Und ich wurde belohnt mit einem tiefen Gefühl der Dankbarkeit, das sich in mir entfaltete. Wie dankbar war ich, jetzt so leben zu dürfen, so schauen und erkennen zu dürfen. So verstehen zu lernen. Ich lernte in Dankbarkeit, jeden Tag viel bewußter zu begrüßen, als ein Geschenk. Und tief dankbar war ich nun, daß so viele Schutzengel mitgeholfen hatten, damals in Ostende, so daß ich dies nun erleben durfte. Und das Wort Schutzengel war nun auch keine leere Phrase mehr, sondern etwas, was ich tief zu achten gelernt hatte.

Trotzdem war der Alltag oft sehr schwer. Mein Herz war immer noch sehr traurig, und ich sehnte mich nach Liebe. Es fehlte mir auch an der Leichtigkeit und sprudelnden Freude, mit der ich die tiefe Dankbarkeit, die ich empfand, gerne ausgelebt hätte. Außerdem war meine finanzielle Situation niederdrückend. Ich arbeitete und arbeitete und zahlte und zahlte, und doch kam ich nicht vom Fleck. Das verdiente Geld reichte mit Mühe für die Bankzinsen und die Betriebskosten. Und so vergrub ich mich wieder ins Studium meines Horoskops, um zu schauen, ob nicht bald eine Erleichterung am Himmel auftauchen würde. Und ich entdeckte tatsächlich etwas Interessantes. Ein ganz bestimmter Transit versprach mir neue Gelegenheit zu lernen und die Möglichkeit, dadurch meine Probleme zu lösen. Neue Menschen und neues Wissen würden auf mich zukommen, und zudem würde ich viel reisen. Ich wußte, es würden noch einige Monate vergehen, bis dieser Transit wirksam wurde, und ich war gespannt und neugierig, was da auf mich zukommen sollte. Ich konnte es gar nicht erwarten und kaufte mir schon einmal eine neue Handtasche sowie einen neuen Koffer, einen auf Rädern, um mir das Reisen angenehmer zu machen. Und beides, Koffer und Tasche, stellte ich in meinen Wohnraum. Mein Hausmädchen Anni wurde beauftragt, Koffer und Tasche stehen zu lassen und nicht wegzuräumen. Ich wollte jeden Tag mit Freude erinnert werden, daß sich etwas ändern sollte in meinem Leben.

So vergingen noch Monate, und ich wurde immer neugieriger. Was würde es sein? Wohin würde die Reise gehen? Wer würde mir den Wink geben und die Botschaft bringen? Oft, wenn die Tür im Kaffeehaus aufging und jemand hereinkam, der ein bißchen vergeistigter aussah als die wandernden Touristen, sah ich ihn neugierig an. Doch nichts geschah, und ich begann bereits, an meiner Prognose zu zweifeln.

Eines Tages, ich hatte Ruhetag im Kaffeehaus, beschloß ich, eine Freundin zu besuchen. Die Freundin hatte nicht mit mir gerechnet, sie hatte Handwerker im Haus, doch sie freute sich sehr über meinen Besuch. Wir wollten uns gerade zu Kaffee und Kuchen setzen, als der Chef der Handwerksfirma kam. Meine Freundin, die gerade begonnen hatte, mir etwas sehr Persönliches aus ihrem Leben zu erzählen, wollte ihn kurz abwimmeln. Doch der Mann ließ sich nicht abweisen.

»Liebe Elfi, du wirst mir doch eine Tasse Kaffee anbieten, wo ich mich doch schon so sehr auf die Pause bei dir gefreut habe. Und wo ich nun auch einmal die Möglichkeit habe, die Karin kennenzulernen, wie ich sehe.« Dabei kam er auf mich zu und reichte mir die Hand, und schon saß er bei Tisch. Ich kannte ihn vom Sehen, hatte mich aber noch nie richtig mit ihm unterhalten. Meine Freundin holte also noch eine Tasse und goß uns Kaffee ein. Bald führten wir eine angeregte und interessante Unterhaltung. Wir redeten über positives Denken und Politik und darüber, wie schade es sei, daß in dieser Hinsicht so wenig Bereitschaft zu neuen Wegen vorhanden sei. Etwas an dem Mann war anders als an den Menschen hier, obwohl auch er einheimisch war, das fühlte ich genau. Der Nachmittag ging schnell herum, wir verabschiedeten uns, und ich fuhr nach Hause. Ein Zufall wollte es, daß wir uns tags darauf wieder begegneten. Das ist wirklich interessant, dachte ich, da trifft man sich Jahre nicht und dann gleich zweimal hintereinander. Etwas hatte mein Interesse geweckt.

Bei der Begrüßung fiel mir ein farbiger Sticker auf, den er am Jacket aufgesteckt hatte. Er war bunt, in Regenbogenfarben, und auf ihm stand: *Optimist? Na klar!* Plötzlich dachte ich, er ist es, er hat die Information für mich. Ich war so sicher, daß ich nach der Besprechung geradewegs zu ihm hinging und sagte. »Ich möchte mich verabschieden, aber ich glaube, Sie haben noch eine Information für mich!«

»Eine Information? Welche Information kann ich Ihnen geben?« fragte er.

Ich deutete auf seinen Sticker und sagte: »Eine Information, die damit zusammenhängt.«

Er sah mich erstaunt an, dann lachte er: »Ja, da könnten Sie recht haben.«

»Woher haben Sie den Sticker?« fragte ich neugierig.

»Ich habe eine Kosmologenausbildung gemacht, daher habe ich ihn«, war seine Antwort.

»Eine Kosmologenausbildung? Was ist das? Das interessiert mich sehr«, antwortete ich höchst neugierig, und innerlich wußte ich bereits, ich hatte recht. Er hat die Information.

»Das ist eine Ausbildung in der Schweiz in einer Privatakademie«, sagte er. »Mir scheint, Sie interessieren sich wirklich dafür? Ich komme gerne bei Ihnen in den nächsten Tagen vorbei und bringe Unterlagen mit. Dann können wir ausführlich über alles reden.«

Ich war voller Aufregung und Freude. Kosmologenausbildung in der Schweiz, herrlich! Nun, lieber Koffer, geht es bald los, auf in die Schweiz! Vorbei ist die Zeit des Wartens.

Und so war es auch, bereits zwei Tage später hatte ich alle Unterlagen von ihm bekommen, und er hatte mich zu einem Info-Abend nach Salzburg eingeladen. Er sagte mir auch, daß bereits in zirka drei Wochen die einjährige Ausbildung beginnen würde: der »Kurs 8«.

Eine Woche später fuhren wir zum Info-Abend nach Salzburg. Völlig abgehetzt kam ich direkt aus der Küche. Eben hatte ich noch einen Krautstrudl für das Abendgeschäft ins Rohr geschoben und mit Zeituhr eingeschaltet. Er wartete schon auf mich, während ich der Kellnerin noch schnell ein paar Anweisungen gab, in meine Wohnung hinaufsprang, mir die Haare kämmte, meine Lippen bemalte und einen Blazer aus dem Schrank fischte. Ich warf noch einen kontrollierenden Blick hinter die Kulissen meines Lokals, dann war ich bereit zu gehen. Oh, wie tat das gut, mich nun einfach in das bereitstehende Auto fallen zu lassen und chauffiert zu werden.

Thomas, der Ausbildungsleiter, hatte eine sehr mitreißende und lebendige Art, Wissen zu vermitteln, und ich hing gespannt und voller Aufmerksamkeit an seinen Lippen. Jedes seiner Worte war Balsam und Freude für mich. Mein Gott, dachte ich, der spricht ja von all den Dingen, die mich beschäftigen, und noch über vieles mehr. Thomas sprach an diesem Abend darüber, wie wichtig es sei, Ziele zu haben, Wünsche und Visionen. Er legte dar, wie gezielt wir die Kraft unserer positiven Gedanken und die Macht unseres Unterbewußtseins einsetzen können. Er sprach über kosmische Gesetzmäßigkeiten genauso wie über Geld und die Liebe. Er sprach über die menschliche Bequemlichkeit und darüber, wie sehr wir uns immer »vom kleinen, gemütlichen Elend« festhalten lassen, nur weil wir Angst vor Veränderungen haben und uns der Mut zu neuen Wegen fehlt. Er sprach darüber, wie wenig der einzelne Mensch von seinen schlummernden Fähigkeiten und Möglichkeiten wisse und sie daher nicht zur Entfaltung bringen könne. Und er sprach davon, daß wir lichte Wesen seien und wie schön es sei, wenn wir in unserem vollen Licht erstrahlten. Wir hätten die Chance, so viel zu tun, und es wäre unsere Aufgabe, Licht in die Welt zu tragen. Später ergab sich ein wunderbarer Moment. Thomas hatte Kerzen ausgeteilt. Über dem Kerzenschein blickten wir uns tief in die Augen. »Danke, daß ich Ihnen begegnen darf«, sagte ich leise zu ihm.

»Danke, daß Sie gekommen sind«, antwortete er, und seine Augen fragten: »Kommst du nach Basel?«

»Natürlich«, ich zwinkerte ihm zu. Mir war längst klar, diese Ausbildung wollte ich machen, egal wieviel Geld sie kosten würde, und ich beschloß, dieses Geld einfach zu haben.

Wieder zu Hause angekommen, war ich so inspiriert, daß ich jede freie Minute nutzen mußte, um zu schreiben. Licht und Frieden in die Welt zu tragen, das war eine Aufgabe, der ich mich mit ganzem Herzen widmen wollte. Ich wußte, es lag an uns, zum Ursprung der Dinge zurückzufinden. Das, was damals schon so medial aus mir herausfloß, wurde zu einer Mappe, die ich an Politiker weiterleitete.

Es wurde ein in jeder Hinsicht bewegtes Jahr, dieses Kosmologenjahr. Die Ausbildung brachte mir sehr viel. Ich lernte, mit Gedankenkräften und Energien bewußt umzugehen. Ich lernte auch, mein Leben wirklich selbst und verantwortungsbewußt in die Hand zu nehmen. Ich wurde mutiger und offener, gewann mehr Selbstvertrauen und wurde unabhängig von der Meinung anderer. Meine Eigenschwingung wurde stärker, und ich fühlte mich freier und froher. Das Zusammensein mit so vielen gleichdenkenden und -fühlenden Menschen ließ mich spüren, daß unsere Hoffnung auf ein friedliches, liebevolles Zusammenleben der Menschen kein »unerreichbarer Stern am Himmel« ist, sondern eine reale Möglichkeit, die es einfach zu verwirklichen gilt. Mein Lebensoptimismus und meine Lebensfreude stiegen und damit auch der Spaß, den ich nun im Leben fand und vor allem in unserer bunten Gemeinschaft. Auch in meinem Alltag konnte ich von Anfang an sehr viel umsetzen. So hatte ich endlich den Mut, wirklich meinen Weg zu gehen. Ich trennte mich von meinem Steuerberater, führte Verhandlungen selbst und erzielte bessere Bedingungen, vor allem bei meinen Kreditvertägen, die ich von Grund auf änderte. Mein Umgang mit dem Leben wurde noch viel bewußter und auch meine Ernährung. Ich verzichtete fortan – bis heute – auf Fleisch und fühle mich sehr wohl dabei. Mein Wissen wurde bereichert und vertieft. Die Fragmente meiner Erkenntnisse, die Puzzlesteine meiner Erfahrungen wurden zum Bild.

Enorm schnell verging dieses wunderbare Jahr, in dem ich auch so vielen wertvollen Menschen begegnen durfte, die für mich von nun an sehr wichtig wurden. Schon war es wieder Herbst geworden, und die krönende Abschlußwoche der Kosmologenausbildung, die ja unter dem Symbol der Pyramide steht, war gekommen, und mit ihr der Flug zum Originalschauplatz Kairo. Die altägyptische Einweihung mit dem geheimnisvollen Wissen der großen Pharaonen und der Pyramiden hatte mich wohl schon lange mit ihren sanften Fäden umsponnen, doch noch war mir nicht bewußt, daß ich mich auf diesem Pfad der Einweihung befand.

Nun war ich also in Kairo, eine unglaubliche und vorerst für mich unerklärliche Spannung und Erwartungshaltung ergriff mich. Obwohl unser Flug einige Stunden Verspätung hatte und es bereits spät nachts war, war ein langes und reichhaltiges, kaltes und warmes Buffet für uns aufgebaut worden. Es war ein schöner Raum, und eine angenehm prickelnde Atmosphäre erfüllte ihn. Das Licht der vielen kleinen Spots und Lämpchen spielte in ihm. Eine Front aus Glasschiebetüren gab den Blick in den Garten frei. Die Lichtanlage des Gartens rund um den Swimming-pool mit seinem im Lichte glitzernden Springbrunnen war eingeschaltet. So öffnete sich der Raum in eine nächtlich schimmernde Märchenlandschaft. Ein schönes Ambiente konnte ich immer tief aufnehmen und aus ganzem Herzen genießen, so auch jetzt. Meine innere Wachheit umfaßte aber auch all die Menschen unseres Kurses.

»Bist du gar nicht müde?« fragte Elisabeth, die mir gegenüber saß. »Ich bin schon sehr müde.«

»Nein, ich bin eigentlich hellwach«, sagte ich und konnte meinen Blick nicht von Ulf nehmen. Es belustigte mich nämlich gerade sehr, wie Ulf ungeniert zulangte, eine Köstlichkeit neben der anderen auf seinen Teller schaufelte, während Thomas daneben sehr sparsam sich ein Häppchen und wieder ein Häppchen holte. Vor ihm lagen Schokoladetörtchen, Vanillecremekrapferl, Nußplätzchen, Schokokugeln und die so verführerisch aussehenden ägyptischen Leckereien und noch einiges mehr. Würde Thomas widerstehen können? Neugierig schaute ich zu ihm hin. Nein, er konnte nicht, gerade griff er nach einem Schokotörtchen.

Gott sei Dank, Thomas ist auch nur ein Mensch! Ich bewunderte ihn sehr. Er hatte uns souverän durch dieses Jahr geführt. Es war unglaublich, welch umfangreiches Wissen zu vermitteln er imstande war, und mit welch tiefem Einfühlungsvermögen er es lehrte.

Die meisten von uns waren intensiv mit sich selbst und dem Essen beschäftigt, manche hingen auch nur zum Umfallen müde in ihren Sesseln. Nur Elke saß groß und aufgerichtet wie immer an ihrem Platz und überstrahlte die ganze Umgebung. Elke nimmt wohl immer viel mehr wahr als all die anderen, dachte ich bei mir.

»Kommst du mit, Karin?« fragte Elisabeth. »Oder, wenn du noch bleiben magst, dann lasse ich einfach die Zimmertür offen. Nur ich muß jetzt wirklich gehen, ich bin sehr müde.«

»Nein, nein, ich komme sofort mit dir. Ich möchte auch noch ein bißchen schlafen, um für morgen fit zu sein«, antwortete ich und war bereits aufgestanden. Gemeinsam mit Elisabeth ging ich zur Tür hinaus.

Elisabeth, eine Oberösterreicherin, und ich hatten bereits beim ersten Kosmologenwochenende Freundschaft geschlossen und zusammen mit Hans, auch einem Österreicher aus meinem Nachbarort, eine Fahrgemeinschaft gebildet. Elisabeth und ich teilten uns stets das Hotelzimmer, und unser fruchtbarer Gedankenaustausch war für uns beide sehr wichtig geworden. Nun merkte aber auch ich die Müdigkeit in meinem Körper, und schweigend machten wir uns diesmal für die Nacht fertig und löschten schnell das Licht.

Nach wenigen Stunden Schlaf ging es am Morgen mit zwei großen Bussen los. Unser erstes Ziel war natürlich das Plateau von Giseh und die großen Pyramiden. Wir hatten in der Ausbildung einiges gelernt über Pyramidenenergie und die Geheimnisse der großen Cheops Pyramide. Aufgeteilt in Gruppen betraten wir die Königskammer der Cheops. Ich war bei der zweiten Gruppe dabei. Wir waren so viele, daß andere Touristen sowieso keinen Platz mehr hatten in der engen Kammer. Dicht gedrängt standen wir beisammen. Es war wahnsinnig heiß, und es gab sehr wenig Luft zum Atmen, und ich dachte schon: »Na, was soll da bloß dran sein!« Da forderte Thomas uns auf, uns wirklich nach innen zu wenden und gemeinsam in eine tiefe Meditation zu gehen. Liselotte stimmte zu unserer Unterstützung ein Mantra an. Ich schloß die Augen und horchte tief in mich hinein. Der Raum der Stille umfing mich.

Als die Unruhe der Gruppe, die zum Aufbruch drängte, mein Bewußtsein wieder in die Außenwelt zog, spürte ich erst, wie weit weggewesen ich war. So weit wie hier hatte das Wesen der Stille mich noch nie mitgenommen. Die Kammer leerte sich langsam, nur noch wenige meiner Freunde standen wartend am Ausgang. Ich hatte als eine der letzten den Raum beim Heraufgehen betreten und vor lauter Menschen nichts mehr gesehen. So ließ ich jetzt meinen Blick rundum schweifen. Große Steinblöcke in unglaublicher Weise genauestens aufeinandergefügt und ein offener Sarkophag. Ehrfurchtsvoll verließ ich als letzte den Raum.

Unten trat ich hinaus ins gleißende Sonnenlicht, ich wehrte es ab mit der Hand, und ich wehrte auch meine Freunde ab, die nun an mich herantraten. Ich wollte nicht reden. Hier im Sonnenlicht spürte ich noch mehr: Es war etwas geschehen in mir, es hatte sich etwas in meinem Bewußtsein ereignet, und ich mußte dem erst nachspüren. Ich wollte Ruhe haben. Ich setzte mich abseits auf einen Stein. Dankbarkeit und ein tiefes Glücksgefühl mit großer innerer Ruhe erfüllten mich. Ich ließ meinen Blick über das Plateau und das Gewimmel der Menschen gleiten. Ein buntes Gemisch aus Touristen, bettelnden Kindern und Souvenirverkäufern auf Kamelen. Ihr Geschrei berührte mich nicht. Ich nahm sie anders wahr als zuvor.

Zurück im Bus verkroch ich mich an meinem Fensterplatz.

Elisabeth neben mir war sehr erstaunt über meine Zurückgezogenheit. Doch was hätte ich zu ihr sagen sollen? Jedes Wort hätte das Vollkommene, das ich fühlte, zerrissen und vielleicht auch zerstört. Es gibt eben Dinge, die jeder nur selbst erfahren kann, und Elisabeth spürte das. In ihrer einfühlsamen Art respektierte sie mein Schweigen und ließ mich in Frieden.

Als wir uns ein gutes Stück von den Pyramiden entfernt hatten und die Schwingung des Plateaus von Giseh sich aufzulösen begann, überkam mich eine große Müdigkeit. Mein Körper wurde unglaublich schwer und müde. Es kam mir so vor, als ob ich jede einzelne Körperzelle spüren könnte. Jede einzelne Zelle tat weh vor lauter Müdigkeit. Ich ließ mich in den Sitz sinken so gut es ging und schloß meine Augen.

Da sah ich plötzlich Menschen vor mir. Menschen auf einer Landstraße, eine unendliche Kolonne von Menschen, Frauen, Kinder, Männer, alte und junge, bepackt mit Hab und Gut oder nur einem armseligen Bündel, zum Teil mit Schubkarren aus Holz oder Leiterwagen. Das mußte ein Bild aus einem anderen Jahrhundert sein. Die Menschen waren anders gekleidet und zumeist in Lumpen gehüllt. Mein Gott, was ist das? Ich riß die Augen auf, doch das Bild verschwand nicht, immer noch sah ich die Menschen und sah, wie sie gingen, müde und gebeugt. Ich sah mich erschrocken im Bus um, doch die bewegten inneren Bilder, einem Film gleich, blieben. Mir war, als würde der Film einfach auf die Bankreihen und Menschen projiziert.

Ich versuchte, ihn zu verscheuchen, schloß die Augen und öffnete sie wieder, doch der Film blieb. Was war das? Ich schloß wieder meine Augen. Menschen und wieder Menschen, und sie gingen und schleppten sich dahin. Sie wirkten alle elend, diese Menschen, krank und hungernd. Was war das? War das eine Vertreibung, eine Flucht? Andere Bilder kamen. Menschen auf Feldern mit gebückten Rücken, hart arbeitend, dürr und ausgezehrt. Frondienst, fuhr es mir durch den Kopf. Dann sah ich Menschen in Steinbrüchen, Männer mit nackten Oberkörpern und verbrannter, verrunzelter Haut über ausgemergelten Rippen. Dann kamen Kriegsszenen, scheußliche Gemetzel, und wieder und wieder Menschen auf der Straße, Menschen auf der Flucht.

Wir fuhren gerade durch die Wüste, ich konnte die Bilder kaum mehr ertragen, und so hatte ich die Augen geöffnet und schaute zum Fenster hinaus. Der innere Film projizierte sich in die Weite der Dünen. Der Wüstensand mischte sich mit dem Staub der Landstraßen längst vergangener Jahrhunderte, und ich schaute und schaute die Prozession aus Leid und Elend. Herr im Himmel, was schickst Du mir da? Leid, nichts als Leid! Keine Freude, keine Leichtigkeit, keine Feierlichkeit, nur Leid und Elend zeigst Du mir. Warum nur, warum? Aber ich war so müde, daß mein innerer Widerstand schnell wieder erlahmte, und so gab ich mich hilflos dem Geschehen hin und ließ die leidgeplagte Menschheit an mir vorüberziehen. Manchmal wurde meine Aufmerksamkeit auf einzelne Menschen oder Gesichter gelenkt; ich hatte das Gefühl, manche zu kennen. Einige hoben auch den Kopf und schauten direkt zu mir her. Es war eigenartig, es schien, als könnten sie durch den Schleier der Zeit in eine für sie ferne Zukunft sehen. In ihren Augen stand eine flehentliche Bitte: »Hilf doch, hilf mir, mich zu befreien.« Ja, all diese Menschen wollten befreit werden, sie wollten befreit werden aus ihrem Schicksal.

Am Abend dieses Tages fiel ich todmüde ins Bett, und die inneren Bilder verdichteten sich zu einem wirren Traum.

Am nächsten Morgen war ich wie gerädert und immer noch hundemüde. Wenn ich jetzt die Augen offenhielt, dann war der Film meist weg, doch kaum schloß ich sie, kamen wieder Bilder. Ich entschloß mich, das Ausflugsprogramm mitzumachen und hoffte, es würde mich ablenken.

Im Bus sprach Elisabeth mich an. »Du bist ganz fertig, Karin. Hat dich die Meditation in der Pyramide so mitgenommen?«

»Die Meditation war wunderschön, aber jetzt kommen mir immer so viele Bilder, traurige Bilder, schreckliche Bilder. Ich weiß nicht, was ich damit anfangen soll, Elisabeth. Hunderte, ja tausende Menschen sehe ich in Leid und Elend vorüberziehen. Was soll das bloß bedeuten?« gab ich zur Antwort.

»Gott, der Herr, will dir damit bestimmt etwas sagen«, erwiderte Elisabeth. Sie war streng gläubig und sehr religiös und tief im praktizierenden Katholizismus verankert. Wir hatten uns in dem Kosmologenjahr wirklich gut kennengelernt und mochten uns sehr gern. Mit ihr konnte ich immer über alles sprechen. Meinen abstrakten Vorstellungen lauschte sie mit großer Aufmerksamkeit und Offenheit, und sie verstand es gut, mich immer wieder hinzuführen zu den Lehren und Gebräuchen der Kirche. So erarbeiteten wir uns gegenseitig ein sehr schönes Glaubensbild, das uns in Toleranz und Einfühlungsvermögen immer näher zusammenführte.

»Ja, das denke ich auch, Elisabeth, aber was will er mir sagen? All das Leid der Menschen, was soll ich damit anfangen, was kann ich tun?« seufzte ich bedrückt.

»Ich weiß nicht genau, was du tun sollst. Aber sicher kannst du etwas tun.« Sie schälte gerade mit aller Hingabe eine Orange ab und reichte mir die Hälfte. »Magst du?«

»Ja, gerne«, nahm ich dankbar an.

»Gehst du morgen Nacht in die Pyramide?« Fragend schaute mich meine Freundin an. Es gab die Möglichkeit, daß eine kleine Gruppe von Menschen in der Cheops zur Meditation die Nacht verbringen konnte.

»Ich weiß es nicht, Elisabeth. Anfangs dachte ich, so ein Blödsinn und war mir sicher, nicht daran teilzunehmen. Aber jetzt weiß ich nicht, ob ich nicht doch gehen sollte«, antwortete ich.

»Ich denke schon, daß es dir helfen könnte«, sagte Elisabeth.

»Gehst du?« fragte ich sie.

»Nein, ich gehe nicht, ich bin noch nicht so weit, die starke Pyramidenenergie ertragen zu können«, sagte Elisabeth bestimmt.

Da drehte sich Werner, der vor uns im Bus aufgestanden war, um etwas aus dem Gepäcknetz zu holen, und offenbar unsere letzten Sätze verstanden hatte, zu mir um und sagte, »Ich glaub schon, daß wir die Chance nützen sollten.«

»Gehst du, Werner?« stellte ich die Frage auch an ihn.

»Ja, ich gehe.« Werner hatte sich wieder hingesetzt.

Elisabeth schälte noch eine Orange für uns beide ab.

»Weißt du, das mit der Aufgabe beschäftigt mich schon sehr. Öfter habe ich schon Hinweise auf meine Aufgabe bekommen. Rudi hat schon zu mir gesagt, ich solle achtgeben, daß mein Leben nicht einfach so verrinnt, vor lauter Arbeit im Kaffeehaus. Und die christlichen Damen und die geheimnisvolle Frau, die mir die Zahlenmystik erklärte, haben mir auch Hinweise gegeben. Habe ich dir von diesem eigenartigen Tag im Kaffeehaus erzählt, Elisabeth?« fragte ich meine Freundin. Da sie verneinte, erzählte ich ihr die Geschichte, und beim Erzählen wurden mir vor allem die Worte der Anführerin wieder richtig lebendig: »... wer weiß, was Gott mit Ihnen noch vor hat, wo Sie noch so jung sind und schon so bereit, auf ihn zu hören.«

So tauschten Elisabeth und ich unsere Gedanken aus, und dabei begann der innere Film langsam zu verlöschen. Als ich mich wieder schweigend in meinem Sitz zurückgelehnt hatte, erinnerte ich mich der Worte: »Wir sind uns sicher schon öfter begegnet, ganz sicher aber in Ägypten.« Ja, eigenartig, dachte ich, und nun bin ich in Ägypten und habe die Möglichkeit, eine Nacht in der Cheopspyramide zu verbringen.

Im letzten Moment meldete ich mich also zur Nachtmeditation an. Es war eine wunderschöne Vollmondnacht. Thomas hatte alle aufgerufen, im Garten der Hotelanlage zusammenzukommen, und wir wollten unter freiem Himmel eine gemeinsame Meditation machen. »Laßt uns Liebe meditieren«, hatte Thomas gesagt. Fast alle einhundert Kosmologen fanden sich ein. Schweigend setzten wir uns in der Wiese auf unseren Decken zusammen. Eine tiefe Ruhe senkte sich über uns. Ich fühlte mich wohl und geborgen in dieser Gruppe von Menschen, eingehüllt in das milchige Mondlicht, und lauschte dem Wesen der Stille entgegen. Mehr und mehr kamen alle Gedanken zur Ruhe, aller Hader, alle Angst und Unsicherheit. Alles zweifelnde Suchen wurde aufgesogen, aufgenommen von der ordnenden und harmonisierenden Macht des Schweigens. Jede innere und äußere Regung, jeder Gedanke und jedes Gefühl wurde angenommen von diesem Schweigen und fand in ihm seinen Platz. Die Macht des Schweigens legte sich wie eine besänftigende, liebende Mutterhand über alle Regungen des Kampfes und der Abwehr des strampelnden Egos. Das Gefühl der Liebe breitete sich in mir aus. Der Liebe zu mir selbst, der Liebe zu den Menschen um mich und auch zu den fernen und nun im Herzen so nahen Menschen. Der Liebe zu Gott und zu seiner ganzen Schöpfung. Und tief, ganz tief breitete sich jetzt Friede in mir aus. Und ich fühlte, wie dieser Friede in mir floß, mich durchdrang, meinen ganzen Körper und mein ganzes Wesen. Jede Zelle, jeder Pulsschlag, jeder Muskel, jeder Atemzug in tiefem Frieden. Ich fühlte den Frieden auf meiner Zunge und auf meiner Haut, und ich fühlte den Frieden weit hinausstrahlen aus mir. Fühlte, wie die Strahlen meines Friedens sich mit den Strahlen des Mondlichtes vereinten. Ich fühlte, wie mein Schweigen eins wurde mit dem Schweigen der Menschen um mich, fühlte, wie unser gemeinsames Schweigen sich über den ganzen Garten, die ganze Hotelanlage und weit darüber hinaus ausdehnte. Macht des Schweigens, du bringst den Frieden hervor!

Und plötzlich wußte ich, Friede, du bist ein Wesen. Du bist nicht das Gegenteil von Krieg. Nein, da wo Krieg Frieden bedingt, schauen wir nicht wirklich dich, sondern lediglich die äußere Balance als Erscheinungsform eines menschlichen Kompromisses im Spiel der Kräfte, der mehr auf der Angst vor Unfrieden und Niederlage sich begründet, als auf den Werten wahrhaftiger innerer Harmonie und wahrhaftigen Einverständnisses. Der Friede, den ich jetzt fühlte, war ein beseeltes Wesen, ein Wesen, das in seiner Liebe und Güte selbst den Krieg noch liebevoll und schützend umfing und mit seiner sanften Stille einwiegte, so daß das innere Ringen und Aufbegehren des Krieges in sich, des Kampfes längst müde, sich seiner selbst ergab, ohne Anspruch auf Sieg und Siegesgebaren. O Wesen des Friedens, wie dankbar fühle ich dich nun! Und tief ergriffen wurde mir bewußt, daß es des Einfachsten nur bedurfte: des Schweigens. Das Schweigen der Zunge, das Schweigen der Gedanken und das Schweigen im Herzen bringen uns das machtvolle Wesen des Friedens hervor.

Ich war so ergriffen, so dankbar, so innig berührt, ich mußte die Augen aufmachen. Ich blickte in die kreisrunde Scheibe des vollen Mondes, sein Licht flutete mir zu, seine Strahlen streichelten mir zärtlich die Wangen und küßten die Tränen, die mir still in die Augen traten. Gott, ich danke dir für den Frieden, den du mir schenkst, für den Frieden, den du uns schenkst, und mein Blick schweifte über die hundert Menschen, die in Schweigen und Mondlicht getaucht eng zusammensaßen auf ihren Decken mitten in der arabischen Nacht. Mein Blick schweifte über die stillen Gestalten, und unter manchen Wimpern sah ich silberne Perlen hervorquellen und schimmernde Spuren über glatte Wangen ziehen.

Liselotte tippte mir sanft auf die Schulter. Es war Zeit, daß diejenigen, die wir in die Pyramide wollten, sich aufmachten und zu den wartenden Taxis gingen. Still und leise verließen wir den meditierenden Kreis.

Das Geheimnis der nächtlichen großen Pyramide und die machtvoll sich offenbarende Frequenz der Bundeslade, die in einer Schwingung ohne Raum und Zeit im Sarkophag der Königskammer auf mich einwirkte, kann ich nicht beschreiben. Nur eine gnadenvolle, lichte Hand, die mir die Tür zwischen Diesseits und Jenseits öffnete, die mich festhielt in einem Raum, der gänzlich außerhalb der Zeit liegt, vermochte einen solchen geheimnisvollen Schleier zu durchdringen. Doch zwei Augen, gleich denen einer Sphinx, gelobte ich mein Schweigen.

Ich glaubte, noch nie im Leben zuvor so bewußt meine Beine auf der Mutter Erde gespürt zu haben, als bei diesen Schritten aus der Dunkelheit der Pyramide heraus ans Licht des anbrechenden neuen Tages. Es waren die ersten Schritte, die mich in einen neuen Lebensabschnitt führten, das wußte ich. Ich hatte eine neue Dimension des Bewußtseins betreten.

Still fuhren wir mit den Taxis zur Hotelanlage zurück. Ich fühlte mich so leicht, schwerelos, und ich wollte dieses Gefühl noch genießen und mich in den Garten setzen. Doch kaum hatte ich mich hingesetzt, wurde mir entsetzlich kalt, und ein starker Schüttelfrost ergriff meinen Körper. Zwei Tage lang ging es mir schrecklich schlecht. Ich hatte hohes Fieber, dann wieder eisigen Schüttelfrost. Mein Körper wurde so durchgerüttelt. Zuweilen dachte ich, ich müsse sterben, so elend war mir zumute. Dabei quälte mich immerfort der laufende Film der inneren Bilder. Menschen und Menschen und wieder Menschen, und immer waren sie auf armseliger Wanderschaft, auf der Flucht. Wovor flohen sie bloß, wer vertrieb sie wirklich? Wenn ich in ihre kranken und verbissenen Gesichter sah, fragte ich mich, ob sie nicht letztlich vor sich selbst, vor ihrer eigenen Härte flohen. Gott, warum muß ich mir das schon wieder ansehen? Warum rüttelst du mich so furchtbar? Was willst du, daß ich erkenne, sag mir doch, was du erwartest, was soll ich tun? Du schenkst binnen Stunden mir tiefstes Glück und tiefsten Frieden, und nun hältst du mich bebend niedergedrückt. Und mir wurden auch die Bilder eines immer wiederkehrenden Traumes von mir selbst bewußt. In diesem Traum ging auch ich auf einer Landstraße und trug ein kleines Kind mit mir herum. Und ich ging und ging und wußte nicht wohin mit dem Kind. Diesen Traum hatte ich schon oft geträumt, und nun dachte ich, bin ich wohl selbst auf der Flucht.

Elisabeth machte sich furchtbare Sorgen um mich. Sie brachte mir Tee und Zwieback und homöopathische Tropfen, aber wirklich helfen konnte sie mir nicht. Sie wollte einen Arzt holen, aber das wollte ich nicht, und ich wußte auch, dieser Zustand war eine Reaktion der Reinigung, der Klärung. Am Abend des zweiten Tages waren Fieber, Schüttelfrost und Elend genau so plötzlich von mir gewichen, wie sie gekommen waren. Ich duschte lange, wusch mir die Haare und kleidete mich sorgfältig. Ich fühlte mich wie neu geboren, rein und unschuldig. Langsam und leichten Schrittes ging ich in der Dämmerung durch den Garten auf das Hauptgebäude zu. Ein Summen lag in der Abendluft, die Hitze des Tages hielt sich in der Erde und den Steinplatten fest, und die üppigen Sträucher und Blumen verströmten ihre satten und verführerischen Düfte. Ihr Geruch weckte meinen Appetit, und ich freute mich auf ein genüßliches Abendmahl. Am Swimmingpool kam mir Hans entgegen. Er breitete seine Arme einladend aus und umarmte mich zärtlich: »Weilst du wieder unter den normal Sterblichen? Wir dachten schon, du willst nicht mehr zu uns zurück.« Heiter lachte er mich an, dann streckte er seine Arme aus und schob mich etwas von sich. Sein Blick glitt prüfend an mir nieder und wieder hoch und blieb an meinen Augen hängen, als er sagte: »Sag mal, wie weit willst du noch gehen, mit deiner spirituellen Verjüngungskur? Wie eine Zwanzigjährige kommst du daher.«

»Ich dank dir für die Blumen, Hansi!« Lachend machte ich mich aus seinen Armen frei und fühlte im Weitergehen immer noch seinen Blick in meinem Rücken. Ach, wenn du wüßtest, lieber Hans, dachte ich bei mir, ich habe den Staub und die Starre von Jahrhunderten von mir abgeschüttelt.

6

Wieder zu Hause wartete erst einmal jede Menge ganz alltägliche Arbeit auf mich. Durch das monatliche Seminarwochenende in der Schweiz und die Zeiten des Lernens war einiges in meinem Betrieb doch zu kurz gekommen und mußte aufgeholt werden. Vor allem auf meinem Schreibtisch türmten sich Berge von unerledigten Angelegenheiten, und mit der Buchhaltung war ich auch weit im Rückstand. Zudem gab es ja noch das Bauernhaus mit seinen Ferienwohnungen, um das ich mich besser kümmern mußte. Briefe an die Gäste sollten längst abgeschickt und Buchungen bestätigt werden. Der kleine Vorgarten wartete auf meine jätenden Hände, und im Haus selbst tat auch mancher Handgriff gut.

Am lästigsten war mir aber, wieder neue Mitarbeiter suchen zu müssen. Meine Konditorin bekam ein Baby, und meine Kellnerin wollte sich selbständig machen. So stand ich in diesem Herbst wieder alleine mit meinem treuen Hausmädchen Anni da. Neues Personal zu finden war bei uns, in diesem Fremdenverkehrsgebiet, gar nicht leicht. Diesmal entschloß ich mich aber, nicht ins Jammern zu verfallen und die alltäglichen Schwierigkeiten unnötig aufzubauschen. Vielmehr wollte ich nun praktisch anwenden, was ich bei der Kosmologenausbildung gelernt hatte: »Nutzt die Kraft eurer Gedanken und die Kraft der Vision«, hatte Thomas uns oft genug gesagt, »und ihr werdet euch Telefon und Inseratkosten ersparen.«

Ich wollte es also ohne Inserat probieren und stellte mir ein nettes, junges Wesen vor, das sich eifrig um meine Gäste bemühte. Ich war sicher und voller Zuversicht, daß diese Schwingung, wenn ich sie täglich aussandte, den richtigen Menschen erreichen mußte und zu mir bringen würde.

So waren die Tage ausgefüllt mit Arbeit. Eines Nachmittags kam Hans, der ja mit mir die Kosmologenausbildung gemacht hatte, zu Besuch. Ich war gerade dabei, meine Blumen umzutopfen. Daher stellte ich ihm einfach einen Sessel in meine Nähe auf die Terrasse, so daß wir plaudern konnten, ohne daß ich meine Arbeit unterbrechen mußte.

»Na, wie geht es dir, machst du deine Übungen fleißig, Hansi?« fragte ich ihn lachend und wußte genau, daß er sie nur sehr spärlich machte.

»Du hast ja keine Ahnung, wieviel Arbeit wir jetzt im Herbst hatten mit der Ernte. Da hatte ich wirklich unmöglich Zeit zu meditieren. Ganz ausgeschlossen. Aber im Winter fange ich wieder an«, sagte er ernst.

Ich wußte wohl, daß er sehr viel Arbeit hatte; er hatte ja einen großen Bauernhof zu bewirtschaften, und trotzdem wollte ich ihn ein wenig necken: »Ich habe auch sehr viel Arbeit, Hansi, aber die Stunde kann ich mir schon einteilen.«

»Das ist bei dir ganz etwas anderes. Du mußt nicht um sechs Uhr morgens in den Stall, so wie ich«, verteidigte er sich.

»Das stimmt«, sagte ich, »aber dafür hast du am Abend frei, und ich muß bis vierundzwanzig Uhr mein Kaffeehaus offen halten und komme vor ein Uhr nicht ins Bett«, entgegnete ich und dachte, warum müssen wir uns immer gegenseitig beweisen, wie schwer wir es haben?

»Was ist mit deiner politischen Arbeit?« lenkte er mich schnell ab.

»Das ist vorbei und zu Ende«, sagte ich. »Das ist für mich nicht der richtige Weg, etwas nachhaltig zu bewirken.«

»Es ist schade«, sagte Hans, »du hättest durchaus Chancen gehabt, weiterzukommen.«

»Nicht wirklich, Hansi, denn dazu hätte ich mitspielen müssen, und darum ging es mir nicht. Ich wollte einfach andere Wege aufzeigen. Wege, die beim Denken und der inneren Einstellung beginnen. Mir ging es nicht um äußere Belange, dazu fehlt mir auch das Fachwissen. Außerdem, wer will eigentlich wirklich, daß sich etwas wandelt? Es halten letztlich doch alle an den üblichen Machtstrukturen fest«, entgegnete ich nachdenklich.

»Irgendwie hast du ja recht, aber diese Hürde muß man nehmen. Es dauert schon eine Weile, bis du in eine Position oder eine Funktion kommst, wo du etwas erreichen kannst«, erwiderte Hans.

»Es geht mir um keine Position, verstehst du nicht? Es geht mir auch um keine Funktion, denn ich funktioniere nicht! Und sie bieten ja nur Funktionen an, in denen man nach ihrem Willen funktionieren muß, sonst wird man schnell aufs Abstellgleis geschoben. Nein, das ist vorbei. Es war eine gute Möglichkeit zu lernen. Ich konnte trainieren, vor vielen Menschen zu sprechen, und habe dabei viel Angst abgebaut.«

Für mich war das Thema erledigt, und zudem war ich nun mit dem Umtopfen fertig und wollte die Blumenstöcke ins Haus tragen. Hans erbot sich, mir dabei zu helfen. Dafür war ich ihm sehr dankbar, denn einige Stöcke waren sehr groß und schwer. Ich wollte ihn noch auf ein Bier einladen, doch er lehnte dankend ab.

»Ich muß bald heim, meine Kühe wollen gemolken werden. Aber warum ich eigentlich gekommen bin, ich wollte mit dir besprechen, wann wir am nächsten Wochenende abfahren.«

»Du meine Güte«, ich bekam einen richtigen Schrecken, »das Reiki-Seminar – das ist schon nächstes Wochenende?«

Hans hatte uns bereits vor Monaten bei deutschen Reiki-Meistern zum Seminar angemeldet, mir war der Termin so fern erschienen, und nun war er plötzlich da.

»Kommt Pero mit?« fragte mich Hans.

»Ich muß Pero erst anrufen, ich weiß nicht, ob er Zeit hat, aber gut täte es ihm sicher. Außerdem habe ich in der kommenden Woche die Maler im Haus und noch keine Kellnerin«, sinnierte ich vor mich hin.

»Na, Kopf hoch, du schaffst das schon alles! Ich hole dich am Freitag um sieben Uhr früh ab. Ist dir das recht?«

Es war mir recht und wir verabschiedeten uns.

Freitag um sieben Uhr stand ich bereit. Alles war organisiert, eine verläßliche Aushilfskellnerin hatte ich gefunden, mein Hausmädchen Anni, die gute Seele, war bereit, ein paar Überstunden zu machen. Alles war eingekauft und vorbereitet, und so konnte ich fahren. Hans wollte anschließend in Salzburg bleiben, und so fuhren wir mit zwei Autos bis Salzburg und von dort zusammen bis München, wo wir Pero abholten. Von München waren es noch ein paar Stunden Autofahrt, bis wir bei unseren Reiki-Meistern Johanne und Werner, einem Ehepaar, ankamen.

Mit heißen Händen kam ich aus dem Einweihungsraum und fühlte den unsichtbaren Faden der Heilenergie, der aus meinen Händen zu fließen schien. Ich war selig, glücklich, tief berührt. Ich fühlte, daß etwas Besonderes in mein Leben getreten war. Als wäre ich nach einer langen Reise endlich angekommen, daheim, in einer mir im tiefsten Inneren sehr vertrauten Schwingung.

Johanne und Werner hatten uns sehr liebevoll aufgenommen in ihrem Haus, das von einer feinen und warmen Schwingung erfüllt war. Beide fühlten auch, daß ich sehr stark und intensiv die Tiefe des Reiki wahrnehmen konnte und mich wohl von Anfang an zu diesem Weg berufen fühlte. Sie machten mir daher den Vorschlag, ich solle doch daheim in Österreich ein Seminar organisieren. Sie würden gerne kommen und Reiki in Österreich lehren. Ich hielt das für eine sehr gute Idee und meinte, daß dies nach der Wintersaison, vielleicht zu Ostern, gut möglich wäre. So vergingen diese zwei wunderbaren Reiki-Tage.

Es war bereits Abend, und Hans wollte nicht die ganze Nacht über so weit fahren. Daher beschlossen wir, noch eine Nacht im Hotel zu verbringen und erst am nächsten Morgen zur Heimfahrt aufzubrechen. Pero und ich lagen lange wach in dieser Nacht. Er wollte mich wie gewohnt zum Schlafen in seine Arme nehmen. Doch ich hielt das plötzlich nicht aus und rückte so weit wie möglich von ihm weg. Reiki ist ein Weg der Klarheit, und unklare Geschichten werden mit Reiki so unangenehm, daß man sie nicht so einfach verdrängen kann; das wußte ich zwar zu dem Zeitpunkt noch nicht, doch ich spürte es bereits. Ich hatte viel nachzudenken. Ich wußte, ich muß mit Pero reden. Wir hatten uns vor Jahren während einem meiner einsamen Urlaube in Jugoslawien kennengelernt. Ich war außerhalb der Saison zur ruhigsten Zeit, im Frühling, gefahren. Pero arbeitete als Kellner in einem Restaurant. Meist war ich der einzige Gast auf der schönen Terrasse direkt am Meer, und so kam es, daß wir uns stundenlang unterhielten und schließlich auch einige seiner freien Tage und Nächte zusammen verbrachten. Als mein Urlaub vorbei war, ließ ich ihm meine Visitenkarte zurück und meinte, er könne mich ja gerne besuchen kommen, wenn er einmal nach Österreich kam. Im Laufe der Jahre hatte er mich immer wieder einmal angerufen, um zu fragen, wie es mir ginge. Vor einigen Monaten hatte er mich wieder angerufen und gefragt, ob er mich am nächsten Tag besuchen könne. Es traf sich gut, da dies ein Montag und somit Ruhetag war und ich nichts Besonderes vorhatte. Ich dachte, Pero sei auf der Durchreise und war deshalb schon sehr erstaunt, als er mit einem Fahrrad angeradelt kam.

Es war ein herrlicher Frühsommertag, und ich hatte im Garten für Kaffee und Kuchen gedeckt. Er erzählte mir, er lebe bereits seit einigen Wochen in Österreich und habe ganz in der Nähe von mir in einem Hotel Arbeit gefunden. Ich war sehr überrascht.

»Pero, ich glaube, wir sollten unser schlampiges Verhältnis beenden. Es ist nicht gut für dich und auch nicht für mich«, sagte ich zu ihm.

»Warum, Karin, es ist doch schön. Ich bin gerne mit dir zusammen«, Peros Stimme klang hellwach, er hatte sicher auch nachgedacht.

»Ich glaube, Pero, du brauchst eine richtige Freundin. Du bist schon bald vierzig und solltest eine Familie gründen und Frau und Kinder haben.« Ich glaubte meinen eigenen Worten nicht und wußte genau, Pero ist ein sehr spiritueller Mensch, der die Einsamkeit liebte. Jahrelang schon meditierte er mit einem Mantra und hatte mir in diesem Bereich auch sehr weitergeholfen. Ich hatte viel von ihm gelernt. Er war nicht auf der Suche nach einer Familie im herkömmlichen Sinn. War das nicht vielmehr mein eigenes Problem, das ich da ansprach? War ich nicht schlichtweg zu feige, ihm zu sagen, daß ich mir eine konventionellere Beziehung vorstellte, mit gesellschaftlichem Stellenwert, mit Kultur, Theater und Konzerten und schönen Reisen in guten Hotels. Pero war ein zutiefst bescheidener Mensch, zufrieden mit seiner dienenden Arbeit als Kellner eines gepflegten Restaurants. Und die Wahrheit war, daß ich mich in meinem damaligen Freundeskreis mit meinem jugoslawischen Kellnerfreund ein wenig schämte.

Doch Pero wußte das genau, und er sagte zu mir: »Ich weiß, ich bin nicht der richtige Mann für dich, Karin. Du bist eine Geschäftsfrau, du mußt für die Leute dasein. Ich mache meine Arbeit, dann bin ich frei und kann machen, was ich will, gehe in die Berge oder fahre mit dem Rad. Ich lebe einfacher als du.«

Ich seufzte ziemlich unglücklich auf. Warum mußte immer alles so schwierig sein? Warum machte ich immer alles so kompliziert? Ich konnte doch einfach die Sache mit Pero so weiterlaufen lassen. Es war ja angenehm, wenn er da war. Wir konnten auch gut miteinander reden, wir hatten schöne Wanderungen und Ausflüge zu Seen gemacht und viel gemeinsam meditiert. Warum mußte ich das jetzt wieder zerstören? Wegen meiner kleinkarierten, herkömmlichen Vorstellung, die ich von einer schönen Beziehung hatte?

»Weißt du, Pero, ich mag dich sehr, ich bin auch sehr froh, daß du da bist, aber ich bin nicht richtig glücklich mit dir.« Und die Worte, die mir jetzt so herausrutschten, entsprachen schon viel mehr der Wahrheit, und mein Herz hämmerte und meine Seele schrie: Günther, warum mußte zwischen uns beiden alles so zerbrechen? Ich kann dich nicht vergessen, ich sehne mich immer noch so sehr nach dir. Und eine Welle des Selbstmitleides erfaßte mich, und ich begann jämmerlich zu weinen und zu schluchzen. Pero schob vorsichtig seinen Arm unter meine Schultern und zog mich freundschaftlich an sich.

»Ist das wegen deinem toten Freund«, fragte er mich leise, und ich sagte: »Nein, Pero, das habe ich überwunden, aber es gibt da noch jemand anderen.«

»Du lebst aber doch schon lange allein, nicht?«

»Ja, schon mehr als zwei oder gar drei Jahre, vorher habe ich auch schon so lange allein gelebt«, meine Stimme wurde von den Tränen des Selbstmitleides fast erstickt.

Was für ein kompliziertes Leben wir Menschen doch leben. Da lag ich in den warmen und angenehmen Armen eines wirklich lieben Mannes, der für mich da war und weinte um einen anderen, der mich nicht mochte. Mit der Zeit beruhigte ich mich, und meine Gedanken wanderten umher, und ich konnte nicht schlafen, Pero auch nicht.

»Hast du gehört, Karin, was alles über ›Reiki zwei‹ gesprochen wurde?« fragte mich Pero nach einer Weile.

»Ja, habe ich gehört«, gab ich zur Antwort, »das ist sehr interessant, und ich hoffe, daß es zu Ostern mit einem Seminar bei uns in Österreich klappen wird.«

»Morgen ist auch ein Grad-zwei-Seminar. Werner sagte mir, es sei möglich, den zweiten Grad auch gleich nach dem ersten zu machen. Vielleicht sollten wir morgen schon hingehen, was meinst du?« fragte er mich, und ich war sofort von dieser Idee begeistert.

»Weißt du«, sagte Pero, »es ist wichtig für mich, daß ich Fernreiki nach Hause zu meinen Eltern schicken kann. Denn als Serbe kann ich vielleicht noch lange nicht in die Heimat fahren. Es ist zu gefährlich wegen des Krieges. Und für dich ist es sicher auch gut. Man kann mit Reiki zwei auch karmische Bindungen lösen...« So unterhielten wir uns noch eine ganze Weile über die guten Möglichkeiten, die uns dieser Schritt bieten würde. Mir wurde bei diesem Gespräch auch so richtig bewußt, wie wunderbar Pero kurz vor Kriegsausbruch nach Österreich geleitet wurde und so dieser Gefahr entgangen war. Er hatte sicher durch die intensive Meditation gelernt, auf die feine innere Stimme zu hören. Wir redeten noch lange weiter, und mehr und mehr waren wir entschlossen zu bleiben und gleich auch den zweiten Grad zu machen.

Natürlich gab es vieles zu bedenken. Hans würde heimfahren wollen am Morgen, das wußte ich, aber es gab ja auch Züge, und morgen war Sonntag, und meine Maler kamen Montag früh. Wenn es einen Nachtzug gab, mußte es möglich sein, und wir beschlossen, uns gleich in aller Früh darum zu kümmern. Ich hatte auch nicht soviel Geld bei mir und zögerte deshalb ein wenig, da der zweite Reikigrad schon recht viel kostete. Aber es war es mir wert, und Pero erbot sich, mir das Geld zu borgen. Er, der keinen Besitz hatte, hatte immer Geld, und ich mit meinen Geschäften hatte immer zu wenig Geld. Über all diesen Gedanken schlief ich dann doch endlich ein.

Am nächsten Morgen hatten wir schnell alles organisiert und uns von Hansi verabschiedet. Leise schlichen wir uns in den vertrauten Seminarraum von Johanne und Werner und setzten uns still zwischen die anderen Seminarteilnehmer. Als Johanne und Werner hereinkamen, mußten sie beide lauthals lachen: »Na so etwas, ihr beide. Das hätten wir uns eigentlich denken können!«

»Dürfen wir bleiben?« fragte ich.

»Na, was sollten wir tun, wo ihr doch schon dasitzt«, lachte Werner, und sie hießen uns beide herzlich willkommen. So kam es, daß ich Reiki Grad Eins und Grad Zwei in nur drei Tagen erlebte.

Natürlich wußte ich damals noch nicht, daß ich damit den Weg der Heilung, Klärung und auch Bewußtwerdung mit riesen Schritten betreten hatte. Heute, als Reiki-Lehrer, führe ich meine Seminarteilnehmer auf einen sanfteren Weg und halte es für günstig, wenn zwischen dem ersten und zweiten Seminar einige Monate liegen.

7

In den folgenden Tagen wurden die Räume im Cafè weiß gestrichen. Es paßte herrlich zu der reinigenden Reikischwingung, die ich mitbrachte. Ich war seelig und glücklich, und begeistert erzählte ich den Menschen von Reiki und legte ihnen meine Hände auf. Meine ganze Sorge war: Mein Gott, wenn diese Energie nur so bleibt, wenn sie nicht schwächer wurde oder gar verging!

In diesen ersten Wochen nach dem Reiki-Seminar kam eine Frau aus dem Dorf zu mir, die ich sehr schätzte und achtete. Sie sagte zu mir: »Weißt du, Karin, es ist schade, daß du unsere politischen Frauentreffen nicht mehr machst. Es fehlt uns.«

»Es freut mich, daß du das sagst, Waltraud, aber es ist nicht der richtige Weg für mich. Es geht mir nicht um vordergründige Maßnahmen, es geht mir vielmehr um den Glauben, um Gott, um das Urvertrauen, das wir verloren haben, und es geht mir darum, wie wir dahin zurückfinden«, gab ich ihr zur Antwort.

»Ich weiß«, sagte sie, »und genau darum geht es ja auch den meisten Frauen. Gerade wir Frauen wissen doch, wie wichtig das ist. Meinst du nicht, wir könnten hier bei dir im Café einmal in der Woche einen Frauentag machen und uns treffen? Du könntest uns von deinen Seminaren erzählen. Wir mit unseren Kindern haben nicht die Möglichkeit, selbst soweit zu fahren, um zu lernen.«

Ich merkte, wie ernst es Waltraud war, und ich freute mich ehrlich über ihr Interesse und sagte: »Ja, das wäre natürlich sehr schön, wenn ihr kommt, doch mit dem Reden alleine ist es nicht getan. Das Reden alleine bringt uns nicht wirklich weiter, das weiß ich von mir. Man muß etwas tun.«

»Na, dann tun wir halt etwas«, meinte Waltraud heiter, »ich bin sehr fürs Tun.«

»Weißt du, ich habe vor, zu Ostern ein Reiki-Seminar anzubieten. Johanne und Werner, meine Reikimeister, kommen aus

Deutschland zu uns. Würdest du zu so einem Seminar kommen?« fragte ich interessiert.

»Ja, vielleicht. Du mußt mir da noch mehr darüber erzählen«, sagte Waltraud, und wir gerieten in eine angeregte Unterhaltung. Letztlich wollte Waltraud, daß ich selbst etwas mache und auch sofort damit beginne, denn jetzt im Winter hatten die meisten Frauen mehr Zeit.

Ich wand mich in alle Richtungen, denn ich traute es mir nicht zu, ein Seminar abzuhalten, so sehr ich mich auch angesprochen fühlte und freute. Doch Waltraud ließ nicht locker und sagte: »Was könntest du mit uns machen?«

»Ja, am ehesten könnten wir mit Meditation beginnen, da würden wir konkret etwas tun und könnten auch über sehr viele Themen miteinander reden«, sagte ich schließlich.

»Ja sehr gut, dann machst du eben einen Meditationskurs mit uns. Wann fangen wir an?« Waltraud war wirklich voller Begeisterung.

»Nicht so schnell, Waltraud, da muß ich noch vieles überlegen. Das können wir nicht im Lokal machen, wir brauchen schon einen eigenen Raum ...« Und während ich so sprach, eilten meine Gedanken herum, und wundersame Dinge wurden mir bewußt. Ich hatte nämlich einen Raum, der gar nicht so schlecht geeignet sein würde. Erst vor einiger Zeit hatte ich zwei leerstehende Räume zu meiner Wohnung im ersten Stock dazubekommen. Ich hatte den einen Raum freilich mit Kisten und Getränken vollgeräumt, doch der größere Raum dahinter stand leer. Da hatte ich doch tatsächlich einen Raum, in dem wir uns treffen konnten. So zeigte ich den Raum Waltraud, und wir schmiedeten weiter begeistert unsere Pläne. Als wir unseren »neuen Seminarraum« verließen, meinte ich: »Nun brauche ich nur noch einen Ofen, um heizen zu können.«

»Da steht doch einer, was ist mit dem?« sagte Waltraud im Treppenhaus und deutete auf einen kleinen Ofen. Tatsächlich, meine Nachbarn hatten sich ja gerade eine Ölheizung einbauen lassen und den alten Ofen ausrangiert. Sie gaben ihn mir bestimmt, wenn ich darum bat.

Als Waltraud sich an diesem Abend zu später Stunde verabschiedete, war alles ausgemacht und meine Seminartätigkeit bereits geboren worden, wie mir aber selbst erst später so richtig bewußt wurde. Waltraud hat mir einen ordentlichen Schubs vorwärts gegeben. Ohne ihr Zutun hätte ich diesen Schritt bestimmt nicht so schnell, vor allem nicht so leicht und unbefangen, gemacht.

Doch zunächst kamen wie bei allen Schritten, die es zu tun galt, starke Zweifel. Waltraud wollte sich um die Teilnehmer kümmern, und ich dachte, wer weiß, ob da überhaupt jemand interessiert ist? Außerdem, was hatte ich mir da schon wieder zugemutet. Wir standen vor der Wintersaison, und die war immer anstrengend genug. Eine Kellnerin hatte ich mit meiner neuen Methode auch noch nicht und überhaupt, was fiel mir bloß wieder ein? Was konnte ich denn schon den Menschen weitergeben, hatte ich doch selbst gerade erst meine Ausbildung abgeschlossen. Zweifel über Zweifel. Doch da hörte ich die Stimme von Thomas in mir, als er mir beim Abschied in der Schweiz leise sagte: »Trags hinaus, Karinlein, trags in die Welt. Es ist dir bestimmt.« Und schon die Erinnerung daran berührte mich wieder eigenartig. Nie zuvor oder danach hatte er oder jemand »Karinlein« zu mir gesagt. So stieß ich meinen Stoßseufzer aus: »Heiliger Erzengel Michael, ich bitte dich, erhöre mich, führe mich und lenke mich und leite mich und weise mir den Weg. Wenn es wirklich Dein Wille ist, o Herr, dann soll er geschehen.« Und ich machte mich an die Vorbereitungen, und in Gedanken fügte ich noch hinzu: »Wenn es Dein Wille ist, dann ist es aber auch Zeit, daß Du mir eine neue Kellnerin schickst.«

Und mein Stoßgebet wurde erhört. Tage später kam eine sehr liebe junge Frau zu mir mit einem sehr einfühlsamen Wesen und begann bereits kurz darauf zu arbeiten. Es war also tatsächlich ohne Inserat gegangen. Und in diesen Tagen fiel mir eine Karte von Rudi in die Hände, die er mir vor einiger Zeit geschickt hatte. Darauf stand: *Zur rechten Zeit, am rechten Ort, das Richtige tun.*

Ja, dachte ich, dann hast du auch zur rechten Zeit, am rechten Ort, das Richtige zur Verfügung. Und dankbar wurde mir die besondere Nähe von Rudi wieder einmal bewußt.

Es wurde eine harte Wintersaison. Das Geschäft lief nun richtig gut. Wir waren jeden Tag pumpvoll, die Gäste drückten sich die Stühle in die Hand. Ich mußte mich noch um Aushilfskräfte umschauen. Unsere Kuchenvitrine wurde regelrecht belagert. In diesem Winter verkauften wir so viele Torten, Kuchen und Rouladen, Nußkipferl und Strudl, daß wir kaum noch mit der Arbeit nachkamen. Doch ich hatte gute Mitarbeiter, und wir waren ein gutes Team.

Meine wöchentlichen Meditationabende fanden zwar die eine oder andere Unterbrechung, zu Weihnachten und in den Semesterferien, aber im großen und ganzen ging es immer irgendwie, daß ich mich für diesen Abend freimachte. Manchmal wurde mir schon das Verrückte an der ganzen Situation bewußt. Ich rannte die ganze Woche ohne Ruhetag von früh bis spät von einer Aufgabe zur anderen. Nach Möglichkeit wollte ich, daß meine Mitarbeiter zumindest einen freien Tag in der Woche erhielten, und so hatte ich jeden Tag noch zusätzlich einen weiteren Arbeitsbereich abzudecken. Mal in der Küche, mal Putzen, mal im Service oder hinter der Bar. Jeden Samstag kamen die neuen Gäste in meinen Ferienwohnungen an. Das hieß Abrechnen, Verabschieden, Willkommenheißen, Einquatieren und Berge von Bettwäsche und Handtüchern. Doch auch da hatte ich eine sehr verläßliche und liebe Frau, die putzte, räumte, auch mitdachte und mir vieles abnahm. Und dazwischen lag der Mittwoch mit dem Meditationskurs. Oft blieb mir gerade nur eine Viertelstunde, um mich frisch zu machen, umzuziehen, mich mit einer Reiki-Mentalbehandlung zu entspannen und bereit zu machen. Doch sobald ich den Meditationraum betrat, war ich in einer anderen Welt und konnte alles turbulente Geschehen hinter mir lassen.

An so einem Mittwochabend, es war bereits nach dreiundzwanzig Uhr, ging ich wiedereinmal nach dem Kurs hinunter ins Lokal. Ulli, meine tüchtige Stütze, hatte alles gut im Griff, die Gäste waren alle bestens versorgt, saßen gemütlich beisammen und unterhielten sich. Ich setzte mich auf einen Barhocker an die Bar und bemerkte wieder einmal erst beim Niedersetzen, wie müde ich eigentlich war. Ulli stellte eine große Schüssel mit buntem, herrlich aussehendem Salat, Brot und Butter vor mich hin. Sie wußte, daß ich den ganzen Tag nicht richtig Zeit gehabt hatte zu essen, und dankbar sagte ich: »Komm, setz dich zu mir und iß noch ein bißchen mit! Herrlich, wie du das hergerichtet hast, danke Ulli.«

»Wie lange willst du eigentlich noch so weiter machen?« Ulli griff nach ihrer Tabakdose, rückte sich einen Barhocker zurecht und drehte sich genußvoll eine Zigarette. Prüfend sah sie mich dabei an. Ich hatte bereits eifrig zugelangt, denn ich war wirklich hungrig, und nachdenklich kaute ich an meinem Salat.

»Wie alt bist du eigentlich, Karin?« fragte sie mich.

»Ich glaube achtunddreißig, aber frag mich nicht so unwichtige Dinge«, gab ich zurück.

»Und wie lange machst du das mit dem Café schon?« bohrte sie weiter.

»Acht Jahre sind das schon, Ulli.«

»Na bravo«, sagte meine Mitarbeiterin zu mir. »Dann kannst du dir ja vorstellen, wie du dich mit fünfzig fühlen wirst! Das sind noch zwölf Jahre, und dann bleiben immer noch fünf bis zur Pension, macht siebzehn Jahre.«

»Ach Ulli, was weiß denn ich, was da noch weiter werden soll«, sagte ich ein bißchen mürrisch, denn ich kannte diese Gedanken wohl.

»Wieso heiratest du nicht? Es schwirren doch genug Männer herum«, fragte sie mich neugierig.

»Wo?« fragte ich lachend und griff mit den Händen in die Luft.

»Na, tu nicht ganz so unschuldig, was war mit dem Harri vorige Woche?« Ich wußte schon, daß das kommen würde. In einem so kleinen Betieb konnte man nichts verbergen, und das vertraute Verhältnis zu meinen Mitarbeitern zog unweigerlich offene Fragen nach sich.

»Harri, der Musikus, der sich kein Hotelzimmer leisten kann? Der wäre sicher der geeignete Mann für mich. Das Café hänge ich mir um die Schultern und ziehe mit ihm und seiner Gitarre durch die Lande«, ich mußte lachen. »Ich hab auch einen Meditationsraum mit Matratzen, den man als Gästezimmer verwenden kann, weißt du!«

»Ach, ich glaub dir ja, daß du wie eine Nonne lebst, ist schön langweilig«, sagte Ulli. »Ich möchte nur wissen, was du tust, daß dich immer wieder Männer besuchen und teuherzigst ausharren im Café, bis du Zeit hast für eine halbe Stunde. Mir gelingt das nicht.«

»Ich hab halt viele treue Freunde. Aber wenn du wirklich interessiert bist, dann kannst du Anni fragen, meine treue Seele. Sie kennt alle meine Liebhaber, sie ist von Anfang an bei mir«, sagte ich und dachte, es ist Zeit das Thema zu wechseln.

Doch Ulli ließ nicht locker: »Ich glaube, du bist einfach zu stolz, um dich mit einem Mann einzulassen.«

Das wollte ich nun auch nicht gelten lassen, also sagte ich: »Hör zu, ich werde dir auch etwas vorrechnen. Nehmen wir an, du schläfst drei mal im Jahr mit einem Mann, dann lebst du doch eigentlich sehr nonnenhaft, oder?«

»Ja, allerdings.«

»Na also, und stell dir vor, es sind jetzt aber eben zufällig drei verschiedene Männer, dann sind das in zehn Jahren dreißig Männer. Und wenn die dann alle nett sind und in gewisser Weise treu, dann schaut eben oft einer vorbei, um zu sehen, wie es dir geht, zufrieden?« Ich stand auf und räumte meine Schüssel und Besteck beiseite. Nun hatte ich meine junge Mitarbeiterin vielleicht wirklich ein wenig erschreckt. Ich mußte schmunzeln, ach, diese Mädels hatten wieder getratscht hinter meinem Rücken.

Ich setzte mich an die Registrierkasse und begann mit der Tagesabrechnung. Ich hatte wahrlich andere Sorgen als meine Mitarbeiter. Was sollte ich bloß wegen des Seminars in der Schweiz tun. Der Termin rückte von Tag zu Tag näher, und ich hatte noch immer nicht abgesagt. Wenn ich jetzt stornierte, dann mußte ich sicherlich einen schönen Betrag Stornogebühr bezahlen und hatte bei dieser begrenzten Teilnehmerzahl jemandem den Platz weggenommen. Wenn ich Pech hatte, mußte ich womöglich den ganzen Kursbetrag hinlegen, und das war sehr viel Geld. So grübelte ich mit ernstem Gesicht. Und als meine Kellnerin von den Gästen zurückkam und meine ernste Miene sah, sagte sie kleinlaut: »Es tut mir leid, Frau Chef, daß ich so private Fragen gestellt habe. Ich wollte dir nicht zu nahe treten, aber wir mögen dich alle und wollen eben auch wissen, wie es dir wirklich geht.«

»Ach Ulli, das weiß ich doch. Nein, nein, das ist es nicht, ich hab wirklich andere Sorgen«, sagte ich besänftigend.

Ulli kassierte bei den letzten Gästen, räumte ab und begann, das letzte Geschirr in den Spüler zu schichten und sauber zu machen. Ich machte die Abrechnung fertig und war mit der Tageslosung zufrieden. Es war ein guter Tag gewesen. Meine Kellnerin legte die sorgfältig geschichteten Scheine, darauf legte ich wert, vor mich hin.

»Danke, Ulli, du hast gute Arbeit getan«, sagte ich.

»Du bedankst dich jeden Abend bei mir, das habe ich noch in keinem Betrieb erlebt«, sagte sie ehrlich. »Weißt du, ich bewundere dich wirklich, wie du alles so alleine schaffst. Du bist freundlich zu uns, auch wenn du müde bist wie jetzt.«

»Nein, Ulli, ich schaffe nicht immer alles so gut, wie ich möchte. Oft mache ich auch Fehler. Da habe ich mich zu einem Seminar in der Schweiz angemeldet, und wenn ich jetzt storniere, dann kostet mich das viel Geld. Und das ärgert mich, weißt du.« Gerade zu dieser Stunde kam es mir leicht vor, über meine Sorgen zu meinen Mitarbeitern zu sprechen .

»Was ist das für ein Seminar?« fragte sie mich.

»Das ist eine Ausbildung zur Reinkarnationsanalytikerin«, gab ich zur Antwort.

»Das ist sicher sehr interessant. Lernst du da Rückführungen in andere Leben?« fragte mich Ulli interessiert; sie war in Sachen Esoterik sehr gut bewandert und hatte vielleicht auch deshalb so viel Verständnis für mich. Ich war wirklich dankbar, daß ich in ihr eine mir auch persönlich so symphatische Mitarbeiterin gefunden hatte.

»Ja, würde ich lernen, aber ich kann da nicht hinfahren«, sagte ich.

»Wieso nicht, natürlich fährst du dahin. Das ist doch klar«, antwortete sie sehr bestimmt.

»Ulli, das Seminar beginnt in knapp zwei Wochen und dauert auch zwei Wochen, und wir stecken mitten in der Saison. Es war leichtsinnig, mich anzumelden«, sagte ich zerknirscht.

»Du fährst dorthin, das ist ganz klar. Wir kommen auch ohne dich zurecht«, sagte Ulli noch bestimmter.

»Ulli, wie soll das gehen, wir kommen ohnehin mit unserer Arbeit schon kaum zurecht, das ist ganz ausgeschlossen«, sagte ich müde. Ich blickte auf die Uhr, es war doch schon wieder knapp vor eins, und ich konnte das Gähnen nicht mehr unterdrücken.

»Geh nur«, sagte Ulli, »ich mach schon alleine fertig. Gute Nacht, Karin.«

»Ja, fein Ulli, ich geh wirklich. Gute Nacht und danke. Bis Morgen!«

8

Nun fuhr ich also wirklich Richtung Trogen. Ich hatte gerade die deutsch-österreichische Grenze passiert. Das fahle Morgenlicht zog neblige Streifen über die Autobahn. Ich war rechtzeitig weggefahren und hatte die Route über das Deutsche Eck gewählt, das war mir lieber, als über die Pässe zu fahren. Im Wetterbericht hatten sie auch erneuten, ausgiebigen Schneefall angesagt, und die Straßen waren alle salznaß. Dankbar dachte ich an meine Mitarbeiter. Diesmal hatten sie mich wirklich überrascht. Zwei Tage nach meinem spätabendlichen Gespräch mit Ulli, in dem ich den Seminartermin erwähnt hatte, waren Sie am Abend alle gekommen, um mich zu sprechen. Sie präsentierten mir einen nahezu perfekten Mitarbeiterplan für diese zwei Wochen, der mich entbehrlich machte. Ich war wirklich tief berührt, sie hatten an alles gedacht. Jede wollte auf ihren freien Tag verzichten und Überstunden machen, nur damit ich fahren konnte. Ich sah ihre Begeisterung und Freude in ihren glänzenden Augen und spürte, wie stolz sie waren. Es lag nun an mir, ihnen zu vertrauen. Mein vertrautes, familiäres Verhältnis mit meinen Mitarbeitern war zwar manchmal eine Gratwanderung, aber eben doch die gesunde und ehrliche menschliche Basis für eine ausgezeichnete Zusammenarbeit. Ich war dankbar und stolz auf mein Team.

Kurz vor Innsbruck entschloß ich mich, bei der nächsten Autobahnraststätte einzukehren und ordentlich zu frühstücken.

Als ich dann weiterfuhr, lösten sich meine Gedanken mehr und mehr aus meinem Alltag und wanderten zu dem Seminar. Lange schon wollte ich eine Rückführung machen. Immer schien mir, daß etwas in mir sei, das ich wissen sollte, aber nie war es tatsächlich dazu gekommen. Und nun würde ich selbst die Ausbildung machen und eine oder mehrere Rückführungen erleben. Mehr und mehr überkam mich eine eigenartige Anspannung. Und als ich in Trogen ankam, war mir sehr flau im Magen. Ich wußte nicht genau, ob dieses flaue Gefühl den Serpentinen zuzuschreiben war, die ich hinaufgefahren war, oder eine Vorahnung auf das, was auf mich zukommen würde.

Ich war unglaublich froh und erleichtert, Elke in Trogen anzutreffen. Sie und Ludwig standen bereits vor dem Seminarhotel.

»Elke, wie bin ich froh, daß du da bist.« Ich eilte auf sie zu, und herzlich umarmten wir uns.

»Na du, das ist doch schön, daß es uns wieder zusammenführt. Und Ludwig ist auch da, damit wir etwas zum Anlehnen haben.« Groß und stämmig stand Ludwig da und ließ sich gerne von uns ein bißchen necken wegen seiner Leibesfülle. Er war der erdige Gegenpol von uns beiden. Er machte überall mit, stand aber immer sehr fest und mit beiden Beinen auf dem praktischen Boden der Tatsachen.

»Wie geht es deinem Kaffeehaus«, fragte er mich jetzt, »hast du zugesperrt?«

»Gut, danke Ludwig. Nein, es ist offen, wir haben ja noch Wintersaison. Ich habe meine Mädchen alleine gelassen, die machen das schon. Wißt ihr, wer noch alles kommt zum Seminar?« fragte ich neugierig.

»Genau weiß ich es auch nicht, aber ich glaube, es sind ausschließlich Kosmologen aus unserem Kurs«, gab mir Elke zur Antwort, und schon fuhr auch das nächste Auto vor, und das fröhliche Begrüßen, Plaudern und Austauschen von Neuigkeiten setzte sich fort.

Es wurden sehr intensive Tage, da oben in Trogen, im schweizerischen Appenzell. Da wir uns ja alle schon kannten und sehr vertraut miteinander waren, entstand eine sehr familiäre und persönliche Atmosphäre. Bruno und Charlotte ergänzten einander zu einem perfekten Ausbildnerduo, und beide brachten sich auch sehr persönlich in unsere Gruppe ein. Mit Charlotte verband mich vom ersten Augenblick an ein sehr starkes Gefühl gegenseitigen Verstehens.

Während der Ausbildung sollte eine Rückführung als Lernbeispiel vor der ganzen Gruppe stattfinden. Charlotte wollte diese Rückführung leiten und machte den Vorschlag, das Los solle einen von uns dazu bestimmen.

Am Morgen des besagten Tages zogen wir unsere Lose. Ich zog meines. Als ich es auffaltete, hielt ich zwei Zettelchen in der Hand, die sich zusammengehängt hatten. Einer war weiß, und auf dem anderen war die Sonne. Da ich ja nun zwei Zettel hatte, ging Lorenz leer aus. In der Gruppe wurde beschlossen, daß das Los nun zwischen mir und Lorenz entscheiden müsse. Ich zog nocheinmal, und wieder hatte ich die Sonne. Alle Blicke ruhten auf mir.

»Na du, wenn das nicht ein Omen ist?« sagte Elke zu mir in der Mittagspause. Charlotte gesellte sich zu uns und meinte: »Ich habe es innerlich gewußt, Karin, daß es auf dich fällt. Bist du wirklich einverstanden und bereit dazu, vor der ganzen Gruppe in eine Rückführung zu gehen?«

»Ja, Charlotte, ich bin einverstanden. Ich denke, keiner von uns ist zufällig da, sondern wir haben alle miteinander zu tun. Es wird nicht nur eine Botschaft für mich, sondern auch für alle anderen sein«, sagte ich überzeugt.

Das erste Gefühl, das ich bei dieser Rückführung beschreiben konnte war: *»Mir ist kalt.«*

Charlotte sagte: »Schau auf deine Füße, kannst du sie wahrnehmen, wo bist du?«

»Ich glaube, ich bin in einem Wald, ich bin barfuß.«

»Was hast du an?«

»Ich weiß nicht, es ist weich, schön, ich glaube, es ist Leder, aber schön, weich ...«

»Was machst du im Wald?«

»Ich weiß nicht ...«

»Bist du allein?«

»Ja, ich glaube schon.«

»Was kannst du wahrnehmen, schau auf deine Hände, sind sie leer?«

»Ich habe etwas in der Hand ... ich kann nicht sagen, was es ist ... ein Bündel ...«

»Wie fühlst du dich? Bist du froh, heiter... «

»Nein, nein ganz schwer, ich fühle mich ganz schlecht ...«

»... Ich fühle mich ganz schlecht.«

»Geh ein bißchen weiter in der Zeit und schau, was sich verändert ... Wo bist du jetzt? Was kannst du wahrnehmen?«

»Ich bin immer noch im Wald.«

»Was machst du?«

»Ich glaube, ich gehe ...«

»Hast du immer noch das Bündel in der Hand?«

»Ja.«

»Kannst du erkennen, was in dem Bündel ist?«

»Nein.«

»Wie fühlst du dich jetzt?«

»Immer noch schlecht.«

»Wie schlecht? Traurig, wütend ...«

»Schwer, so schwer ... einsam, schrecklich einsam ...«

»Was machst du genau?«

»Ich gehe und ich gehe, und ich weiß nicht wohin ... ich will immer nur gehen, aber es ist so schwer ...«

Charlottes Stimme veränderte sich, und sie führte mich weiter in eine andere Szene jenes Lebens.

So eine Rückführung ist ein Puzzlespiel von Szenen und Bildern, die ganz durcheinander auftauchen können. Oft ist es sehr mühsam, Bewußtheit über ein anderes Leben zu erlangen, vor allem, wenn wir in jenem Leben etwas Schreckliches erlebt haben. Es braucht oft sehr viel Zeit, bis unser jetziges Ego bereit ist, die Wahrheit und die damit verbundenen Gefühle und Emotionen, die bei einer tiefen Rückführung nochmals durchlebt werden, zuzulassen.

So war es auch bei dieser ersten Rückführung, die ich erlebte. Lange kam ich mit meinem Bewußtsein nicht richtig heran an das Geschehen jenes Lebens. Zuerst tauchten nur Fragmente auf. Doch nach einigem Hin und Her riß es mir plötzlich den Schleier von meinem inneren Auge weg, und ich schaute die schrecklichste Tatsache, die wohl einer Frau von Gott vor Augen geführt werden kann. Ich erlebte, wie ich in einer sehr fernen, weit zurückliegenden Inkarnation mein eigenes kleines Kind, ein winziges, hilfloses Baby, mit meinen bloßen Händen umbrachte.

Es war schrecklich, die Tatsachen jenes Lebens zu sehen und nochmals nachzuempfinden, aber auch sehr, sehr wichtig für mich und heilend.

In jener sehr fernen Inkarnation lebte ich in einem Stamm weißer Menschen mit hochstehender, streng-sittlicher Ordnung. Die Stammesführung oblag den Männern. Die Spiritualität lag in Händen der Frauen. Wir hatten große, geräumige Zelte mit allerlei Hausrat und trugen Kleider aus feinem Leder, weich geschmeidig und schön verarbeitet. Es war das Recht der Frauen, sich einen Mann zu wählen, und es gab sehr frei gelebte Liebesbindungen und Rituale mit Tanz, Gesängen und Fröhlichkeit. Ich wurde von dem gesellschaftlichem Treiben von Kind an ausgeschlossen und erhielt eine eigene Erziehung und Vorbereitung. Ich war von Geburt an dazu auserkoren, als Jungfrau bei einem Fruchtbarkeitsritual mit einem auch seit Geburt dazu bestimmtem Jüngling aus einem fremden Stamm vereint zu werden, um ein Kind zu gebären, das als höchste Opfergabe Gott dargebracht werden sollte. Bis zu dem großen Fruchtbarkeitsritual lebte ich in meiner eigenen Welt, die für mich auch in Ordnung war. Aber ich wußte natürlich nicht, was es für mich bedeuten würde und in welche schreckliche Auflehnung all meiner Gefühle es mich reißen sollte. Ich wußte auch, daß mein besonderer Stand ein Leben lang bestehen bleiben würde und ich nicht das Recht hatte, so wie all die anderen Frauen an den Liebesfesten teilzunehmen. Dafür aber war ich einem unserer Stammesführer zugesprochen, der die Ehre und die Pflicht hatte, mit mir zu leben und für mich zu sorgen, wenn das Ritualjahr beendet war.

Vor dem Ritual selbst hatte ich zwar anfangs Angst, verlor diese aber schnell, da ich mich in den fremden Jüngling verliebte. Ein Gefühl, das mir den Atem nahm und das ich nicht kannte. Als wir nach drei Tagen getrennt wurden und er aus unserem Festzelt abgeholt wurde, fiel mit seinem ganzen Entsetzen der Schrecken des Todes erstmals über mich. Ich erkannte, daß der Jüngling umgebracht wurde und konnte es nicht verhindern.

Im verzweifelten Kampf mit dem Entsetzen brachte ich das

Kind zur Welt, ein kleines Mädchen, und suchte nach einem Ausweg, den ich jedoch nicht fand. Der Ohnmacht ausgeliefert, flehte ich die Priesterin an, auf das Kindesopfer zu verzichten. Aber das war undenkbar. Dies Geschehen war vom Lauf der Sterne und des Mondes bestimmt und konnte nur zu heiligen Zeiten dargebracht werden. Somit mußte das Opfer vollzogen werden. In meiner Verzweiflung, das Kind nicht dem Blute opfern zu können, sann ich nach einer Möglichkeit, das Schrecklichste zu verhindern. Ich sammelte meine ganze Kraft und bat schließlich die Priesterin, das Opfer selbst vollziehen zu dürfen. Widerstrebend willigte sie ein.

Der Morgen des schicksalschweren Tages graute, und ich erzwang mir die Erlaubnis, vor der Zeremonie alleine mit dem Kind zu unserer heiligen Quelle in den Wald zu gehen. Und in dieser Stille, in meiner tiefsten Einsamkeit, legte ich das Baby ins Wasser und hielt ihm Hals und Mündchen zu. Es ließ es geschehen, es wehrte sich nicht.

Dann wickelte ich es wieder in die Felldecke ein und ging lange, lange, sehr lange mit dem toten Kind zurück zum Kultplatz und legte es vor die Priesterin auf den Opfertisch. Dieses Darbringen des toten Kindes war meine Rache für die Ohnmacht, die sie mir angetan hatten. Die Priesterin war zornentflammt. Ein zähes Ringen der Kräfte begann. Mein Leben war in großer Gefahr, die Opferzeremonie erforderte Blut. Da griff der Stammesfürst ein, dem ich zugesprochen war und verlangte das Fortführen der Zeremonie mit dem bereits toten Kind, denn Gott würde ein Zeichen setzten. Der tote Körper wurde in die Flammen gelegt, der Rauch stieg zum Himmel, Gott hatte das Opfer angenommen.

Tränenüberströmt und mit erstickter Stimme schilderte ich Charlotte in Ansätzen die Szenen der Vergangenheit, in die ich tief eingetaucht war. Ruhig und liebevoll führte sie mich durch dieses ganze Leben bis ins hohe Alter, das ich erreicht hatte damals. Dabei ließ sie mich viele Seelenprägungen erkennen und Spuren, die mein heutiges Schicksal bedeuteten.

Am Abend dieses Tages flüchtete ich in die Arme von Elke und bat sie, bei mir zu schlafen. Charlotte hatte lange mit mir gearbeitet, um die negativen Energien aufzulösen, die aus jener so fernen Inkarnation immer noch an mir hingen. Sie führte mich an den Kernpunkt heran, und der hieß Vergebung.

»Ach Elke, es ist so schrecklich, ich habe auch gemordet. Habe mich so tief schuldig gemacht. Wie bin ich froh, daß ich dem Mörder von Bernard von Anfang an intuitiv vergeben konnte. Wie bin ich froh, daß ich im Vaterunser immer um die Vergebung der Schuld bete. Und doch ist es so schrecklich. Wie konnte ich nur so weit absinken, so weit weg von Gott sein?«

»Wir haben alle gemordet, Karin, und wir haben alle unsere Macht einmal mißbraucht«, sagte Elke, und es tat so gut, ihre Reiki-Hände auf meinem Körper zu fühlen.

»Ich erkenne soviele Zusammenhänge der Inkarnation damals mit meinem Leben heute, ich kann sie gar nicht alle aufzählen. Aber denk nur, Bernard aus einem fremden Land mit fremder Sprache, wie damals unser kurzes Glück, der gewaltsame Tod. Und jetzt verstehe ich auch, er war so enttäuscht, daß ich nicht schwanger wurde. Wir wünschten uns von Anfang an so sehr ein Kind. Ich habe oft schon darüber nachgedacht, warum ich nie in meinem Leben schwanger geworden bin, obwohl ich nie versucht habe, es zu verhindern und doch ganz gesund bin. Ich weiß jetzt, Elke, ich habe mir selbst nie zugestanden, ein Kind zu empfangen. Ich habe es mir selbst nicht erlaubt, weil ich mich nicht würdig fühlte. Ich bin es nicht wert, Mutter zu sein«, und ich mußte wieder meinen Tränen freien Lauf lassen. Den ganzen Abend hatte ich schon geweint, und es war mir egal, mit welchem Gesicht ich nun vor all den Menschen in unserer Gruppe dastand. Ich fühlte ihre Liebe, ihr Verständnis und vor allem auch ihre Bereitschaft, mein Leid anzuhören, anzunehmen und auf diese Weise mitzutragen. Sie ermunterten mich, den Schmerz herausrinnen zu lassen. Keiner war geschockt oder abweisend. Heilende Liebe und Verständnis floß mir aus allen Herzen zu. Und sie alle wiederholten mir Charlottes Worte: »Es liegt jetzt an dir, dir selbst zu vergeben. Laß die Schuld los, mit der du dich immer selbst noch bestrafst ...«

»O Herr, vergib mir ...«, flüsterte ich erstickt.

»Glaubst du nicht, Karin, daß Gott dir längst schon vergeben hat und auch allen beteiligten Seelen? Aber du, wie sieht es mit dir aus?« Elke Stimme war sanft und ruhig wie immer, und sie reichte mir ein paar Taschentücher.

»Ich weiß nicht, Elke, ob ich wirklich schon allen anderen vergeben habe, wirklich ganz tief vergeben. Es gibt so viele Zusammenhänge, die Priesterin zum Beispiel. Da habe ich noch nicht vor langer Zeit eine Frau kennengelernt, auch Reinkarnationsanalytikerin. Ursprünglich wollte ich bei ihr eine Rückführung machen, aber ich schaffte es innerlich nicht, mich anzumelden. Obwohl ich mich zu ihr hingezogen fühlte, und sie mich fasziniert hatte, empfinde ich doch immer Angst, wenn ich ihr begegne. Ich sehe nun in ihr die Priesterin. Meinst du, daß wir diese Menschen wirklich immer wieder treffen? Meinst du, daß Bernard auch die Seele von dem Jüngling damals ist? Wie schrecklich, wenn er nicht davon loskommt, sich immer umbringen zu lassen. Meinst du, wir halten so lange an all diesen Energien fest und kreieren uns immer wieder das verdammte Spiel?«

»Ja, ich fürchte schon, daß wir sehr lange an unseren Spielen festhalten und wechselweise uns bestrafen, oder wenn wir bereits einen Ausweg suchen, dann an der Rolle des Opfers und der Selbstbestrafung festhalten. Eben weil wir uns vom Gedanken Strafe und Schuld nicht lösen können«, sagte Elke.

»Oh, es ist schrecklich, Elke, meinst du wirklich, daß die Seelen von damals alle wieder in meinem Leben sind?« fragte ich Elke.

»Weißt du, ich glaube manche sind wirklich wieder da, und manche verkörpern für uns eine ähnliche Rolle. Oder wir rufen Seelen in unser Leben, die uns als Spiegel dienen. Und wechselweise helfen wir uns weiter, so unser Karma aufzulösen. Aber ich denke, du spürst selbst am besten, wenn wirklich eine Seele aus einer anderen Inkarnation vor dir steht«, meinte Elke. »Vielleicht war Bernard die Seele von damals. Vielleicht aber auch jemand ganz anderes, der nun die Erfahrung des gewaltsamen Todes machen mußte. Aus irgendeinem Grund. Und du mußtest ihm begegnen, um nochmals mit dem Thema in Verbindung zu kommen. Damit du es endgültig loslassen und den Schmerz ausleben kannst. Denn darum geht es ja unserer Seele, sie will sich von dem Schmerz befreien.«

»Ja, ich verstehe, wie du das meinst. Bei Bernard weiß ich es nicht, aber du weißt ja, der Mann, der Stammesführer, der dann mein Mann wurde, da weiß ich ganz bestimmt, wer das ist. Ihn habe ich erkannt; oh, wie habe ich ihm unrecht getan ...«, und bei dem Gedanken wurde ich wieder vom Weinen tief durchgeschüttelt.

Günther, o Günther, ich verstehe dich, ich verstehe jetzt alles, und ich flehe dich an, lehne mich nicht ab in diesem Leben, gib mir die Chance, das aufzulösen mit dir. Mein Herz und meine Gedanken hämmerten in mir. Und während die Reikiwärme aus Elkes Händen mich zu beruhigen begann, schaute ich nochmals die Bilder. Und ich sah, wie ich stocksteif auf das Zelt zuging, vor dem er auf mich wartete. Ich fühlte den bittenden Blick und die ausgestreckte Hand, doch stolz und arrogant wies ich ihn zurück, wie immer. Keinen Zentimeter wollte ich ihn an mein Herz heranlassen, soll er doch zu den jungen Frauen in unserem Stamm gehen, wenn er etwas will! Ich verachtete ihn, seine Liebe zu mir und seine Anhänglichkeit. Ich gab ihm die Schuld am Tod des Jünglings, er hätte es verhindern müssen, davon war ich überzeugt. Dabei hatten wir noch ein gemeinsames Kind. Einen kleinen Jungen, der friedlich im Zelt schlief. Doch auch dieses Kind konnte ich nicht lieben. Ich versorgte es, tat alles, was nötig war, doch mein Herz war hart und kalt. Und wieder wurde ich aufs neue vom Weinen tief durchgerüttelt. Nun wichen unter der Reikienergie auch diese Schleier. Und unter der schrecklichen Maske, in die ich in jenem Leben geflüchtet war, fühlte ich, wie es mir damals wirklich ging. Meine Maske, meine Härte, mein Stolz und meine Arroganz waren die einzigen Krücken, die ich gefunden hatte. Ich konnte mich selbst nicht ertragen, verachtete mich selbst so zutiefst, fühlte mich der Liebe meines Mannes so unwürdig, so unwert, daß ich sie unmöglich annehmen konnte. Ich empfand die erneute Mutterschaft als einen Hohn. O Schmerz, o Einsamkeit, o Strafe Gottes. Ich wurde steinalt.

Und die Tränen, die ich vor so langer Zeit hätte weinen sollen, quollen nun heraus aus mir und begannen, aufzulösen und zu heilen. Doch es sollten noch viele Monate vergehen, und es bedurfte des Auftauchens noch so mancher karmischer Bilder, bis ich mich lösen konnte und bereit war, wirklich zu vergeben, allen Seelen, auch mir selbst, und die Gnade Gottes, die mir zufloß, anzunehmen.

Als ich von Trogen heimfuhr, schwebte ich in einer anderen Dimension. Das Tor der Zeit, das wohl schon lange nur noch angelehnt war, hatte sich nun vollends aufgetan, und der Blick zurück ermutigte mir auch den Blick nach vorne. Und ich wußte, es wird Zeit, mich von manchem zu lösen. Ich beschloß, mein Kaffeehaus zu verpachten. Ich wollte mit den Menschen arbeiten, bei der Befreiung aus ihrem selbsterwählten Schicksal mithelfen. Und ich verstand nun die Bilder von Ägypten, die Prozessionen der Frauen, Männer und Kinder, die gebunden an ihr Leid an mir vorüberzogen. Vater im Himmel, Du zeigst mir, was zu tun ist, ich danke Dir. Ich wußte, ich werde den Reiki-Meister machen und mit Reiki, Meditation und Reinkarnationsanalyse die Menschen ans Licht führen – »In und für Liebe, Harmonie und Frieden, nach dem Willen Gottes« – wie ich es mir mit meinem Kosmologenleitsatz erwählt habe.

Ich fuhr mit dem Auto von der Autobahn ab, auf einer schmalen Landstraße entlang, bis ich einen schönen Weg entdeckte, wo ich ein wenig in der frischen Luft spazierengehen wollte. Ich wollte nicht so schnell heimfahren. Ich war für den Lärm und das Getriebe im Café und die Begegnung mit den Menschen in ihrer festen Alltagsschwingung noch nicht bereit. Mein ganzer Körper fühlte sich an wie eine offene Wunde. Meine Seele war ungeschützt und bloßgelegt, und tiefe Gefühle der Liebe flossen in mir den Seelen zu, denen ich sie so lange vorenthalten hatte. Die zarte Frühlingssonne umhüllte mich schützend. Ich hatte die

Musik von Offenbachs Barcarole noch im Ohr und summte die Melodie vor mich hin. Wie immer in meinem Leben, wenn meine Gefühle nach Heilung schrien, wiegte ich mich vollkommen ein in Musik. So hatte ich auch für die Fahrt im Auto eine Kassette mit lauter lieblichen Klassikschnulzen gewählt. Ach, ihr großen Musikerseelen, ihr habt erkannt, worum es geht und habt Gott das wahre »Opfer« dargebracht. Eure göttliche Musik, Gott zur Ehre und den Menschen zum Heil erklingt sie. Wie konnten wir je nur glauben, daß Gott ein Menschenopfer will, wie konnten wir je nur glauben, daß er überhaupt ein Opfer will? Woher kommt das, wie sind wir da hineingeschlittert?

9

Heute weiß ich, daß ich in diesen ersten Monaten meiner neuen Arbeit zu eifrig und in überschwellender Begeisterung meinen Mitmenschen von Reiki und sogar von Reinkarnation erzählt hatte. Sie konnten nicht verstehen, was ich verstand. So stiftete ich viel Verwirrung in unserem kleinen Dorf. Bald gingen die Meinungen der Leute, und vor allem derjenigen, die mich am wenigsten kannten, stark auseinander, und wilde Gerüchte tauchten auf. Die einen meinten, ich sei bei einer Sekte, die anderen, ich habe gar selbst eine Sekte begründet. Für wieder andere war es Hokuspokus, was ich trieb, und so gingen die Thesen, die sie sich machten, wild auseinander. Die Schuld an Scheidungen wurde mir zugeschoben, und die Männer bangten, daß ihre Frauen, die zu mir kamen, zu unabhängig und selbständig werden würden. Vieles war einfach dummes Gerede von Leuten, die sich nicht die Mühe machten, Wissen anzuerkennen oder sich gar selbst welches zu verschaffen, indem sie wenigstens ein paar Bücher lasen. Manches war aber auch Verleumdung und Intrige und direkt gegen mich gerichtet. So hielt sich über Monate die Behauptung im Dorf aufrecht, ich sei Schuld an der Scheidung eines bestimmten Ehepaares. Sogar unser Pfarrer sprach mich darauf an. Doch ich konnte ihm nur sagen, daß gerade dieses Ehepaar, weder er noch sie, jemals bei mir gewesen war oder an einem Seminar teilgenommen hatte.

Ich hatte mich zwar, sobald mir die Vorgänge bekannt wurden, dazu entschlossen, mich schlichtwegs nicht um dieses Geschehen zu kümmern, doch es war nicht immer leicht. Ich wußte, es war nicht mein Problem, sondern das Problem derer, denen es Freude machte, darüber zu reden. Ich legte alles in Gottes Hand und vertraute darauf, daß ich und Reiki den richtigen Weg finden würden.

Doch wie gesagt, mir war das Gerede nicht von Anfang an bewußt. So stand ich am 15. August des laufenden Jahres fassungslos mitten unter den Menschen in unserem Dorf. An diesem Tag findet bei uns immer das gesellige Schloßplatzfest statt, das schon Tradition hat. Eigentlich hatte ich mich auf dieses Fest gefreut und wollte daran teilnehmen. Seit etwas mehr als einem Monat hatte ich nun nämlich das Schloß-Café verpachtet und freute mich, erstmals frei und als Gast an dem Fest teilnehmen zu können. Doch was mir begegnete, waren abweisende Gesichter, bestenfalls sehr herablassende Grußworte, und einige wendeten sich ab, als hätte ich die Pest. Ich schaute mich um und konnte es nicht glauben, wollte nicht wahrhaben, was ich fühlte. In meiner abgeschlossenen Lebensweise war mir die Haltung der meisten Leute nicht aufgefallen und bewußt geworden. Dabei hatte ich Zuspruch genug. Gleich nach Trogen hatte ich begonnen, Rückführungen zu machen und gab Reikibehandlungen. Ich war bereits in der Reiki-Meister-Ausbildung und organisierte Reiki-Seminare. Die Menschen kamen, meist Frauen, doch vereinzelt auch Männer, aus unserer Umgebung und auch oft von weit her, und ich fühlte, daß diese Menschen meine Arbeit schätzten.

Doch nun stand ich inmitten der breiten Masse. Das gibt es doch nicht, dachte ich, und gewohnt, auf Menschen zuzugehen, steuerte ich einen Tisch mit mir gut Bekannten an und fragte, ob ich mich dazusetzten dürfe. Natürlich wurde mir das nicht abgeschlagen, dafür aber mußte ich alle möglichen spöttischen Kommentare ertragen, wegen der Verpachtung und meiner neuen Arbeit. Jeder Versuch von mir, offen zu sprechen und ihre Sticheleien ehrlich zu beantworten, ging in ihrem alkoholschweren Gelächter unter. Sie hatten ihre »Gaudi« auf meine Kosten. Ich zahlte und ging. Nein, ich werde mich von euch nicht vertreiben lassen, dachte ich, und fand Frauen, die zu mir in die Seminare kamen. Da wurde ich zwar liebevoll aufgenommen, doch schon bald mußten fast alle an diesem Tisch zahlen und hatten es auch eilig, in andere Gesellschaft zu kommen. »Entschuldige, Karin, mein Mann toleriert zwar, daß ich zu dir gehe, aber er will nicht, daß die anderen das wissen. Du weißt schon … das Gerede!« flüsterte eine der Frauen mir noch schnell zu. Ja, nun wußte ich.

Traurig ging ich in meine Wohnung. Da man es bei so einem Fest in meiner Wohnung mit der dröhnenden Lautstärke nicht aushalten kann, schnappte ich alsbald eine Decke und gutes Schuhwerk und machte mich auf, um in die Natur hinauszufahren. Bald ließ ich das Auto stehen und ging quer durch den Wald hinauf auf eine Lichtung zu.

Ich setzte mich auf meine Decke in die Sonne. Ich hatte in der Eile vergessen, ein Buch mitzunehmen, und so kamen meine Gadanken immer mehr ins Fließen. Mir wurde bewußt, wie schnell sich meine veränderte innere Haltung nun im äußeren Leben bemerkbar machte. Meine ganze Lebenssituation hatte sich komplett verändert. Das Kaffeehaus hatte sich gänzlich von alleine verpachtet. Es war so schnell gegangen, daß ich selbst überrascht war. Nachdem ich mich ja erst dazu entschlossen hatte, als ich von Trogen zurückfuhr, hatte es kaum einen Monat gedauert, bis sich mein Pächter bei mir meldete.

Ich erinnerte mich mit einem Schmunzeln an den Abend, irgendwann um Ostern. Ich hatte selbst Schlußdienst gemacht und wollte gerade zusperren, als noch ein Auto vorfuhr. Wolfgang, ein mir flüchtig Bekannter, wollte noch einkehren. Er sagte: »Ich habe gerade Saisonschluß gemacht und bin extra zu dir hergefahren. Du kannst mich doch jetzt nicht raussperren. Komm, trink ein Glas Wein mit mir, ich lade dich ein.«

»Na gut, Wolfgang, komm herein, wenn es dich nicht stört, daß ich nebenbei sauber mache«, sagte ich und hielt ihm die Tür auf. Ich polierte noch die restlichen Gläser und reinigte die Bierschankanlage. Wir kamen mehr und mehr ins Plaudern. Er erzählte, er habe seine letzte Wintersaison als Koch gearbeitet und wolle sich nun auch selbständig machen, und er habe vor, ein Lokal zu pachten. Nun war ich aber sehr hellhörig geworden und befragte ihn näher zu seinem Vorhaben. Ich erinnerte mich jetzt gut, wie ich dann den Putzlappen weglegte und unter einem Vorwand im hinteren Bereich der Schank verschwand. Ich mußte meine Hände falten und für einen Moment meine Augen schließen und tief nach innen horchen. Herr, ist das ein Wink von dir? Ist die Zeit wirklich reif? Sind die Hände von Wolfgang die richtigen Hände für mein doch sehr geliebtes Kaffeehauswerk? Und ich sitze noch nicht fest im Sattel meines neuen Berufs. Wird das wohl gehen? Doch ich wußte, wie sollte ich ein anderes Ufer erreichen, ohne das alte loszulassen. Meine innere Stimme sprach in Ruhe und Sicherheit zu mir. Da faßte ich den Entschluß, wandte mich um und ging zu Wolfgang zurück. Als ich ihm nun mitteilte, daß unser Gespräch wohl eine seltsame Fügung sein könne, da ich entschlossen sei, das Café zu verpachten, mußte er wohl sichtlich vor Aufregung schlucken, doch er blieb sehr gefaßt und begann eigentlich sofort, mit mir Näheres auszuhandeln. Wir wurden bald einig, und mit dem 1. Juli hatte ich dann meinen Betrieb bereits übergeben.

Mir wurde nun doch in der Sonne zu heiß, und ich suchte den Schatten der Bäume. Da wurde ich auf ein Eichhörnchen aufmerksam. Es saß nicht weit von mir und starrte mich neugierig an. Ich war ihm sichtlich zu nahe gerückt, und es wußte nicht recht, ob es nun fliehen müsse. »Bleib doch«, sagte ich leise, »ich tue dir nichts.« Vorsichtig, denn ich wollte es nicht vertreiben, legte ich mich zurück auf den weichen Waldboden und legte mir meine Hände auf den Kopf. Ich wollte die Ruhe für eine Reiki-Eigenbehandlung nutzen, und es war auch eine gute Gelegenheit, über einiges nachzudenken, doch bald war ich in der wohligen Reikischwingung tief eingeschlafen. Als ich meine Augen aufschlug, saß das Eichhörnchen unmittelbar vor mir auf der Decke. Na, du neugieriger Fratz, dachte ich, hast mir wohl beim Schlafen ins Gesicht gesehen? Und nun sprang es doch schnell davon und erkletterte in Windeseile den nächsten Baum.

Ich mußte wohl lange geschlafen haben, denn die Sonne stand schon tief, aber es war noch so schön hier in der Stille, ich wollte nicht zurück in die lärmende Menschenmenge. Zu schade, dachte ich, daß ich keinen Schreibblock mitgenommen habe, hier hätte ich die nötige Ruhe, um Elke einen Brief zu schreiben und ich dachte an die schöne Zeit, die ich mit Elke verbracht hatte, als sie unlängst wiedereinmal bei mir zu Besuch war. Elke hatte gerade vor einiger Zeit selbst den Reiki-Meister gemacht, und mir wurde bewußt, daß sie es war, die mir diese Lichtenergie ins Haus getragen hatte. Sie redet nicht über Reiki, sie geht einfach damit herum und läßt es wirken, dachte ich, das muß ich auch noch lernen, ich rede noch immer zuviel, und das Fasten des Herzens fiel mir wieder ein: » ... bleibe in ihrer Mitte, denn du kannst nichts anderes tun, als einer von ihnen zu sein ...« Also gut, seufzte ich innerlich und raffte mich auf. Runter in den Tumult und zwischen all den Bankreihen und Blicken hindurch, und freundliches Grüßen darfst du nicht vergessen. Demut ist angesagt.

Die Zeit verging wie im Fluge. Der Herbst war schnell vorüber, und der Winter brach herein. Am 2. Januar des neuen Jahres erhielt ich meine Meistereinweihung von Elke. Oft hatte ich voller Aufregung zuvor darüber nachgedacht, wie das sein würde. Nun, es wahr sehr ruhig, sehr einfach, ganz selbstverständlich. Sehr leicht und wunderschön. Und genau so ruhig, genau so einfach, so selbstverständlich, so leicht und schön gestalteten sich meine rasch aufeinanderfolgenden Seminare. Ich hatte Arbeit, Arbeit und nochmals Arbeit. Es erfüllte mich, es begeisterte mich und es machte mich tief glücklich. Die inneren Erkenntnisse berührten mich oft sehr tief, und es gab Abende, an denen ich zwar körperlich müde, aber geistig hellwach, lange in meinem Bett saß und nicht schlafen konnte, da ich, in tiefster Dankbarkeit berührt, den erlebten Tag mit seinen Wundern immer wieder an mir vorüberziehen lassen mußte. Herr im Himmel, ich wollte einmal mein Leben wegwerfen und du beschenkst mich nun so reich. Läßt mich hindurchblicken durch die Wirrnisse der Welt und dahinter deine weise Führung erkennen, wie dankbar bin ich dir. Und hatte ich früher das Vaterunser mit flehender Ehrfurcht gebetet, so betete ich es nun mit heller Freude und Innigkeit, und es hatte auch längst schon eine neue Dimension angenommen.

Vater Unser, der Du bist im Himmel ..., mein Vater wie der Vater aller Menschen, der mir vertrauten, der von mir geliebten, gleichermaßen wie der mir fremden Menschen, der Menschen, die ich noch nicht verstehen kann. Unser aller Vater bist Du, und so kann ich mich auch immer an Dich wenden, wenn Fremdes, Unverständliches mir begegnet. Weiß ich doch, daß Du da bist und in Deine Hände kann ich jedes Problem legen, das mich oder irgend einen anderen Menschen betrifft. Für uns alle Menschenkinder bist Du gleichermaßen da. Unser Vater, für Europäer, Russen, Amerikaner, für Chinesen und Neger, für Indianer. Für die guten Bürger, die Gerechten bist Du der Vater aber auch für die Gestrauchelten, die Diebe und Betrüger, die machtlüsternen Gesellen, die über andere verfügen, gebieten und herrschen, der Vater bist Du von uns allen. Gib uns das Bewußtsein, daß Du Unser aller Vater bist, DER DU BIST IM HIMMEL. Im Nirvâna, im Tao oder T'ien. Der Du also bist im Reiche der Liebe, der Vollkommenheit, der Einheit, wo es keine Grenzen mehr gibt zwischen Moslems und Christen, zwischen Buddhisten, Freimaurern, Rosenkreuzern oder Bhagwan-Anhängern, zwischen Armen und Reichen, zwischen Zivilisierten und Primitiven. Vater Unser, der Du bist in dem Himmel, in den wir alle einmal aufgenommen werden wollen ... GEHEILIGT WERDE DEIN NAME, whole, ganz, vollkommen, holy, heilig ist Dein Name, so vollkommen, daß wir Dich nie wirklich ganz benennen können, sondern immer nur rufen nach Dir. Gott, Allâh, Vishnu oder Shiva, Râm, Shang-ti, Jahve, Âtman oder Manitu und wie immer Du in tausend Namen gerufen wirst, geheiligt seien sie uns alle Deine Namen. ... DEIN REICH KOMME, Deine Vollkommenheit, Deine Einigkeit, Deine Harmonie, Deine Liebe, Deine Fülle, Deine Gnade, Dein Licht, Dein geheiligter Geist komme zu uns ... DEIN WILLE GESCHEHE, Deine heilige Ordnung und Deinen Frieden bring uns, aber auch alles, was uns dazu dient, uns weiter zu entwickeln, voranzubringen zu Dir auf unseren Bewußtseinspfaden. Sei mit Deinem Willen unser Lehrmeister und führe uns heran, auch an das, was wir nicht gerne sehen, auch an das, was uns noch Leid und Zweifel bereitet. Wir nehmen es an, da wir wissen, Du führst uns zu Dir in die Vollkommenheit, in die Liebe ins Licht! ... WIE IM HIMMEL, SO AUF ERDEN, wie oben so unten, wie innen so außen, lehre uns die

Gesetze der himmlischen, der kosmischen Vollkommenheit! ... UNSER TÄGLICHES BROT GIB UNS HEUTE, Herr, gib uns, was wir zum Leben brauchen. Speise unseren Körper, aber auch unsere Gefühle, unsere Seele, wir wollen Dir ganz und gar vertrauen, daß alles im Überfluß da ist, wessen wir wirklich bedürfen, nimm hinweg unsere Angst, die uns abdrängt von Deiner unerschöpflichen Quelle ... UND VERGIB UNS UNSERE SCHULD, die Fehler, die wir gemacht haben, hilf uns, daraus zu lernen und nimm hinweg und erlöse uns von den Banden, in die wir uns gegenseitig verstrickt haben ... WIE AUCH WIR VERGEBEN UNSEREN SCHULDIGERN, wie auch wir vergeben und verzeihen jedem, der uns Schmerz, Leid oder Unrecht angetan hat. Wie wir auch jenen vergeben, denen wir in unseren Gedanken noch soviel Schuld zuzuweisen geneigt sind. Hilf uns, nicht zu urteilen und nicht zu verurteilen, die, die heute noch morden und rauben und Kriege heraufbeschwören, die schachern und Wucher treiben. Gib uns die Kraft, Vergebung zu üben. Wenn Du allen vergibst, da Du ja unser aller Vater bist, wie schmerzlich es ist für uns, wenn wir selbst nicht vergeben können einem Menschen, den Du schon in Deine Göttlichen Arme genommen hast, und nun Deine Arme nach uns ausstreckst, und wir können nicht kommen, da wir dem anderen in Deinen Armen noch nicht vergeben haben. Hilf uns, liebe Du gütiger Gott, heute diejenigen besonders, die wir nicht verstehen können und noch ablehnen müssen, liebe diese Menschen für uns doppelt gut, damit wir ihnen morgen vergeben können ... UND FÜHRE UNS IN DER VERSUCHUNG, führe uns bei unseren Versuchen zu leben. Wir wissen, daß Du uns immer wieder die freie Wahl gewährst, das Leben auszuprobieren, zu erfahren, zu erproben. Führe uns bei unseren Versuchen, laß uns Deine geheiligten Zeichen und Weisungen verstehen, erleuchte unseren Weg ... UND ERLÖSE UNS VON DEM BÖSEN. Erlöse uns von allem, gütiger Gott, was Dunkel ist und uns unfrei macht und uns hindert, die Liebe zu leben und das Licht in die Welt zu tragen. Erlöse uns von den dunklen egoistischen Gedanken, von Neid und Habsucht, dem Konkurenzdenken und all unserer Besserwisserei und unserer Selbstherrlichkeit … **denn Dein ist das Reich und die Kraft und die Herrlichkeit in Ewigkeit, Amen.**

Vater Unser, du bist in mir, wie in uns allen! Laß mich dich in mir und in allen meinen Brüdern und Schwestern finden … öffne und entfalte unseren göttlichen Funken … laß die Herrlichkeit, das lichte Wesen in uns sich offenbaren …

Wenn ich so betete, dann wurde mir bewußt, daß mit meinen Erkenntnissen, mit meinen tiefen Gefühlen, mit der Liebe und dem Licht, das ich empfand, gleichzeitig auch alle anderen, alle Menschen berührt wurden, die mir bekannten und die mir unbekannten. Wurde mir bewußt, daß jede Erkenntnis, jedes liebevolle Schwingen, das ich erfahre, der ganzen Menschheit widerfährt. O Gott, o göttlicher Funke, heiliger Erzengel Michael, o Gebet, o Reiki, o Dankbarkeit! Meine einsamsten Nächte haben mich am tiefsten mit allen in Liebe vereint.

Waren auch diese nächtlichen Stunden oft Momente glücklicher Ewigkeit, so trug doch ein jeder neue Morgen des Lebens Vielfalt und Möglichkeiten wieder frisch an mich heran. Täglich hieß es, neu aufzustehen, die wohlige, schützende und allumfangende nächtliche Wärme und All-einigkeit zu verlassen und mit neuen Schritten unbekannte Wege zu erproben. Es lockte der neue Morgen mit seinem Licht, Versuch und Versuchung mit lebensbejahender Frische anzunehmen.

10

Ich räkelte mich wohlig im Autositz zurecht und war gerade dabei, den Hebel zu suchen, um den Sitz ein wenig in Liegeposition zu verstellen, als Harald den Wagen sehr scharf abbremsen mußte. Wir fuhren gerade auf der Autobahn vom Brenner kommend Richtung Italien, und es gab eine Baustelle nach der anderen, die rechte Spur war fast nicht befahrbar. Eben war in so einer Engstelle ein Baufahrzeug von der Baustelle knapp vor uns auf die Autobahn herausgefahren. »Na, der hat Nerven«, meinte mein Begleiter kopfschüttelnd und sah dann zu mir herüber. »Möchtest du den Sitz weiter zurückstellen?«

»Ja, aber bei so noblen Autos kenne ich mich nicht aus«, sagte ich in neckendem Ton.

»Bei den vielen Kilometern, die ich im Jahr fahren muß, brauche ich ein bequemes Auto«, mußte sich Harald, ganz Geschäftsmann, gleich verteidigen und stellte mir nebenbei den Sitz zurück, »und vielleicht ist dir das jetzt auch angenehm? Bist du müde?«

»Ja, so langsam spüre ich doch die Müdigkeit kommen«, gab ich zur Antwort und fragte zurück, »und du, bist du nicht müde? Du hast ja auch kaum geschlafen, wie mir nicht entgangen ist.«

»Wie auch hätte ich neben der Energie, die du versprüht hast, schlafen können?« fragte er mich lachend und gab mir einen zärtlichen Schubs.

»Na ja, zugegeben, ich war wirklich sehr hungrig, aber schließlich war es wieder einmal mehr als ein ganzes Jahr ...« sagte ich und zog meine Beine auf den Sitz und eng an mich heran.

»Weißt du, ich bin eigentlich erstaunt, denn ich dachte, Sexualität ist ein schwieriges Thema für dich.« Harald schaute mich von der Seite an und sagte etwas unsicher: »Da habe ich mich aber wohl gründlich geirrt.«

»Ja, wahrscheinlich«, sagte ich lachend, »du dachtest wohl, weil ich allein lebe und dir gegenüber immer eine gerade Linie vertreten habe, sei ich prüde und männerscheu, oder?«

»Na ja, ich dachte, es würde schwierig werden«, meinte er ausweichend.

»Ach, ich bin ja auch unsicher, Harald, ich weiß nicht, ob es richtig ist von mir, mich auf dieses Spiel mit dir einzulassen. Erstens bin ich älter als du, und zweitens besteht bei mir die Gefahr, daß ich, wenn ich mich einmal öffne, diese Dinge zu ernst nehme. Und ich weiß nicht recht, ob ich dich ernst nehmen kann und soll? Schließlich kenne ich ja deine wankelmütige Einstellung zu Frauen«, sah ich ihn nun fragend an.

»Ich bin bereit zu lernen, das weißt du. Und es ist schön, mit dir auf Urlaub zu fahren, Frau Reiki-Meisterin«, gab er ausweichend zur Antwort, und meine innere Stimme meldete mir, was ich sowieso wußte, daß es nämlich keine klare Sache war, auf die ich mich da einließ.

»Hast du dich auch wirklich von deiner Freundin getrennt?« fragte ich deshalb nach.

»Ja, für mich ist es geklärt und beendet«, gab er mir zur Antwort, genau wie bei unserem Telefongespräch, als ich dasselbe fragte, bevor ich endgültig die Zustimmung zu diesem Urlaub abgab.

»Na, hoffentlich«, sagte ich, »ich möchte mich nämlich nicht mehr auf so unklare Angelegenheiten einlassen.«

»Wie willst du Klarheit über deine Gefühle bekommen, wenn du dich nicht einlassen willst?« sagte er ernst, »und ich zitiere deine eigenen Worte: Wir begegnen nicht dem Traumpartner, sondern es ist ein Weg, ihn im anderen zu entdecken und ihn in sich selbst wachzurufen! Erinnerst du dich?«

»Ja, Harald, ich erinnere mich gut, und ich denke, es wird ein schöner und spannender Urlaub mit dir. Wir werden noch viel diskutieren, doch jetzt bin ich wirklich müde und möchte ein bißchen die Augen zumachen und vor mich hindösen. Stört dich das?« fragte ich.

»Nein gar nicht, Karin, schlaf ruhig. Ich wecke dich, bevor wir vor La Spezia von der Autobahn abfahren. Ich möchte nämlich von hinten, über die Berge, ins Cinque Terre hineinfahren. Du wirst sehen, das ist wunderschön.«

Nun gut, er hat ja recht, dachte ich, wenn ich mich nie auf eine Beziehung wirklich einlasse, kann auch nie eine entstehen. Jetzt fahren wir einmal in Urlaub, das wird sicher schön, und dann können wir immer noch weitersehen. Und mit Harald, das hatte einen großen Vorteil, wir kannten uns nämlich schon sehr lange und sehr gut, und unsere Freundschaft würde dieser Prüfung sicher standhalten, auch wenn die Beziehung vielleicht nicht halten würde.

Ich war von unserem Urlaubsziel begeistert. Harald hatte mir nicht zu viel versprochen. Wir waren auf einer schmalen, schlechten Straße auf einem Umweg an die Küste herangefahren. Hoch oben in den Bergen fiel die Küste an manchen Stellen steil ab, und der Wald gab den Blick frei auf das tiefblaue Meer und seine romantischen, in die Felsen eingeschmiegten Buchten. Ich mußte aus dem Auto aussteigen, tief die würzige Luft einsaugen und meinen Blick über diese zauberhafte Landschaft gleiten lassen. Ich ging ein paar Schritte von der Straße weg bis zu den steil abfallenden Felsen. Naß und weich gab die Erde unter meinen Füßen nach. Es mußte geregnet haben, doch nun schien wärmend die nachmittägliche Frühlingssonne, und der satte Duft der üppig sprießenden Kräuter und Farne lag in der Luft. Urlaub, wie herrlich!

»Oh, ist das schön hier«, rief ich begeistert aus, »und der Ort da unten, malerisch wie im Märchen. Ist das Riomaggiore?«

»Nein, ich glaube, das ist Monterosso, ja, das dürfte stimmen. Riomaggiore liegt da hinter der Bucht, wo du gerade das kleine Schiff siehst, und irgendwo hier dazwischen ist Vernazza. Wir sind einen Umweg gefahren, aber ich glaube, das zahlt sich aus, oder?« fragte mich Harald, und ich konnte ihm nur begeistert zustimmen. Ich konnte mich nicht satt sehen an der Schönheit dieses Küstenstreifens.

»Und da unten gibt es wirklich keine Straße, die die Orte verbindet?« erkundigte ich mich nochmals.

»Nein, nur die Eisenbahn, und die fährt meist durch Tunnels. Du wirst sehen, wir können hier sehr schöne Wanderungen an der Küste entlang machen und dann am Abend mit der Bahn zurückfahren, oder umgekehrt. Hast du gute Schuhe eingepackt? Die Wege sind ziemlich schmal und steil.«

Ja, ich hatte gute Schuhe eingepackt und freute mich wirklich auf diesen besonderen Urlaub, einmal nicht alleine, wie sonst immer.

Später stand ich dann auf der entzückenden Dachterrasse unseres Appartements, mitten in der Altstadt von Riomaggiore gelegen, und blickte über die verspielte Dachlandschaft und in die schmalen Gassen hinab. Die tiefliegende Sonne warf bereits lange Schatten, und die ineinander verschachtelten Konturen des Altstadtbildes traten dadurch noch verstärkt hervor. Schmale Häuser mit Erkern, vor- und zurückspringenden Terrassen, verwitterte Mauern, rote Ziegel, von der Sonne ausgebleichte blaue Fensterläden, grüne Pflanzen und bunte Wäsche, typisch italienisch und doch noch viel mehr. Ich schloß meine Augen, hielt mein Gesicht in die Abendsonne und fühlte der Schwingung des Platzes nach.

»Du hast dir ja etwas richtig Besonderes einfallen lassen für unseren Urlaub!« sagte ich.

»Ja, ich weiß auch, wo es schön ist«, meinte er lachend und klappte zwei von den Liegestühlen auseinader. »Wie ich mir denke, bleibst du lieber hier oben in der Sonne als unten in ein Café zu gehen. Ich werde uns zwei Cappuccino heraufholen, magst du?«

»Ja, gerne.« Ich ließ mich in den Liegestuhl sinken und genoß es, so umsorgt und verwöhnt zu werden. Wie gut, daß ich mir endlich auch Zeit für mich selbst nahm.

Wir hatten diese ersten Urlaubstunden der Ruhe in der Abendsonne sehr genossen und uns dann intuitiv für eines der Fischrestaurants am Meer entschieden. Unser Gefühl hatte uns gut geführt, es war ein sehr einfaches, gemütliches Lokal mit einer ausgezeichneten Küche, und wir blieben dem fröhlichen Wirt, seiner grantigen Frau und den köstlichen Fischspezialitäten die ganze Woche lang treu. Als Harald und ich nach dem Essen gut gelaunt die steilen Stufen hinaufstiegen, begleitet vom Rauschen des Meeres und auch vom Getöse eines gerade aus dem Tunnel herausfahrenden Zuges, und in die etwas breitere Straße einbogen, befanden wir uns plötzlich in einem gänzlich anderen Schwingungsfeld.

Eine vor sich hinmurmelnde Prozession aus grauen Gestalten bewegte sich in Zweierreihen die Straße hinauf und hinunter. Ein nächtliches Begräbnis? Nein, es war ja Karfreitag, daran hatte ich nicht gedacht. Schon hatte die betende Prozession uns aufgenommen. Ich hob den Blick, und er fiel geradewegs auf eine Marienstatue in leidverzerrter Haltung mit drei Pfeilen im Herzen, mystisch erleuchtet von den flackernden Kerzen der Menschen ringsum. Wie die Tarotkarte, die Drei der Schwerter, schlug mir das Bild entgegen. Kein gutes Omen für eine beginnende Liebesgeschichte, konnte ich mich des Gedankens nicht erwehren. Dann fiel mein Blick auf das dunkel und drohend aufragende Kreuz, das hinter der Marienstatue folgte, mit dem gepeinigten Jesus, genauso gespenstisch beleuchtet.

Ein eigenartiges Gefühl beschlich mich, und ich fühlte mich nicht wohl inmitten der dunkel gekleideten Menschen mit meinem strahlend weißen Frühlingsblazer, der hell das Kerzenlicht zurückwarf. Ich war froh, als wir endlich unsere Haustür erreicht hatten.

»Das war jetzt aber schon sehr eigenartig«, bemerkte da auch Harald.

»Komm«, ich muß mir diese eigenartige Prozession noch von oben ansehen«, sagte ich, und wir traten auf die Terrasse hinaus. Kopfschüttelnd betrachtete ich die im Kreis marschierenden, murmelnden Menschen mit den kitschigen Statuen. Das ist grotesk, tragisch komisch, welch ein verzerrtes Glaubensbild. Dieser nächtliche Kreuzweg in dieser schmalen Gasse trug eine zur Farce erstarrte Frömmigkeit zur Schau – mutete mich an, wie ein verstaubtes Theaterstück, das mit verbissener Beharrlichkeit immer noch gespielt wurde. Keiner hatte den Mut, es endlich vom Spielplan abzusetzen, um dem lebendigen Glaubensfunken im Herzen nachzuspüren und ihn zur Entfaltung und Auferstehung zu bringen. Die Menschen schienen nämlich vergessen zu haben, warum sie hier herumgingen, erblindet für die Pracht und Lebendigkeit des lebenden Gottes. Bestenfalls ahnten sie noch hinter tausend Schleiern am äußersten Rand ihres Himmelsgewölbes seine lebendige Existenz, ferne, unerreichbar ferne. Und doch lag eine Wehmut, eine naive, ehrfurchtsvolle Bereitschaft über dem ganzen, ein kindliches Sehnen, das scheu hinter der gewohnten Staffage hervorzuspähen schien, des Wunders harrend.

Ich mußte tief durchatmen, und einen Moment lang hatte ich das Gefühl, Gott hätte mir die herrlichste und berührendste Stimme der Welt verliehen, und wenn ich sie jetzt gebrauchen würde, dann würde ich mit dem Schrei meines Herzens die Welt aus ihren verrosteten Angeln heben: »Gott lebt! Seht doch, hebt eure Herzen in den Himmel, Gott lebt!« Und mein innerer Aufschrei hallte stumm durch die Nacht. Ich sah unter mir einige Menschen, die, einem Impuls folgend, das Gesicht anhoben, um den Blick suchend ins nächtliche Firmament zu richten. O Herr, berühre sie wie mich, erbarme Dich unser! Und nun mußte auch ich den Blick heben, und tief saugte sich die Sehnsucht meines Herzens an den funkelnden Sternen fest, die in heiterer Gelassenheit über dem menschlichen Karfreitagsspiel schwebten.

»Was ist das nur für eine Welt in der wir leben, Harald. Bist du sicher, daß wir uns im zwanzigsten Jahrhundert befinden? Ich habe das Gefühl, ich bin hier im Mittelalter. Machst du eine Zeitreise mit mir, hm?« fragte ich nach einer Weile und wollte mich von den Karfreitagbildern lösen.

»Komm, laß uns hineingehen, es wird allmählich kalt hier draußen«, sagte ich deshalb, und mit der Terassentür schlossen wir uns von der Außenwelt ab.

Schöne Tage folgten. Wir machten lange Wanderungen an der Küste entlang, von Ort zu Ort. Steil hinauf in die Berge führte der Weg und wieder tief hinab bis ans Meer. Ich genoß diese romantische Küstenlandschaft mit ihrer üppigen Frühlingsvegetation sehr und auch das viele Gehen. Ganz nach Lust und Laune machten wir Rast in kleinen Lokalen oder einfach auf den Klippen am Meer. Immer wieder gerieten wir in lange und intensive Diskussionen.

So erinnere ich mich an ein Gespräch, das wir aneinadergelehnt auf den Felsen sitzend nahe dem Meer führten, den Kopf der Sonne zugewandt. Wie schon des öfteren waren wir beim Thema Liebe gelandet.

»Treue bedeute für mich, in erster Linie Treue zu sich selbst zu halten. Meinen eigenen Gefühlen treu zu bleiben, meiner eigenen Wahrheit. Wenn ich wirklich Liebe empfinde, dann bleibe ich dieser Liebe treu, ganz einfach«, sagte ich.

»Was dann nicht notwendigerweise auch sexuelle Treue bedeuten muß, oder?«

»Ja genau, nicht bedeuten muß, meist aber doch wird. Dann zumindest, wenn wir in der Lage sind, Liebe gemeinsam zu leben und zu erleben. Warum sollten wir dann auch mit jemand anderem schlafen?«

»Na, du sprichst da wieder einmal von einem Idealzustand, den du selbst noch nicht erreicht hast…«

»Den ich aber auch noch nie aus den Augen verloren habe«, fiel ich Harald ins Wort.

»Du hast recht, die Ideale sind weit weg, leider. Doch wie siehst du das, wie ist das für dich?« meinte er.

»Ich habe versucht, oder besser, ich bin noch dabei, lieben zu lernen und zwar bedingungslos lieben zu lernen. Ohne Anspruch auf Besitz und ohne Abhängigkeit. Ich versuche, Raum für Liebe zu schaffen in meinem Leben. Und das nicht nur für einen Menschen, sondern für alle Menschen, die mir begegnen«, sagte ich nachdenklich.

»Du meinst, das geht?«

»Ja, irgendwann geht es«, antwortete ich überzeugt, »es ist der Weg, Gott in dir zu finden. Und hast du den göttlichen Funken in dir erweckt, dann kannst du ihn in keinem anderen Menschen mehr leugnen.«

»Ja, wir haben schon viel über den spirituellen und göttlichen Weg gesprochen, theoretisch glaube ich auch zu verstehen, was du meinst, aber praktisch, wie soll es praktisch funktionieren?« gab Harald zu bedenken.

»Weißt du, was ich glaube, Harald? Wir verwechseln sehr oft Liebe mit Befriedigung. Wir sagen, ich liebe dich, und meinen, ich bin bereit, dich zu befriedigen. Bin bereit, mit dir zu schlafen und deinen Körper in den Orgasmus zu bringen, und das verwechseln wir mit Liebe. Ich bin vielen Männern begegnet, Harald, die mir das angeboten haben. Aber das ist nicht das, was ich will. Ich wünsche mir, geliebt zu werden. Ich will mit Körper, Geist und Seele glücklich sein. Ich fühle mich in meinem innersten Wesen beleidigt, wenn mir nur körperliche Befriedigung angeboten wird. Es ist dies eine Mißachtung der wahren Natur, die reich und wundervoll ist, in jedem von uns. Verstehst du?« sagte ich.

»Es klingt zumindest sehr schön, wenn du das so sagst«, sagte Harald.

Wir schwiegen eine Weile still und lauschten auf das Rauschen des Meeres.

»Ich denke, wir sollten lernen, das Animalische, das Triebhafte in uns nicht zu isolieren, oder auszugrenzen oder gar abzutöten und natürlich auch nicht, es dominieren zu lassen. Vielmehr sollten wir diese Instinktnatur liebevoll annehmen, in die Schwingung der Seele hineinnehmen und zähmen, verfeinern. Dann können wir damit leben«, nahm ich den Faden nach einer Weile wieder auf. So plätscherte unsere Unterhaltung dahin, und vieles wurde mir durchs Aussprechen neu bewußt. Es tat sehr gut, auch einmal mit einem Mann so offen zu reden. Harald schien es auch gut zu tun. Denn er blieb beim Thema, als wir dann in den frühen Nachmittagsstunden auf einer Terrasse bei Cappuccino und Kuchen saßen.

»Was ist eigentlich aus meinem Widderkollegen geworden? Dem Dirigenten, wie hieß er doch? Günther oder?« fragte er mich.

»Widderkollege ist gut, darüber würde er sich sicher amüsieren, wenn er dich hören könnte. Ich kann mich nicht erinnern, daß ich dir einmal erzählt habe, daß er Widder ist wie du?« fragte ich erstaunt zurück.

»Doch Karin, wir haben einmal über das Horoskop gesprochen, das du von euch hast machen lassen. Was ist aus ihm geworden?«

»Ich glaube, er ist noch in Lissabon, aber ich habe schon lange nichts mehr von ihm gehört …« Und ich dachte an den Brief, den ich Günther vor einem Jahr geschrieben hatte, bald nach Trogen, als ich versucht hatte, ihm unseren karmischen Zusammenhang zu erklären, und ihn gebeten hatte, mich auch innerlich frei zu geben für eine andere Beziehung. Aber ich hatte keine Antwort bekommen.

Ich spürte den forschenden Blick von Harald auf mich gerichtet, und wie immer, wenn ich an Günther dachte, mußte ich tief seufzen. Dann sagte ich, »Okay, Harald, du hast recht, wir sollten darüber reden.« Mein Blick war einer Möwe gefolgt und mit ihr weit über das Meer hinausgeschwebt.

»Also, ich höre«, drang nach einer guten Weile die Stimme von Harald sanft, aber eindringlich an mein Ohr.

»Ich liebe ihn, Harald«, sagte ich, und mein Blick suchte seine Augen, und ich dachte, ob er das verstehen konnte? »Ich liebe ihn sehr tief und sehr innig«, wiederholte ich leise.

»Das habe ich immer gewußt, Karin. Und diese Liebe wird nicht erwidert?« sagte er.

»Nein, sie wird nicht erwidert, nicht direkt«, gab ich zur Antwort, »und doch ist sie sehr wertvoll.«

»Das glaube ich auch, daß das sehr wertvoll ist«, sagte Harald und fügte hinzu, »ich denke, ich habe da eine Aufgabe dir gegenüber zu erfüllen. Da sollte etwas ins Rollen gebracht werden, meinst du nicht? Vielleicht sollten wir den nächsten Urlaub in Lissabon verbringen?«

Da ich nicht antwortete, meinte Harald schließlich: »Ich bin sicher, er hat sehr viel Angst vor Gefühlen.«

»Du kommst aber mit deinen Ängsten nun schon gut zurecht, oder?« fragte ich interessiert.

»Ja, eigentlich schon. In den letzten Monaten, seit dem Reiki-Clearing mit dir, habe ich eine gänzlich andere Sicht der Dinge bekommen. Ich bin viel offener geworden, und das nicht nur privat, sondern auch im Beruf. Es ist schon eine andere Welt, in die man da hineingeht«, gab er zur Antwort.

»Ja, die Welt der Seele, und das ist eine neue Dimension«, sagte ich.

»Ist es nicht ein bißchen so, daß du ihn noch so sehr liebst, daß für etwas Neues nicht so recht Platz ist?« meinte Harald und sah mich fragend an.

»So war es bis jetzt, da hast du vollkommen recht. Ich dachte immer, solange diese Liebe so stark ist in mir, muß ich eben dieser Liebe treu bleiben. Ich bin niemandem begegnet, der mich so tief hätte berühren können, wie er. Vielleicht ist er ein seelischer Lehrmeister für mich? Jetzt, da ich über unsere karmische Situation weiß, kann ich alles besser verstehen. Früher konnte ich ihn nicht an mich heranlassen, und jetzt fällt das eben auf mich zurück, und er kann mich jetzt nicht an sich heranlassen. So ist das, wir müssen die Suppe schon auslöffeln, die wir uns immer selbst eingebrockt haben«, sagte ich überzeugt.

»Du meinst, es liegt immer an uns und nie am anderen? Meinst du das wirklich ganz im Ernst?« fragte er.

»Ja, Harald, das meine ich vollkommen ernst. Es kommt absolut nichts so quasi zufällig von außen auf uns zu. Oft haben wir einfach etwas auszuleben, das in einem anderen Leben zu kurz kam. Das betrifft auch uns beide. Ich habe hier ein sehr eigenartiges Gefühl, das von Tag zu Tag zunimmt. Mir ist, als seien wir auf einer Reise in die Vergangenheit geraten. Glaubst du nicht, daß auch wir ein karmisches Band miteinander haben?« fragte ich.

»Sogar ganz bestimmt. Ich weiß ganz genau, du warst einmal meine Mutter«, sagte er mit unglaublich bestimmter Sicherheit.

Ich fuhr mit einem Ruck aus meinem Sessel hoch und schaute ihn erschrocken an: »Deine Mutter?« Damit hatte ich nicht gerechnet.

»Ja, das ist mein Gefühl«, bestätigte er ernst.

Ich war richtig betroffen und sagte: »Darüber muß ich nachdenken.«

»Ja, mach das! Magst du noch etwas trinken oder essen? Nachdem hier niemand kommt, werde ich hineingehen und noch etwas bestellen«, sagte Harald und lachte mir amüsiert in mein nachdenkliches Gesicht.

Ich sagte ihm, was er mir mitbringen soll, und lehnte mich dann wieder zurück und schaute aufs Meer hinaus. Ich und meine Mutterrolle, das war so ein Thema. Und ich sah wieder die Bilder, die bei einem Clearing mit Johanne in mein Bewußtsein getreten waren. Sah, wie ich mit meinem kleinen, neugeborenen Söhnchen über einen Acker ging, einen langen Feldweg entlang, stumm und stumpf, und schließlich bei dem Kloster ankam. Sah in die Augen der Klosterschwester, die mich anstrahlten und sah, wie sie liebevoll und dankbar das winzige Bündel annahm. »Gott segne dich«, oder so etwas Ähnliches hatte sie gesagt, dann hatte sie die Klostertür vor meiner Nase zugeschlagen. Und ich war den Feldweg wieder zurückgegangen, langsam und stumpfsinnig. Ich war Magd an einem Hof gewesen und war vom Mann der Hofherrin schwanger geworden. Sie hatten keine Kinder, und sie hätten das Kind gerne gehabt, doch das wollte ich nicht. Ich mochte die Frau nicht, sie schikanierte mich dauernd. So hatte ich mich hilfesuchend an die Schwester gewandt, das Kind dann heimlich zur Welt gebracht und ins Kloster getragen. Später hatten mich die anderen Mägde und Knechte bezichtigt, mein Kind umgebracht zu haben, als sie merkten, daß ich nicht mehr schwanger war. Ich war der vielen Arbeit und des Elends müde, hatte keine Kraft, meine unterdrückten Gefühle zu bewältigen. Unter dem Druck der Mordbezichtigung ging ich eines Tages in den nahe dem Hof liegenden Weiher und ertränkte mich. Ich erinnerte mich, wie das Wasser über mir zusammenschlug.

Im letzten Aufseufzen jenes jammervollen Lebens hatte sich das Bewußtseinstor meiner Seele geöffnet, und ich hatte in der langen Gegenwart der Todessekunde die Zusammenhänge mit der so weit zurückliegenden Inkarnation mit dem Opferkind erkannt. Erkannte, daß immer noch ich es war, die sich nicht wert fühlte, ein Kind zu haben, zu lieben und großzuziehen. Erkannte, daß ich immer noch sühnen wollte, daß ich eines Mordes bezichtigt wurde, den ich zwar in diesem Leben nicht begangen hatte, daß ich aber nun die Möglichkeit hatte, endlich meine Schuld zu sühnen, und die Gerechtigkeit mich mit dieser Anklage eingeholt hatte. Ich war zufrieden in dieser Todessituation. Ich hatte es so gewollt.

»Paß auf, daß die Wellen nicht über dir zusammenschlagen, du bist ja schon ganz mit deinem Blick im Meer versunken«, die Stimme von Harald drang an mein Ohr.

Ich gab mir einen Ruck und riß mich von den inneren Bildern, die immer noch mit Gefühlen belastet waren, los und sagte: »Ja, die Wellen waren buchstäblich gerade über mir zusammengeschlagen.«

»In welchem Leben warst du gerade? Dem mit dem Kind, das du ins Kloster gebracht hast?« fragte mich Harald interessiert.

»Ja«, sagte ich, ich hatte ihm schon einiges, wenn auch noch lange nicht alles, erzählt, was ich aus meinen vorigen Inkarnationen bereits wußte. »Ach, Harald, ich fürchte, es sind die Seelen, die uns am meisten lieben, die bereit sind, uns leidvolle Erfahrungen machen zu lassen. Die, die uns wirklich lieben, gehen mit uns. Es wird Zeit, daß wir unsere Spiele erkennen und beginnen, freie und fröhliche Spiele zu spielen, statt immer so tragische.« Ich nahm ein Stück kalte Gemüsepizza in die Hand und biß davon ab.

Harald schob bereits seinen leeren Teller von sich und legte seine Seviette darauf und sagte: »Weißt du, was eigenartig ist?« Er sah mich fragend an und fuhr dann fort: »Es ist eigenartig, daß mein Vater im Kloster war und ausgetreten ist, um meine Mutter zu heiraten.«

»Ja, das hast du mir einmal erzählt. Das ist interessant. Aber du warst damals nicht mein Sohn Harald, das weiß ich bestimmt. Ich habe die Klosterschwester wiedererkannt. Sie war Ewalds richtige Mutter in diesem Leben, und das Kind war Ewald. Es paßt ganz genau mit all den Problemen zusammen, die wir hatten, alle drei«, sagte ich, und wir unterhielten uns noch eine Weile weiter über dieses Thema.

Als wir dann später auf die Bahnstation zugingen, hatte der Wind zugenommen, dunkle Wolken waren in Sicht, und die ersten Tropfen klatschten uns ins Gesicht. Wir beeilten uns, das schützende Dach zu erreichen. So neben Harald einherzugehen war nun eigenartig. Seine Mutter, dachte ich, passierte mir das nun wieder? Die Problematik hatte ich ja bereits mit Ewald kennengelernt. Ich wollte da unbedingt Näheres wissen.

»Hast du Lust, mir heute eine Reikibehandlung zu geben?« fragte ich deshalb.

»Ja, natürlich, heute bist du dran«, gab er mir zur Antwort.

Wir hatten es uns in diesen Tagen zur Gewohnheit gemacht, uns gegenseitig Reikibehandlungen zu geben.

»Du warst ja heute ganz tief weg«, sagte Harald, als ich an jenem Abend auf die Terrasse trat. Es hatte bereits wieder zu regnen aufgehört. Es war wohl nur ein kurzer Schauer gewesen, und Harald saß in eine Decke eingehüllt in der Dämmerung. Die Sonne war längst untergegangen.

»Nimm dir eine Decke, Karin, sonst ist es dir zu kalt«, sagte er und legte sein Buch weg. »Was hast du gesehen? Erzähl, ich bin neugierig.«

Ich drehte mich fest in eine warme Decke ein und ließ mich gähnend in den Liegestuhl fallen. »Ah, ich habe jetzt richtig herrlich geschlafen, wie spät ist es wohl? Bist du nicht hungrig?«

»Doch, aber wir können auch später Essen gehen, erst muß ich hören, was du wahrgenommen hast«, sagte er und ergänzte: »Ich habe nämlich deutlich gesehen, wie deine Augen unter den Lidern geflackert haben, und dein ganzer Körper hat ein paarmal so gezuckt. Du hast auch etwas gemurmelt, was ich aber leider nicht verstanden habe. Dann, als meine Hände bereits auf deinen Füßen lagen, bist du fest und tief eingeschlafen, fast eine Stunde lang.«

»Ja, das hat mir gut getan«, sagte ich, »und ich habe wirklich Bilder gesehen. Und ich glaube, Harald, du bist tatsächlich auch ein weggelegtes Kind von mir. Scheinbar habe ich mir in allen vergangenen Leben ein Schicksal geschaffen, das mich immer zwang, meine Kinder herzugeben. Schrecklich!« Ich dehnte und streckte mich, denn ich mußte erst die tiefe Entspannung und Schwere ausschütteln.

»Mach es nicht so spannend«, sagte Harald ungeduldig, und so begann ich, ihm zu erzählen: »Als erstes kam ein Bild von einer Landschaft wie der Toskana. Ich stand vor einem hübschen, großen Haus, das herrlich in die Hügel eingschmiegt dalag und von einem wunderschönen Garten umgeben war. Es führten ein paar Stufen zur Haustür hinauf, doch ich konnte nicht hinaufgehen. Ich kam nicht vom Fleck.

Dann kam eher ein diffuses Gefühl, Schmerzen, und ich fühlte zwei Hände, die meinen Kopf festhielten, Männerhände. Erst dachte ich, deine Hände auf meinem Kopf zu spüren, doch die lagen auf meinem Bauch. Ich wußte dann plötzlich, das ist eine Geburt und wußte, die Hände, die meinen Kopf hielten, gehörten zu einem Mann, der mich sehr liebte und den ich auch sehr liebte.

Dann sah ich mich in einem Palast oder so etwas Ähnlichem. Eine große, prunkvolle Anlage mit einem großen Garten herum und Wegen, die mit schönen Steinen ausgelegt waren. Ich hielt meine Schuhe in der einen Hand und in der anderen eine große Tasche, oder einen Sack. Ich hatte einen grauen, unscheinbaren Mantel mit Kapuze umgehängt, trug darunter aber sehr kostbare Kleider. So schlich ich zwischen den Büschen dahin. Erst wußte ich nicht, was das soll, dann erkannte ich, ich war auf der Flucht, ich wollte heimlich den Palast verlassen und an den Wachen, die ich vermutete, vorbeischleichen. Man sollte mich nicht erkennen.

Plötzlich stand ich wieder vor dem schönen Haus. Nun ging ich zur Haustür und klopfte an. Eine Dienerin, deren Gesicht mir bekannt war, öffnete mir. Sie schlug vor Schrecken das Kreuzzeichen und fiel vor mir auf die Knie. Sie hat mich mit einem italienischen Redeschwall angeredet, du weißt, ich kann nicht italienisch, aber ich verstand, was es bedeutete. Sie sagte so ungefähr, es würde mir den Kopf kosten, wenn ich hier gesehen würde, ich müsse sofort wieder gehen. Aber ich schob sie zur

Seite und ging ins Haus und durch alle Räume, bis ich in einem hellen, schönen Kinderzimmer stand. Da sah ich einen kleinen Jungen, etwa eineinhalb Jahre, in einem großen Gitterbett stehen. Da wußte ich, ich war gekommen, um einmal mein Kind zu sehen. Ich könnte dir genau den lustigen Anzug mit den Rüschchen beschreiben, den du, denn ich denke schon, daß du das warst, getragen hast. Und deine Augen. Die Augen dieses Kindes waren so bewußt auf mich gerichtet, als wüßten sie bereits alles. Ich hatte den Mantel abgeworfen, und mein erster Impuls war, das Kind herauszuheben, doch die Augen sagten mir: Rühr mich nicht an! So bin ich nur lange dagestanden und hab das Kind angeschaut, einfach nur geschaut, und die treue Dienerin hat hinter meinem Rücken gejammert und alle Heiligen herbeigeschworen. Ich wußte, ich durfte hier nicht lange verweilen. Ich habe den Sack mit Spielsachen dann vor dem Kind ausgeleert, mich umgedreht und bin einfach wieder gegangen.

Ich weiß nicht, wie ich zum Palast zurückkam, aber ich sah mich wieder mit den Schuhen in der Hand über eine Steinmauer klettern. Nun merkte ich auch, das war kein Palast. Das war ein Kloster, und ich war die heimliche Mätresse eines Kirchenfürsten. Und ich erkannte, ich hatte den Mann so geliebt, daß ich lieber mein Kind weggab, als ihn zu verlassen.«

Wir schwiegen beide still. Es gab nichts zu erklären, wir wußten beide, es war die Wahrheit.

»Also doch eine Klostergeschichte«, sagte Harald nach einer Weile, stand auf und streckte mir die Hand entgegen: »Komm, laß uns Essen gehen.«

Unser Fischrestaurant war wie immer gerammelt voll, Urlaubsgäste und Italiener saßen dicht gedrängt in fröhlicher Unterhaltung beisammen und alle langten kräftig zu. Bunt und üppig war das Bild und der Raum ausgefüllt mit der genußvollen und natürlich lockeren Schwingung von Menschen, die voll ins Leben hineingreifen. Zum Glück hatte uns der Wirt einen kleinen Tisch freigehalten.

»Ich habe wie immer die Qual der Wahl«, sagte ich und blickte von der Speisekarte auf und auf den Nachbartisch, an dem gerade eine Platte mit herrlich knusprig aussehenden Scampi serviert wurde. »Ich glaube, ich muß auch wieder einmal Scampi essen, die lachen mich wirklich an. Mich reizt zwar auch der gratinierte Fischauflauf, aber den kann ich auch morgen noch essen. Wir kommen in dieser Woche nicht durch die Speisekarte, Harald, wir sollten noch ein paar Tage bleiben.«

»Ja, wenn die Firma nicht wäre, wäre das schön. Bleibst du bei den Scampi, Karin?« fragte er.

»Ja, und vorher eine Minestrone und einen Salat«, sagte ich.

»Ich werde mir einen frischen Seefisch aus der Vitrine aussuchen«, sagte Harald und stand auf. Ich beobachtete, wie unser lustiger Wirt ihn sofort in Beschlag nahm und in eine angeregte Unterhaltung verwickelte. Harald schüttelte es vor Lachen, als er an unseren Tisch zurückkam.

»Na, was hat er dir wieder für Ratschläge gegeben? Sicher wieder, wie man am besten ein Bambini macht«, fragte ich und wurde von seinem Lachen angesteckt.

»Ja, natürlich, doch das ist nicht sehr tischrein, ich kann dir das nicht erzählen«, sagte er und mußte sich vor Lachen eine Träne aus den Augen wischen.

»Ich finde es gottbegnadet, wenn ein Mensch solche Fröhlichkeit verbreiten kann wie er. Schau, wie alle Menschen sich hier wohlfühlen. Ist das nicht herrlich, diese Lebensfreude?« sagte ich und ließ meinen Blick über die Menschen um mich gleiten.

»Wie siehst du das eigentlich, wenn du hier so herzhaft Fisch ißt. Bist du da nicht sehr inkonsequent. Die Gründe, weswegen du kein Fleisch ißt, gelten wohl auch für Fisch?« sah er mich fragend an.

»Ja natürlich. Doch warum gleich so fanatisch. Ich bin noch nicht so weit, daß ich von Licht und Liebe leben kann, noch nicht«, sagte ich gut gelaunt, und mit einem scherzhaften Schubs, den ich Harald gab, fügte ich hinzu, »dafür bekomme ich nämlich noch zu wenig Liebe.«

Ich hatte nicht bemerkt, daß der Wirt gerade hinter mich getreten war, um mir den Weißwein einzuschenken. Er hatte ausgerechnet den letzten Satz gehört und fiel sogleich mit seinem italienischen Wortschwall wieder über uns her. Ich konnte mir den Sinn seiner Rede ungefähr ausdenken. Harald ging auf sein Geplänkel nur sehr kurz ein und wehrte ihn ab. »Du bringst mich wieder in eine prekäre Situation«, sagte er vorwurfsvoll lachend zu mir. Wir hoben unsere Gläser und kosteten von dem würzig leichten ligurischen Weißwein. Die Wirtin trat an unseren Tisch, und laut und energisch stellte sie die Warmhalteplatte vor uns hin.

»Die ist aber nicht sehr höflich und immer grantig ...« meinte Harald.

»Ja, aber keiner kann ihr böse sein. Sie ist eben so. Der natürliche Ausgleich zu ihrem Mann. Schau nur, wie charmant er mit unseren Fischplatten angetanzt kommt«, sagte ich und dachte, er ist so fröhlich und ulkig. Wenn sie auch so wäre, dann wäre das nicht zum Aushalten. Da kann sie ruhig ein bißchen abweisend und grantig sein.

Bevor der Wirt die Platten auf unseren Tisch stellte, schnitt er noch eine komische Grimasse hinter dem Rücken seiner Frau. Auch die Gäste am Nebentisch beobachteten das Wirtspaar und mußten lachen wie wir.

»Was die wohl für eine Ehe führen?« meinte Harald und griff nach dem Vorlegebesteck.

»Keine schlechte, glaube ich. Die spielen ihr Spiel«, sagte ich mit einem begeisterten Blick auf meine Scampi: »Hm, schaut das köstlich aus. Du mußt unbedingt ein paar kosten.«

Für eine Weile waren wir mit unserem Essen beschäftigt, doch dann nahmen wir den Faden unseres Gespräches wieder auf, und wieder war die Liebe unser Thema.

So war es dann auch eine sehr gefühlvolle Situation, als wir an diesem späten Abend, es war schon fast Mitternacht, aneinadergelehnt auf unserer Dachterrasse standen. Wie jeden Abend mußte ich vor dem Schlafengehen noch den Sternenhimmel sehen.

»Schau, Harald, da oben sitzt ein kleines Engerl«, mir war mein

Lieblingslied aus meiner Kindheit eingefallen, und ich fragte ihn, ob er es kannte.

»Nein, aber sing es mir vor, Karin«, sagte er bittend.

Da überwand ich meine Scheu und sang es ihm leise vor. Es ist ein Lied im steirischen Dialekt.

Aba Haidschi bumbaidschi schlaf lange,
es ist ja dei Muatterl ausgange,
sie ist ja ausgange und kommt net mehr hoam,
und läßt dös kloe Büable ganz alloan
Aba Haidschi bumbaidschi bum bum,
aba Haidschi bumbaidschi bum bum.

Und der Haidschi bumbaidschi is komma,
und hat ma moi Büable mitgnomma,
und hat mir's mitgnomma und hot's nimma bracht,
drum wünsch i meim Büable a recht guete Nacht.
Aba Haidschi bumbaidschi bum bum,
aba Haidschi Bumbaidschi bum bum.

Aba Haidschi bumbaidschi schlaf süeße,
die Engelein lasse die grüeße,
sie lasse die grüeße, und lassen di frag'n,
ob sie dös kloa Büable umanander soll'n trag'n.
Aba Haidschi bumbaidschi bum bum,
aber Haidschi bumbaidschi bum bum.

Haralds Arm hatte sich enger um meinen Körper gelegt, und dankbar lehnte ich mich an seine Schultern. Heilung der Gefühle. Und wieder mußte ich meinen Blick in den Sternenhimmel heben, und ich dachte, vielleicht sitzt doch ein kleines Engerl noch da oben, das mich als Mutter akzeptieren würde. Nun würde ich es nicht mehr weglegen, ganz gewiß nicht. Und es rannen mir nun die Tränen leise über die Wangen.

»Ach, was bin ich doch für eine Gefühlsdusel! Es wird Zeit, daß du deine Mutter, Frau, Freundin zu Bett bringst, mein Geliebter und Sohn«, versuchte ich zu scherzen, aber es gelang mir nicht so recht. Auch Harald blieb schweigsam, doch später im Bett sagte er: »Komm, rück näher heran an mich. Ich möchte dich ganz nah an mir spüren.« Und eng aneinadergeschmiegt schliefen wir ein.

11

Leopoldine, eine ältere Frau, die ich sehr gerne mochte und die sich von mir Reikibehandlungen geben ließ, hatte mir von einem Naturkostladen in der Ramsau erzählt. Es war an einem wunderschönen Frühsommertag, als mir die Idee kam, dort hinzufahren. Es war ein Prachttag. Die Wiesen waren voll lebendigem Grün. An den Häusern lachten üppig die bunten Blumen von jedem Balkon und jedem Fensterbrett. Die vollen Farben der Natur erzeugten eine Schwingung satter, fruchtbarer Lebensfreude. Die Sonnenstrahlen waren so kraftvoll, daß sie die Landschaft mit ihrer Stärke in ein Licht träger, schwerer Friedlichkeit drückten. Mir schien die ganze Natur gesättigt und so zufrieden wie ein Baby an der Mutterbrust oder eine schnurrende Katze in der Wärme auf der Ofenbank. O Herr, dachte ich, Du drückst uns hier in Deiner Gnade eine solche Fülle, Pracht und Schönheit auf das ganze Land, daß die Natur mit Tier und Mensch, wie nach einem üppigen Mittagsmahl, in die tiefe Ruhe und satte Müdigkeit einer ausgedehnten nachmittäglichen Siesta versinkt.

Ich war sehr langsam über den Birnberg und die vordere Leiten in die Ramsau hinaufgefahren, mit offenem Fenster, und hatte in tiefen Atemzügen das Wunder dieses Tages begierig in mich hineingezogen. Majestätisch erhob sich hier das Plateau, und dahinter ragten im glimmenden Sonnenlicht die Steilwände des Dachsteinmassives gegen den klaren Himmel. Ehrfürchtig sprach ich mit ausgestreckter Hand zum Gruß meine inneren Segensworte aus. Mehr und mehr war ich davon überzeugt, daß aufgestiegene Meister aus dem Himalaja sich hier in einer für uns unauffindbaren Wohnstätte niedergelassen hatten und von hier aus uns Schüler des Lichtes in ganz Europa führten und leiteten.

Die Menschen, die ich im Naturkostladen kennenlernte, waren mir in ihrer Seelenschwingung sehr vertraut, und so wurde der Einkaufsbesuch zu einer innigen, zwischenmenschlichen Begegnung. Als ich mich dann endlich aufraffte heimzufahren und mich bereits verabschiedet hatte, eilte die Frau des Hauses, einem inneren Impuls folgend, davon und kam mit einem kleinen, weißen Buch in ihren Händen zurück. »Ich möchte dir das schenken, Karin«, sagte sie, »ich habe es erst vor einigen Tagen von einem Urlaubsgast empfangen. Ich hatte noch keine Zeit, es zu lesen, aber ich habe das Gefühl, es ist für dich bestimmt.«

Mit Dankbarkeit nahm ich das Buch an: *Meister Saint Germain, Die umwandelnde Kraft der violetten Strahlen.*[3]

Wieder zuhause konnte ich es in meinen Räumen nicht aushalten, und so setzte ich mich mit dem Buch in den Garten. Ich konnte auch nicht gleich darin lesen, ich hielt es nur in den Händen und fühlte die innere Aufruhr in mir. Ich dachte an die Gegenwart der aufgestiegenen Meister und glaubte, eine innere Stimme zu hören, die sagte: »Bist du bereit?«

Und so schlug ich denn das Buch auf, irgendwo mitten drin und las: *O ihr Freunde, göttliche Gnade ist es, die euch den Weg bergan führt, göttliche Gnade war es all die Zeitalter, die euch immer wieder den Fuß auf den Lichtpfad setzen ließ, und es ist die göttliche Gnade, die euch wiederum in die Gegenwart der aufgestiegenen Meister geführt hat ...* Nun dachte ich: Seltsam, der erste Satz, der mir aus diesem Buch entgegenspringt; ich hätte ja auch eine andere Seite aufschlagen können. Bevor ich weiterlas, blätterte ich im Buch zurück zum Anfang dieses Kapitels mit der Überschrift: *Ansprache der Meisterin Kwan Yin aus dem Tempel der Gnade und Barmherzigkeit im Ätherreich über Peking.*

Kwan Yin, der Name berührte mich zutiefst. Kwan Yin, welche feine Schwingung hatte mich da erfaßt?

So saß ich auf der Holzbank im Garten, etwas abseits vom Kaffeehausbereich, in der immer noch drückend heißen Sonne, die ich, etwas geschützt unter meinem Strohhut, dennoch sehr auf meinem Körper genoß. Als ich das Kapitel fertig gelesen hatte, legte ich das Buch zur Seite. Flöckchen, die Katze meiner Nachbarin, strich schnurrend um meine Füße. Ich spielte eine Weile mit ihr, dann lehnte ich mich zurück und schloß meine Augen. »Du mußt schreiben, Karin«, die innere Stimme meldete sich sehr deutlich in mir. In letzter Zeit passierte mir das öfter. Ich wußte nicht mehr, wann das angefangen hatte, schon vor längerer Zeit vermutlich. Doch nun wurde diese Stimme immer drängender und deutlicher. Blödsinn, dachte ich, was soll ich schreiben. Ich fühle mich nicht dazu berufen, Menschen Belehrungen zu erteilen. Meine Arbeit ist nur zum Teil auf die Weitergabe von Wissen aufgebaut. Viel wichtiger scheint mir zu sein, daß ich mein Herz aufmache und Menschen hineinschauen lasse in alles, was mich bewegt. Ihnen meine Stärken zeige gleichermaßen wie meine Schwächen und Fehler, sie teilhaben lasse auf meiner Suche, das Licht der Erkenntnis zu finden. Genau dadurch machen andere Menschen ihre Herzen auf, und wir lernen, einander zu verstehen, lernen, uns so anzunehmen, wie wir eben sind.

»Hallo, Karin! Störe ich dich?« Das war die liebe Stimme von meiner lieben Nachbarin Astrid.

»Hallo, Astrid! Nein gar nicht, komm, setz dich zu mir. Es ist ein so schöner Abend«, sagte ich und freute mich wie immer, wenn ich Astrid traf.

»Ich hab dich von oben gesehen und habe dir einen Fruchtsalat mitgebracht, magst du?« Sie stellte eine Schale mit köstlich aussehendem Fruchtsalat vor mich hin.

»Ach Astrid, du verwöhnst mich schon wieder. Danke, gerne«, so etwas Feines konnte ich natürlich nicht ablehnen.

»Ja, Flöckchen, da bist du!« Astrids Blick war auf ihr Kätzchen gefallen, und sie sagte zu mir, »Flöckchen liebt dich wirklich sehr. Heute morgen wollte sie zu dir und hat laut vor deiner Tür gemaunzt.«

»Ja, sie ist wirklich lieb. So alle paar Tage muß sie mich besuchen kommen. Sie geht durch jeden Raum und schnüffelt in jede Ecke, als wollte sie kontrollieren, ob alles in Ordnung ist. Wenn sie dann damit fertig ist, spaziert sie mit hoch erhobenem Schweif und mit einem zufriedenen Maunzer wieder zur Tür hinaus. Ich muß wirklich lachen über sie«, sagte ich.

»Ich glaube, sie hat deine Wohnung noch zu ihrem Revier erklärt«, meinte Astrid und nahm zärtlich ihre Katze vom Boden auf, und sogleich begann Flöckchen mit ihr zu schmusen. Dabei stupste sie mit ihrem Kopf Astrid so wild gegen das Kinn und drehte sich so unruhig in ihren Händen, daß meine Nachbarin den kleinen Wildfang wieder auf den Boden absetzten mußte. Sogleich jagte Flöckchen in ihrem Übermut quer durch den Garten und schnurstracks den nächsten Baum hinauf und auch gleich wieder herunter.

Ich wandte mich wieder Astrid zu und sagte: »Ich habe noch einen Kinderreiki-Kurs am Wochenende und freue mich sehr darauf. Das ist aber das letzte Seminar, dann ist nämlich Sommerpause.«

»Du brauchst auch wirklich Urlaub, Karin. Fährst du zu Harald? Wie geht es dir jetzt mit ihm?« fragend und einfühlsam sah mich meine Nachbarin und Freundin an.

»Ja, wie geht es mir mit ihm? Ich glaube, ich hätte mir die ganze Geschichte ersparen sollen«, sagte ich mit einem Seufzer.

»Das sagst ausgerechnet du?« Astrid schaute mich liebevoll mitfühlend an.

»Du hast ja recht. Die Erfahrung habe ich auch noch gebraucht. Deinen Schutzengel, Astrid, habe ich über meinem Bett aufgehängt. Ich danke dir nocheinmal sehr für deine Hilfe«, sagte ich und griff nach Astrids Hand, um sie dankbar zu drücken.

»Bitte, bitte«, sagte Astrid mit tief gurrender Stimme, »du warst so traurig.«

Es war nun etwa zwei Wochen her, als Astrid plötzlich den Kopf bei meiner Tür hereinsteckte, dann eintrat und mir ein Bild von einem kleinen Engel brachte. Ich war ihr total verheult entgegengetreten, und sie sagte zu mir: »Schau, ich bring dir ein Schutzengerl.«

»Hast du gespürt, daß es mir nicht gut geht«, hatte ich sie gefragt, und sie antwortete: »Ja, ich hab Harald mit so einem Gesicht wegfahren sehen. Da habe ich gedacht, es stimmt etwas nicht. Das Bild hat Phillipp in Rom fotografiert. Ich wollte es dir einrahmen und zu irgendeinem Anlaß schenken, aber ich glaube, du brauchst es jetzt.«

»Ist es ganz aus zwischen euch?« fragte mich Astrid jetzt, immer noch in diesem tiefen Ton, mit dem ihre mitfühlende Schwingung noch einen besonderen Ausdruck fand.

»Was ist schon aus, Astrid. Das Leben geht immer weiter, und auf irgendeine Art bleiben die Menschen, denen wir verbunden sind, immer nahe. Aber die Mann-Frau-Beziehung muß ich beenden, das weiß ich«, sagte ich.

»Aber warum mußt du das beenden?« fragte sie mich und setzte die Betonung auf »du".

»Ich mag keine Dreiecksbeziehung. Wenn er sich nicht für mich alleine entscheiden kann, dann ist die Liebe eben nicht stark genug«, gab ich trotzig zur Antwort.

»Ich weiß nicht, Karin, ich habe um Phillipp auch kämpfen müssen. Ihn wollten auch andere Frauen, als wir uns kennenlernten. Du steckst so schnell zurück. Ich weiß nicht, ob das richtig ist. Ich denke, du solltest dich einmal durchsetzen und nicht locker lassen.« Vielleicht war an Astrids Worten ja wirklich etwas dran, dachte ich, doch ich blieb meiner inneren Überzeugung treu und sagte: »Liebe ist aber nicht Kampf, Liebe ist eben freigeben und locker lassen, auch wenn es immer wieder weh tut. Und ich bin überzeugt, was zu mir gehört, bleibt auch bei mir, und alles andere kann ich sowieso nicht halten.«

Viel später, Astrid war zurück zu ihrem Mann in den zweiten Stock hinauf gegangen, saß ich immer noch im matten Dämmerlicht des späten Abends. Die Grillen zirpten um mich, ich hörte die Kirchenuhr schlagen, während mich die laue Wärme des Abend umgab. Ich hatte meine Hände in den Schoß gelegt, und stark wie immer fühlte ich das Energiefeld zwischen meinen Händen. Ich hatte gerade begonnen, auf das Kinderseminar Lichtenergie zu senden. Doch da schweiften meine Gedanken ab, und intensiv wie schon lange nicht mehr suchten sie die Nähe des Menschen, dem mein Gefühl immer noch in so besonderer Intensität zugetan war. Ich dachte, daß ich wohl nicht ganz ehrlich zu Astrid gewesen war. Ich kämpfte lange schon um die Liebe, aber eben einen stillen, leisen, inneren Kampf, begleitet von vielen Zweifeln und Unsicherheiten, vergessen manchmal für Monate. Doch immer wieder neu erwachte die Sehnsucht in mir. Es kann nicht gut gehen mit Harald oder jemand anderem, solange der Platz in meinem Herzen immer noch von Günther eingenommen wird, dachte ich. Gott im Himmel, wie prüfst du mich? Mache ich es richtig, mache ich es falsch? Du führst mich immer wieder hin zu dieser Liebe.

Als die Kirchturmuhr elf schlug, wurde ich aufgeschreckt. In mir war alles in lila Licht getaucht, und meine Handflächen waren immer noch heiß. Ich nahm die Hände zusammen zur Gebetshaltung und, einem plötzlichen Impuls folgend, begann ich, das »Gegrüßet seist du Maria« zu beten. Seit meiner Kindheit hatte ich dieses Gebet nicht mehr gesprochen. Ich kam nur bis zu *du bist gebenedeiht unter den Frauen* ... dann war es aus, und ich wußte nicht weiter. Komisch, warum fällt mir das jetzt ein? Jetzt erst fühlte ich, daß es bereits recht kühl geworden war, und so raffte ich mich auf und ging ins Haus. Krampfhaft versuchte ich, mich des Gebetes zu erinnern, aber es gelang mir nicht. Dann wurde ich mir wieder des Buches in meiner Hand bewußt, und ich schlug nocheinmal das Kapitel von Kwan Yin auf: *Barmherzigkeit und Gnade* ..., Maria.

Ich hüllte mich in eine Decke ein, zündete ein paar Kerzen an und setzte mich in meinen Meditationsraum. Barmherzigkeit und Gnade, dessen bedurfte ich, dessen bedurfte die Liebe in mir. Die weibliche Seite in mir schrie nach Barmherzigkeit und Gnade, die weibliche Seite in mir war immer noch und wieder einmal tief verletzt. Maria ... hilf! Unwillkürlich hatte ich aufgeseufzt. Da wurde mir bewußt, daß ich schon einmal so zu Maria geseufzt hatte. Das war vor Jahren gewesen, als der Schmerz des Verlassenwerdens noch wild in mir getobt hatte. Da hatte ich bei meinem üblichen Kerzenanzünden vor dem Marienaltar in unserer Kirche ein ähnliches Stoßgebet getan, und es hatte sich in mir so etwas wie ein kleines Gelübde in mein Bewußtsein gelegt. Wenn meine Bitte erhört werden würde, wollte ich mit dem Fahrrad nach Mariazell fahren. Ich hatte mir bis zu diesem Zeitpunkt keine Gedanken über ein Gelübde gemacht. Es war nicht so sehr ernst gemeint gewesen. Es war lange nach Mitternacht, als ich endlich müde zu Bett ging. Irgendwann werde ich nach Mariazell fahren, dachte ich und schlief mit diesem Gedanken ein.

Das Schönste vom Schönen ist ein Reikiseminar mit Kindern. Ich wußte das bereits vom ersten Kinderseminar und freute mich ganz besonders auf diesen Tag. Es wurde wieder ein sehr schönes Seminar. Diesmal nahmen im Gegensatz zum ersten Seminar fast nur Mädchen teil, und so war es ruhiger und gefühlvoller. Ich war erfüllt von großer Dankbarkeit und einem innigen Gefühl der Liebe, als ich nach den ersten Einweihungen zurück in den Seminarraum trat. Veronika, eine Kindergärtnerin, die mithalf, und die Kinder saßen eng aneinadergeschmiegt mitten im Raum. Zwei kleine Mädchen lagen am Boden auf dem Bauch und zeichneten bunte Figuren auf ein großes Blatt Papier. Veronika erzählte den Kindern gerade die Geschichte des Reiki, und sie hörten aufmerksam zu. Glücklich setzte ich mich zu ihnen.

»Holst du Reiki vom Himmel herunter?« fragte mich Ellena.

»Ja genau, Ellena. Das ist es, was drüben passiert, wenn ihr euch für die Einstimmung hinsetzt«, sagte ich.

»Warum müssen wir die Augen zumachen?« fragte Gerwin.

»Wenn ihr die Augen zumacht, seid ihr viel konzentrierter. Du kannst besser fühlen, wenn du die Augen zu hast«, sagte ich.

»Du, wir haben etwas Tolles gesehen«, erzählte mir die kleine Johanna begeistert, »einen ganz großen Regenbogen. Einen doppelten, ganz groß. Ist das ein gutes Zeichen?«

»Das ist bestimmt ein gutes Zeichen, so einen schönen Regenbogen zu sehen«, antwortete ich gerührt.

Du, ich hab auch gesehen, daß du so ähnlich aussiehst wie ein Regenbogen. Nur mehr grün und rosarot«, sagte sie.

»Wann hast du das gesehen«, fragte ich sehr erstaunt.

»Ich habe vorher zugeguckt, durch die Tür«, gestand das kleine Mädchen ehrlich, »durch das Glasfenster, wie der Gerwin bei dir drinnen war.«

Kann die Kleine wirklich die Aura sehen, dachte ich und sagte, »vielleicht hast du meine Aura gesehen, Johanna. Du weißt das Farbenkleid, von dem wir schon gesprochen haben.«

»Wir haben jetzt einen schönen Regenbogen angeschaut und nochmals über die Aura gesprochen«, klärte mich Veronika auf, »alle Kinder wollen eine schöne Aura haben. Ich habe ihnen gesagt, daß das mit unseren Gefühlen und Gedanken zusammenhängt. Magst du dazu noch etwas erklären?«

»Ja, mag ich«, sagte ich. Mir war urplötzlich meine Lieblingsgeschichte aus meiner Kindheit eingefallen. Eine Wichtelgeschichte, in der ein kleines Wichtelkind über den Regenbogen ging, und ich begann, eine moderne Version der Geschichte zu erzählen:

Es war einmal ein Wichtelkind, das lebte im dunklen Wald bei den Zwergen. Es war ein sehr fröhliches Kind und ein bißchen anders als die anderen Wichtel. Eines Tages gab es einen großen Regenbogen, der spannte sich weit über den Fluß und über die Berge, so daß man nicht sehen konnte, wohin er führte. »Ich gehe, um zu schauen, ob die Welt dort schöner ist«, sagte unser Wichtelkind. »Unmöglich, man kann nicht über einen Regenbogen gehen«, sagten die anderen. Doch unser Wichtel hörte nicht auf sie, in seinen Gedanken war nichts unmöglich, und darum gelang es ihm auch ganz leicht, über den Regenbogen zu gehen, und schon rutschte er auf der anderen Seite herunter. Es war eine herrliche Welt, die er hier betrat. Hier lebten auch Wichtel, doch alles war viel heller, und die Wichtel waren so freundlich und lustig und sangen bei ihrer Arbeit. Auch ihre Arbeit fiel ihnen ganz leicht, und mühelos hoben sie schwere Steine auf. »Wie macht ihr das?« fragte unser Wichtel erstaunt. »Ganz einfach«, sagten sie, »wir nutzen die Kraft unserer Gedanken«, und sie lachten fröhlich. Schön war das Leben für unser Wichtelkind auf der anderen Seite der Welt, und es lernte gar viel. Es lernte, wie wichtig es ist, immer gute Gedanken zu haben und liebevoll zu sein. Hier kannten die Wichtel keinen Geiz oder Streit oder Ärger und Eifersucht. Keiner versuchte, mächtiger oder besser als der andere zu sein. Sie lebten friedlich und fröhlich und alle halfen einander. Und weil sie so friedlich und fröhlich waren, leuchteten auch ihre Farbenkleider, ihre Aura, genau in den Farben des Regenbogens.

Unser Wichtel hätte nun immer friedlich und fröhlich bei ihnen leben können, doch immer wieder mußte er an die andere Welt denken, an seine Eltern und Geschwister, die sicher traurig waren. Deshalb sagte er eines Tages: »Ich möchte zurück in die dunkle Welt. Ich möchte gerne meinen Brüdern und Schwestern zeigen, wie sie auch so fröhlich leben können wie ihr. Und so leicht. Aber wie komme ich zurück?« »Das ist gar nicht so leicht«, sagten die lieben Wichtel: »Hierher kommst du auf einem einfachen Regenbogen, doch um zurückzugehen, brauchst du einen doppelten Regenbogen und den gibt es sehr selten.« Da wurde unser Wichtel traurig, doch die fröhlichen Wichtel sagten schnell: »Sei nicht traurig. Wir helfen dir, wir wünschen uns einfach einen doppelten Regenbogen herbei.« Ja, und unser Wichtel wußte nun auch schon, daß alles, was man sich sehr innig wünscht, auch wirklich in Erfüllung geht, man darf nur nicht zweifeln oder ängstlich sein. Und so kam es, daß bald ein doppelter Regenbogen dastand, wie heute, und nun ist das Wichtelmännchen wieder auf unserer noch ein bißchen dunklen Seite der Welt und möchte den Menschen Licht bringen und ihnen zeigen, wie sie leichter und fröhlicher leben können.

Eng hatten die Kinder sich an Veronika und mich herangeschmiegt und voller Aufmerksamkeit zugehört.

»Und der Wichtel bist du, Karin, nicht wahr?«, sagte Johanna sogleich, und ihre Augen leuchteten.

»Ja, vielleicht? Ich möchte euch mit Reiki helfen, leichter und fröhlicher zu leben. Aber vielleicht ist auch Veronika über den Regenbogen gegangen, und du und du und du und wir alle, und vielleicht haben wir beschlossen wiederzukommen, um den anderen, die noch im Dunklen leben, das Licht zu bringen?« sagte ich.

»Ja, ich werde sicher auch Reiki-Meister, wenn ich groß bin«, sagte Sabine, und der fröhliche Gedankenaustausch ging weiter.

Von nun an setzte sich das Reiki-Kinderseminar sehr geheimnisvoll fort. Es gab eine Ecke im Seminarraum, wo ich nicht hinsehen durfte. Am Ende des Seminars wurde das große Geheimnis gelüftet. Mit leuchtenden Augen standen die Kleinen vor mir und überreichten mir ein wunderhübsches, buntes, selbst gemaltes und geschriebenes Buch: eine »Wichtelgeschichte für Karin“.

Gleich nach dem Seminar zog ich mich zurück. Sommerpause. Ich fühlte, es war sehr wichtig für mich, Tage des vollkommenen Schweigens anzutreten. Für einige Tage riegelte ich mich vollkommen von der Außenwelt ab. Nur Haushalt, lange Meditationen und stille Spaziergänge am Abend in unserer schönen Natur. Dabei meldete sich meine innere Stimme immer öfter, lauter und eindringlicher: »Schreib!« Meine vordergründige Frage, was ich schreiben sollte, wurde übertönt von der inneren Antwort, und im Grunde meines Herzens wußte ich natürlich genau, was es aufzuschreiben galt. Ich hatte meinen Pakt mit dem lieben Gott geschlossen, war der inneren Führung gefolgt. Es wäre gut, auch andere Menschen auf diese Lebensweise aufmerksam zu machen. Um dies zu tun, mußte ich wohl mein ganzes Leben offenlegen. Ich kann zu allem stehen, was ich erlebt habe, dachte ich. Doch ich bin mit so vielen Menschen verstrickt, ich kann doch nicht alles ans Licht bringen – oder?

Die Stimme wurde immer drängender. Die Kinder hatten mich eine Lichtbringerin genannt. Wo blieb jetzt mein Mut, tatsächlich für Licht und Wahrheit einzutreten? So entschloß ich mich zu schreiben. Und noch etwas ließ mich nicht los. Mein Gelübde! So brachte ich erst einmal den ganzen Wortlaut des Mariengebetes in Erfahrung und begann, es sehr innig zu beten. Und mir schien, ich hatte zu danken. Schließlich durfte ich nun durch die Erkenntnisse der karmischen Zusammenhänge so vieles besser verstehen. Und für dieses Verstehen, das meine Liebe noch vertiefte, wollte ich danken. Ich borgte mir ein Fahrrad aus und wollte so bald als möglich nach Mariazell fahren.

Tagelanger Regen verhinderte mein Vorhaben. So begann ich doch zu schreiben. Ich wollte meine Geschichte in einen Märchenroman verpacken. Ich schrieb und schrieb, dann brach plötzlich eines Tages zur Mittagszeit die Sonne durch die Wolken. Ich könnte ja einmal eine Probefahrt mit dem Fahrrad machen, ging es mir durch den Kopf. Gesagt, getan, ein paar Stunden war ich unterwegs. Müde, ausgelaugt und naß bis auf die Knochen, es hatte wieder zu regnen begonnen, kam ich am

Abend nach Hause. Mein Mut begann zu sinken, Mariazell ist von uns gut 170 Kilometer oder sogar mehr entfernt. Bergauf, bergab. Meine Freundin, die mir das Rad borgte, hatte recht, als sie mich warnte: »Das schaffst du nicht! So eine Fahrradtour, das ist Sport.«

Wichtig ist, daß du zu Maria kommst und nicht, daß du Sport treibst! Wie Schuppen fiel es mir von den Augen. Schon wieder hatte ich gedacht, mich plagen zu müssen für Gott. Schinden und rackern, abdienen und opfern, das ist es, was wir Menschen glauben tun zu müssen, um Gnade zu erlangen.

So war ich entschlossen, wohl am Sonntag mit dem Auto nach Mariazell zu fahren. Als ich gerade aufbrechen wollte, hörte ich Geräusche vor meinem Fenster und schaute hinaus. Am Schloßplatz wurden gerade Vorbereitungen für eine heilige Messe getroffen, welch ein schönes Zeichen! So stand ich in der Morgensonne am Fenster, die sich nun doch drängelnd zwischen den Regenwolken hervorgeschoben hatte, und lauschte andächtig dem Gottesdienst. Zum Evangelium nach Matthäus[4] wurde ein Gleichnis Jesus vorgelesen:

13/24 *Mit dem Himmelreich ist es wie mit einem Manne, der guten Samen auf seinen Acker gesät hatte. Während aber die Leute schliefen, kam sein Feind, säte Unkraut dazwischen mitten unter den Weizen und ging davon. Als aber die Saat aufging und Frucht ansetzte, kam auch das Unkraut zum Vorschein. Da gingen die Knechte des Hausherrn hin und sagten zu ihm. »Herr, hast du nicht guten Samen auf deinen Acker gesät? Woher hat er nur das Unkraut?« Der aber antwortete ihnen: »Das hat ein Feind getan.« Da fragten ihn die Knechte. »Willst du nun, daß wir hingehen und es sammeln?« Er aber sagte: »Nein. Ihr könntet sonst beim Sammeln des Unkrautes zugleich damit auch den Weizen ausreißen. Laßt beides miteinander wachsen bis zur Ernte; wenn dann die Ernte da ist, will ich den Schnittern sagen: Sammelt zuerst das Unkraut und bindet es in Bündeln, um es zu verbrennen. Den Weizen aber bringt in meine Scheune.«*

Mit diesem Evangelium noch im Ohr, fuhr ich los, gleich nachdem die Menschenmenge am Platz sich aufgelöst hatte. Von uns aus nach Mariazell zu fahren, ist sehr schön. Man kommt am wunderschönen Stift Admont vorbei, und der Weg führt durch das Gesäuse, wo in schmalen Schluchten die blattgrüne Enns sich mit Gischt und Schaum um die Felskanten schlängelt und nur ein schmaler Streifen für Straße und Eisenbahn, oft tief in den Berg hineingeschnitten, übrig bleibt. Das Wetter war wechselhaft und windig, wie an den Tagen zuvor. Doch nach kurzen und ergiebigen Schauern brach immer wieder die Sonne durch die Wolken, und dampfend trocknete sie Fels und Straße mit ihrem Licht auf, so daß es wie Nebelschleier vor meinen Augen aufstieg. Ich genoß dieses Schauspiel der Natur und war in feierlicher Stimmung. Schön war es, so langsam dahinzufahren, obwohl eine Wallfahrt zu gehen auch sehr schön sein mußte. Das werde ich auch noch einmal tun, dachte ich, und dann gingen meine Gedanken zu meinem eigentlichen Anliegen: Günther.

Wie gerne würde mich mit ihm versöhnen. Und ich dachte an so manche Szene und an einige Begegnungen und Abschiede, die nie wirklich ein Abschied waren. Da plötzlich wußte ich, warum ich den weiten Weg auf dem Fahrrad nicht auf mich nehmen mußte. Ich war den Weg schon längst zu Fuß gegangen, mehrfach, in den letzten Jahren, wo ich ihm meine stille Liebe in Gedanken nachgetragen habe.

Meine Schritte trugen mich zum Gotteshaus in Mariazell empor. Nun war ich angelangt und sank am Altar der barmherzigen Muttergottes auf die Knie. Ich wollte aus innigstem Herzen Maria danken und mich ihr zuwenden, doch da stiegen mir plötzlich Tränen in die Augen. Ich fühlte, wie ich schon einmal in tiefster Verzweiflung in einer Kirche kniete, damals in dem Leben als Magd auf dem Gutshof, als ich vom Gutsherrn ein Kind erwartete. Ich wußte längst, das war Günther, mit dem ich mich wieder verstrickt hatte. Und eine Szene aus jenem Leben tauchte auf: Ich gehe als Magd in die Scheune, und da sehe ich ihn, hilflos hebt er die Hände, und tieftraurig schaut er mich an. Doch schon ruft gellend seine Frau nach ihm, sie hatte ihm verboten, mit mir zu reden. Nun wußte ich, zuerst mußte ich mich bei dieser Seele bedanken, bei diesem Mann, er hatte dieses unerfüllte Leben auf sich genommen. Auch den Hohn, Spott und die Verachtung, die andere ihm zollten, da er eine dumme Magd liebte und mit ihr Ehebruch beging. Doch er war einverstanden gewesen, in dieses Leben zu gehen und so viele Schwierigkeiten auf sich zu nehmen, damit ich mich entwickeln und mich von all den unbewußten Ängsten und karmischen Bindungen befreien konnte. In Wirklichkeit hatte er mich geführt, gelehrt, gehalten, mich herausgefordert, meine Persönlichkeit und Seelengröße zu entfalten.

Günther, wie danke ich dir! Diese unglückliche Geschichte mußte sein, nur damit ich endlich den Mord an meinem Kinde sühnen konnte, und der Druck der äußeren Umstände groß genug für meine Selbstaufopferung war, die ich endlich seelisch zu vollbringen wünschte. Welche Einsamkeit, geliebte Seele, hast du auf dich genommen. Ich danke dir! Heilige Maria, ich flehe dich an, auch für ihn da zu sein. Und die Tränen rannen mir über die Wangen, und flehentlich betete ich mein Bittgebet weiter für ihn. Ihm sollst du helfen. Mich hatte des Himmels Führung schon so weit und tief in die Nähe göttlicher Liebe gebracht. Lüfte doch auch ihm den Schleier, und Licht, o Licht, fege die dunklen Schatten und die drückende Angst hinweg!

Da wurde ich eingehüllt in eine Liebe, einem sanften Seidenschleier gleich, reinste Gnade floß mir zu und berührte mich im tiefsten Herzen, berührte mein so zaghaft schlagendes weibliches Herz. Und wie ein Flügelaltar öffnete sich das Tor meiner Sehnsucht, doch auch geliebt zu werden, und der Winzling einer Hoffnung entstieg meiner Brust, wuchs an zu einem goldenen Strahl aus Licht, in seiner Herrlichkeit einem Engelwesen gleich, und schon wollte sich meinem Herzen der Schrei entreißen: »O Hoffnung, letzter Stern, geh und suche die Liebe und bringe ihn heim an mein Herz!« Doch da stand mein Schwur vor mir: »Herr, dein Wille geschehe.« Und ich holte den lichten Engel meiner Hoffnung zurück in mein Herz, verbarg und versteckte ihn wieder unter meiner Brust und sog mit einem tiefen Atemzug auch meine Sehnsucht wieder in mich ein, und fest verschloß ich das Tor meines irdischen Begehrens. Lange verweilte ich in tiefer Stille und Andacht. Maria bitte, nimm mich an der Hand und leite mich an, Frau zu sein und den weiblichen Weg zu gehen, der mir so steinig ist in diesem Leben. Maria, dir möchte ich mein Leben weihen, nimm mich in deine Barmherzigkeit auf.

Eine Meßfeier begann. Ich stand vom Altar auf und setzte mich in die vorderste Bankreihe. Es war eine Pilgermesse, die gelesen wurde und mit Gitarrenmusik und Gesang einen sehr lebendigen und fröhlichen Ausdruck fand. Es war eine wunderschöne Messe, und ich hörte zum zweiten Mal das Evangelium vom Weizen und vom Unkraut.

Wieder zu Hause schloß ich mich noch mehr von der Umwelt ab, und ich schrieb und schrieb an meiner Wichtelgeschichte. Dann kam der Tag, an dem ich einen Termin mit einer Frau namens Eva hatte.

Es war ein sehr heißer Sommertag, die Luft flimmerte über den Steinen im Hof vor lauter Hitze. In meinem Meditationsraum, der an der Nordwestseite liegt, war es trotzdem angenehm kühl. Die Steinmauern hatten sich noch nicht so stark erwärmt. Ich war bereits mitten in der Reikibehandlung mit Eva, als der Himmel sich mehr und mehr verfärbte. Das Farbenschauspiel am Himmel senkte den ganzen Raum in so unwirklich verzerrtes Licht. Ich saß dem Fenster gegenüber, der Himmel war gelbgrün und hing herab bis in die Kronen der Bäume. Es herrschte eine bedrückende Ruhe, und das gespenstische Licht flackerte durch den Garten und durch den Raum. Eva öffnete die Augen, setzte sich erschrocken auf und sah zum Fenster. Da fegte die erste Sturmböe mit solch einer Gewalt über das Land, daß sich die Eiche mit ihrer Krone vor dem Fenster tief auf die Erde beugen mußte. Ich unterbrach die Behandlung und sprang auf, um das Fenster zu schließen. Eva und ich schauten wie gebannt auf das wütende Schauspiel der Natur. Die Gartensessel flogen wie Spielzeug durch den Garten, und ein Tosen und Toben erfüllte die Luft. Ich begann, mit Fernreiki das Schloß, den Garten und dann den ganzen Ort einzuhüllen. Mental schickte ich das Licht der gepeinigten Natur zu Hilfe.

Erst am nächsten Tag sah ich das unglaubliche Ausmaß des schlimmen Gewitters. Ganze Waldstücke waren dahingefegt worden, die Bäume entwurzelt oder einfach wie Zündhölzer geknickt. Überall lagen Äste herum. Muren waren die Hänge hinabgeflossen und hatten Stein, Pflanzen und Geröll mit sich genommen.

Ich machte einen Waldspaziergang. Einer meiner Lieblingswege, der Kalvarienweg, war von vielen umgestürzten Bäumen schwer in Mitleidenschaft gezogen worden. Es war kein Spaziergang, sondern eine Klettertour über all die Bäume hinweg. Das Ausmaß der Windwurfschäden war sehr groß, noch nie hatte ich so etwas gesehen. Ganze Waldstücke waren umgerissen. Bäume waren entwurzelt oder einfach abgebrochen, und die Stämme ragten wie skurile Skulpturen in die Luft. Die Erde war an vielen Stellen abgerutscht, der Weg kaum noch zu finden. Wie in der Wildnis kam ich mir vor. Doch ich mußte mitten hinein in die verwundete Natur, und ich hatte viel nachzudenken.

Nachdem der Sturm am Vortag sich gelegt hatte, war ich mit der Reikibehandlung fortgefahren. Eva hatte sich erst nach diesem Gewitter richtig entspannt und war eingeschlafen. Wie so oft bei dieser Arbeit liefen viele Bilder vor meinem inneren Auge ab. Eines dieser Bilder zeigte einen Meditationsraum. Es war mein Raum, das fühlte ich, aber nicht identisch mit dem Raum, in dem ich jetzt arbeitete. In seiner Ecke war ein Altar und darunter eine Stufe, und auf dieser Stufe flackerte eine kleine, zart violette Flamme. Ich muß diese Flamme schützen, durchfuhr es mich, es ist meine Aufgabe. Sie wurde mir gebracht, damit ich sie hege, so daß sie stark und kräftig wird. Flamme der Reinigung und Umwandlung? Violettgoldener Strahl der Barmherzigkeit und Gnade? Kwan Yin, hast du mir dein Licht gebracht? Oder du, Maria?

Ich setzte mich auf einen Baumstamm. Ich begann zu beten: Gott im Himmel, heilige Maria, in aller Demut rufe ich dich an. Ich bitte dich, belehre mich und führe mich, hilf mir, was wichtig ist zu erkennen. Kann es sein, daß es meine Aufgabe ist, hier am Dachstein dem Licht zu dienen und ein Tempelchen der Meisterin Kwan Yin zu errichten? Als Botin und Schülerin von ihr, durch meinen Bewußtseinskanal das Licht der Reinigung und Umwandlung, der Barmherzigkeit und Gnade hier aufleuchten zu lassen? Ich lauschte in die Stille der Natur. Ich hörte das Knacken der Äste und das Zwitschern der Vögel, das Rascheln im Laub. Mein Blick glitt über die verwundete Natur in die Weite, und auch meine Gedanken schweiften aus. Da trat plötzlich eine Erkenntnis in mein Bewußtsein: Wer sich nicht demütig beugt vor dem Licht, wird entwurzelt oder geknickt wie die Bäume hier, so groß ist die Gewalt der reinigenden Kraft der gnadebringenden Flamme. Gott im Himmel, erschrocken war ich bei diesen Gedanken erstarrt, dein reinigendes Licht fegt ganze Waldstreifen hinweg! Wie geschieht da den Menschen?

Ich stand auf und ging weiter. Wieder mußte ich über einen Baumstamm steigen, zärtlich strich ich ihm über die Rinde und sagte im Stillen: »Du armer Baum, so früh mußtest du dein Leben lassen.«

»Oh, ich habe es gerne getan für dich!« Die Stimme der Natur aus meiner Kindheit – ich hatte sie tatsächlich wieder einmal gehört.

»Du bist für mich umgeknickt worden?« fragte ich unsicher zurück.

»Ja, du hättest die Gewalt des Lichtes nicht ausgehalten, du und die anderen Menschen hier. Die Natur ist euch zu Hilfe gekommen und hat die Spannung abgeleitet. Sie hat sich der reinigenden Kraft zur Verfügung gestellt. Da euer Bewußtsein diese reinigende Kraft nicht ausgehalten hätte, hat die göttliche Gnade die Transformation über die Materie vorgenommen. Wir Bäume waren bereit, für euch Menschen zu fallen.« Dankbar verneigte ich mich vor der Natur und dankte ihren dienenden Kräften.

Die Tage vergingen, und ich lebte in meiner Abgeschlossenheit ruhig und sehr nach innen gekehrt. Eines Morgens saß ich wieder auf meinem Sofa im Wohnraum. Ich ließ meine Gedanken frei herumwandern und auch meinen Blick. Da wurde mir plötzlich bewußt, mit wievielen unnötigen Dingen ich mich in diesem Raum umgab. Und gleichzeitig dachte ich, ich bin nicht vorbereitet.

»Worauf bist du nicht vorbereitet?« fragte ich mich selbst. Ich wußte es nicht, doch unruhig blickte ich um mich. Der Raum paßte mir nicht mehr, so wie er ausgestattet war. So viele alte Sachen, alles mit karmischen Energien, da mußte etwas geschehen. Ordnung, Klarheit, Einfachheit und Raum für etwas Neues schaffen. Ich begann nachzudenken, und nach einer Weile war mir vollkommen klar, ich würde in meiner Wohnung alles umgestalten und neu einteilen. »Das, was hinten liegt, muß endlich nach vorne!« Gesagt getan. Voller Eifer machte ich mich an die Arbeit. Maler, Tischler und Elektriker mußten beauftragt werden. Mitten in meiner Betriebsamkeit kündigte Elke ihren Besuch an. Ich freute mich sehr. Wie immer würde es mir sehr gut tun, sie um mich zu haben.

Elke half mir beim Räumen, und ich räumte gründlich. Kästen wurden geleert und viel sinnloses Zeug wanderte in den Müllcontainer. Nur, was ich wirklich brauchte, behielt ich zurück. Das alte Wohnzimmer, in dem der neue Meditationsraum eingerichtet werden sollte, war ausgeräumt bis auf einen schweren alten Ofen, der noch in der Ecke stand. Endlich hatte ich einige Männer gefunden, die mir den Ofen hinaustrugen. Elke und ich standen im leeren Raum, und beide sahen wir, wie schön der Raum doch war. Die dicken Mauern, die tiefen Fensternieschen, der alte Bretterboden.

»Schau doch, Elke, dieser schöne Mauersims, der ist gemauert wie für einen Hausaltar«, sagte ich.

»Ja«, sagte Elke, »eine Altarnische, die immer schon da war. Doch erst jetzt, da der Raum leer ist, können wir sie wahrnehmen. Schön ist dieser Raum, Karin. Ich kann mir gut vorstellen, wie du hier deine Seminare abhältst«, und sie fügte hinzu, »worauf dein schöner Altar wohl wartet?«

Am Abend setzten Elke und ich uns in den neuen leeren Meditationsraum, zündeten ein paar Kerzen an und machten unsere Sahaja-Joga-Meditation. »Das war jetzt eine schöne erste Feierstunde im neuen Raum«, sagte ich zu Elke.

»Ja, sehr sehr schön«, meinte sie, und ihr tiefer, verständnisvoller Blick lag liebevoll auf mir. »Wie geht es dir mit dem Mann, mit dem du auf Urlaub warst?«

»Du meinst mit Harald? Das ist vorbei. Da waren auch so viele karmische Fäden aufzulösen. Ich glaube, wir haben einiges gelöst, und es hat uns beiden gut getan. Doch Zusammenleben ist nicht drin bei uns beiden«, sagte ich. »Da hänge ich noch in ganz anderen Fäden, aus denen ich mich noch nicht befreit habe. Aber das kommt jetzt als nächstes dran.«

Elke sah mich aufmerksam an und sagte: »Ach Karin, wann kommt endlich ein nichtkarmischer Mann in dein Leben. Nun ist es bald genug mit den alten Sachen, wo wir doch hier alles neu haben wollen!«

»Du hast ja recht, Elke, es wird wirklich Zeit. Ich will nun auch alles klären, und ich freue mich, Günther bald zu treffen«, sagte ich nachdenklich und dachte daran, wie ich einem spontanen Impuls folgend, ohne nachzudenken, plötzlich bei ihm angerufen hatte. Wir hatten lange geredet. Er erzählte, daß er sich mittlerweile auch mit Esoterik beschäftigte. Das gab Anlaß zur Hoffnung, daß er endlich verstehen würde, wie ich fühlte und worauf es mir ankam.

Elke setzte sich nahe an mich heran und legte mir die Hände auf den Körper.

»Ach Elke, wie gut mir das tut. Ich muß dir jetzt aber auch einmal Reiki geben, du bist immer für mich da«, sagte ich.

»Das ist doch in Ordnung, Karin«, und ihre Hand fuhr über meinen Rücken, und sachte richtete sie mich auf. Ich war schon wieder in meinen alten Knick hineingesunken. »Hat dir das Seminar bei Divo gutgetan?« fragte sie.

»Ja, sehr. Das war sehr gut für mich; Divo und ihre Alta-Major-Methode sind eine sehr gute Sache. Es hätte mich sogar gereizt, bei ihr eine Ausbildung zu machen. Doch, Schuster bleib bei deinen Leisten – man kann schließlich nicht alles tun.«

So begannen wir, über dies und das zu plaudern, und genossen das Zusammensein. Als wir uns später im Bad zum Schlafengehen fertigmachten, fiel mir noch etwas ein, und ich sagte: »Weißt du, Elke, ich habe so ein erwartungsvolles Gefühl. Seit langem schon bin ich auf der inneren Suche nach ganz bestimmten Mantren, und nun habe ich das Gefühl, sie kommen bald bei mir an.«

In tief verständnisvollem Ton gab Elke mir zur Antwort: »Ja, wenn du nach ihnen gerufen hast, dann kommen sie sicher bald. Du bekommst sie, kurz bevor du sie brauchst.«

Zwei Tage später verließ mich Elke wieder, dafür kam Rudi zu Besuch. Er hatte seinen Herbsturlaub schon vor etlichen Wochen angekündigt, wie immer um diese Zeit. Wir verbrachten einen wunderschönen Abend zusammen. Ich hatte etwas Käse, Brot und Tomaten auf den Tisch gestellt und eine Flasche Wein geöffnet. Rudi hatte mir wie immer wunderbare Musik mitgebracht.

»Rudi, es ist so schön, daß du mir ein bißchen weite Welt in mein Landleben trägst«, sagte ich deshalb zu ihm und dachte: Ich muß wirklich aufpassen, daß ich hier nicht komplett in meiner kleinen, geistigen Welt versinke.

»Ja, mir scheint auch so, du lebst noch viel klösterlicher als ich«, sagte er lachend.

Wir plauderten eine Weile über die schöne Musik, und wir tauchten ein in die Tiefe unseres gegenseitigen Verstehens. War die Feierstunde mit Elke von der Erwartung an etwas Neues geprägt, so lag über diesem Abend mit Rudi eine sanfte Melancholie. Fragend sah ich Rudi an, ich hatte eine Ahnung. Rudi verstand meinen Blick sogleich und hob sein Weinglas mir zu. »Komm«, sagte er, »laß dankend uns die Gläser heben, meine liebe Schwester Karin, und laß uns diesen besonderen Abend gemeinsam genießen“.

»Ist das ein Abschiedsabend für uns beide, Rudi?« Ein banges Stechen berührte mein Herz, und es schnürte mir ein wenig die Kehle zu. Ich mußte mich räuspern.

»In gewisser Weise, ja«, sagte er, »doch zum Segen, liebe Schwester.«

Unsere Gläser klirrten, und schweigend nahmen wir einen guten Schluck. Rudi war in all den Jahren mein ganz großer geistiger Begleiter geworden. Obwohl ich wußte, er würde mir immer liebevoll zugetan sein, hatte ich nun doch plötzlich Angst, er könnte mich loslassen. Mir seine feine Führung entziehen, so daß ich ganz alleine weitergehen müßte. Wie immer, wenn ich ganz geschützt bei mir sein wollte, zog ich meine Beine aufs Sofa und im Schneidersitz eng an mich heran. Rudi hatte sich im Sessel bequem zurückgelehnt, und nach einer Weile des Schweigens sagte er: »Ich verlasse das Kloster, ich lege das ewige Gelübde nicht ab.«

Er sagte es ganz ruhig und selbstverständlich, es bestätigte meine Ahnung. »Gut«, sagte ich, »das ist gut.«

Dann schwiegen wir wieder. Es bedurfte auch wirklich keiner Worte. Die Zeit, die Aufgabe im Kloster waren einfach vorbei, und Rudi ließ sich niemals von einem Dogma oder einer äußeren Struktur leiten. Er horchte nach innen und stand unter geistiger Führung wie ich.

»Wie nimmt es deine Umgebung auf?« fragte ich nach einer Weile.

»Nicht so gut und selbstverständlich wie du wahrscheinlich. Meine Eltern haben sich ja nun gerade daran gewöhnt, mich als Mönch zu sehen. Es wird schwer sein für sie, das zu verstehen«, sagte er.

Tiefe Wärme, Liebe und Mitgefühl durchdrangen mich, und ich dachte: Darf ich es also auch wieder als erste erfahren wie bei seinem Eintritt. Zärtlich mitfühlend schaute ich ihn an, da neigte er sich mir zu und sagte leise: »Ich fahre morgen nach Italien und hole eine Frau ab. Sie heißt Ariane.« Seine Augen strahlten.

»Wie schön Rudi, da freue ich mich aber sehr.« Damit hatte ich nicht gerechnet, aber es freute mich tief und aufrichtig für ihn, ja es machte mich glücklich. Es entsprach vielmehr meiner Auffassung, die Liebe im menschlichen Zusammenleben zu beweisen, als aus der Distanz eines Klosterlebens. Ich konnte mich doch nicht zurückhalten: »Weißt du, ich bin von Herzen froh«, sprudelte es aus mir heraus, »daß du dazu bereit bist, einer Frau deine Liebe zu schenken.«

Natürlich wußte ich, wie wichtig seine Klosterjahre für ihn, andere und auch für mich waren und daß der Weg drinnen oder draußen seine gleiche Gültigkeit hat.

Unsere Augen versenkten sich tief ineinander: »Rudi, ich liebe dich«, dachte ich, und unsere Hände fanden sich sanft.

Die traute Abendstimmung im Kerzenschein hüllte uns liebevoll ein. Abschiednehmen ist nicht schwer, dachte ich, wenn man weiß, daß die Liebe bleiben darf und bleibt.

Wir lauschten schweigend den wunderbaren Klängen eines Quintetts von Schubert. Nachdem der zweite Satz verklungen war und Rudi die Musik wieder etwas leiser gedreht hatte, sagte er zu mir: »Da ist noch etwas, Karin. Ich mußte sehr weinen, als der Meister kam.«

Als der Meister kam? Das Blut schoß mir in den Kopf, und bange klopfte mein Herz. Ich weiß es doch, tönte es in mir, doch ich konnte nichts sagen, konnte nichts fragen, war nur still, nachdem ich tief durchgeatmet hatte.

»Schau«, sagte Rudi liebevoll, »ein Bild von meinem Meister.« Einem Umschlag entnahm er ein Bild und reichte es mir.

Sorgsam nahm ich es in meine Hände, sie wurden augenblicklich brennend heiß. Mein Herz pochte bis zum Hals. Warme Liebe durchstömte mich, und stille Tränen stiegen in mir auf. Tief ergriffen schaute ich und schaute. Lange hielt ich das Bild in meinen Händen, dann gab ich es ihm dankend zurück und dachte: Christlicher Bruder, bist du auch den Buddha-Weg gegangen? Doch ich schwieg still und fragte nichts. Die innere Stimme würde schon kommen, das wußte ich. Im Schweigen lag die tiefste Information lange auch schon für mich. Rudi hatte das Bild an sich genommen und sah es nun selbst lange an, mit stummen Nicken. Dann steckte er es wieder in den Umschlag, und wir verloren kein weiteres Wort darüber.

Rudi schenkte unsere Gläser nochmals voll, und wir begannen, über seine Reise nach Italien zu plaudern. Er wollte in zwei Tagen wieder zurück sein und Ariane mitbringen; sie würden dann noch ein paar weitere Tage bleiben. Nun war der Zeitpunkt gekommen, ihm zu sagen, daß auch ich mich übermorgen mit meiner Liebe treffen wollte, mit Günther, von dem er ja nur den Namen kannte.

»Das ist schön, Karin«, sagte Rudi. »Ich fahre nach Italien und du nach St. Gallen.«

Mitternacht war längst vorüber, und es wurde Zeit, den Abend zu beenden. Ich hatte Rudi zur Tür begleitet, als er aus seiner Tasche noch eine Musikkassette zog. Mit einem Augenzwinkern legte er sie mir auf den Tisch. »Mit einem schönen Gruß vom Jörg«, sagte er lachend. Jörg war ein Freund von ihm, Buddhist, den auch ich flüchtig kannte.

»Danke Rudi, was ist das?« neugierig wollte ich nachsehen, doch Rudi legte seinen Zeigefinger an den Mund. Dann schloß er mich herzlich in seine Arme, und wir verabschiedeten uns.

Als die Tür sich hinter ihm geschlossen hatte, nahm ich die Kassette zu mir und las: Es waren meine Mantren!

Tief bewegt und nachdenklich ging ich zu Bett.

Am nächsten Tag war Samstag, und am morgigen Sonntag wollte ich ja Günther treffen. Ich war sehr unruhig. Obwohl ich so spät schlafen gegangen war, war ich sehr früh aufgestanden. Ich wollte mich zur Morgenmeditation setzen, doch meine innere Unruhe war zu groß. So holte ich die Kassette und hörte zum ersten Mal die heiligen Worte gesungen. Bald schon sang ich selber mit und sang und sang und sang und wußte noch nicht, daß ich diese Mantren eine Woche lang nahezu ununterbrochen singen würde.

Am Sonntag Morgen war ich wieder früh wach und hatte viel Zeit für mich. Das Konzert in der Kirche in St. Gallen, zu dem er mich eingeladen hatte, begann erst am späten Nachmittag. So blieb mir Zeit, auf ihn hinzuspüren. Wie fühlte er? Wie seine Freundin? Nahm er es hoffentlich gelassen und fröhlich, mich wiederzusehen? Mit Humor und Herzlichkeit? Oder hatte er Angst? Um meine Aufregung zu besänftigen, begann ich lauthals zu singen. Ich sang auf dem Klo und in der Badewanne, summte beim Zähneputzen und verschluckte mich mit meinem Kaffee, da ich das Summen und Singen nicht mehr lassen konnte.

Singend und zu Maria betend fuhr ich los. Ein Teil der Strecke nach St. Gallen ist die gleiche wie nach Mariazell. Eine wunderschöne Landschaft, herrlich zu fahren. Ich war so früh losgefahren, um unterwegs zu Mittag zu essen. In dem Restaurant hatte ich große Mühe, nicht zu singen. Später ging ich noch auf einem schönen Waldweg spazieren, und die Zeit tröpfelte dahin. Dann stand ich endlich in St. Gallen vor der Kirchentür, pünktlich fünf Minuten vor Konzertbeginn. Ich sah mich um, nur fremde Gesichter. Er und seine Freundin waren noch nicht da. Ich schaute in die Kirche hinein. Nein, da konnte ich ihn auch nicht erkennen. Wenn er gar nicht kam? Doch als ich mich umdrehte, stand er vor mir.

»Hallo, Karin, tut mir leid, daß wir ein wenig spät dran sind. Das ist meine Freundin, das ist Karin.« Ich hörte seine Stimme, die ich so gerne mochte, nach so langen Jahren erstmals wieder ohne telefonische Verzerrung. Wir begrüßten uns und gingen in die Kirche, setzten uns in die erste Reihe. Gottlob, der Anfang war gemacht!

Meine Gefühle vom Morgen hatten mich nicht betrogen. Er hat Angst, immer noch Angst, dachte ich. Ich nahm das Konzertprogramm zur Hand: Hochzeitskantate! Weichet nur betrübte Schatten ... Ja, ihr Schatten, weichet, weichet doch endlich! All ihr karmischen Energien, die unbewußt uns fangen, weichet, weichet, hinweg mit euch!

Eine enge Kirchenbank, zwei Frauen und in der Mitte ein Mann. Na ja, ich schaute zu seiner Freundin hinüber. Sie war mir sehr sympathisch. Auch da hatte mein Seelengefühl sich bestätigt: eine selbstbewußte, wunderschöne, sehr junge Frau. So langte ich hinter seinem Rücken zu ihr hin und streifte kurz ihren Arm: »Ich freue mich sehr, dich kennenzulernen. Ich hoffe sehr, du wirst mir viel von dir erzählen?«

»Ich weiß nicht, was du wissen willst?« fragte sie offen zurück.

»Alles!« antwortete ich bestimmt, und sie mußte lachen.

Schön, dachte ich, die Spannung legt sich, das geht sicher gut mit ihr und mir. Doch Günther blieb sehr verspannt.

Nach dem Konzert nahmen sie mich noch auf ein Musiker-Abschiedsessen mit. Es dauerte Stunden, bis Günther den Mut fand, sich aufzuraffen und alleine mit mir zu sprechen. Ich war schon nahe daran gewesen, wieder heimzufahren. Er merkte es und sagte: »Komm, laß uns ein wenig spazieren gehen, in der Stille der Nacht spricht es sich leichter.«

Nun gut, ich wußte, da bleibt mir höchstens eine halbe Stunde, nicht viel, um soviel aufzuklären. Doch wie auch immer, ich wollte die Zeit nutzen.

So gut es ging, versuchte ich zu erklären, wie ich alles sah, vor allem auch die karmischen Zusammenhänge. Einiges wußte er ja schon aus meinen Briefen, und er schien mich gut zu verstehen. Wir gingen durch die schmalen, nachtstillen Gassen des kleinen Ortes. Die matten Straßenlampen beleuchteten uns den Weg. Da machte er mich auf eine Katze vor einem Gartenzaun aufmerksam, vor der ein zusammengerollter Igel lag, den die Katze mit ihrer Pfote anzustupsen versuchte.

»Schau Karin, so geht es mir mit dir«, sagte er.

»Warum nur hast du soviel Angst, ich meine es doch nur gut«, sagte ich und redete über unsere Geschichte weiter.

»Ich weiß nicht, was kommen wird, aber erwarte bitte nichts von mir. Keine Reaktion«, sagte er, als wir zurück in den Gasthof gingen. Mich fröstelte, mir war kalt geworden und wohl nicht nur von der Kühle der Nacht. Günther, dachte ich, ich brauche aber eine Reaktion, einen klaren Abschied zumindest, eine herzliche, offene Stimmung ohne Angst und Beklemmung, ohne Schuldgefühle. Doch ich konnte es nicht sagen, wir waren schon mitten unter den Menschen. Seine Freundin saß mitten im bunten Treiben und unterhielt sich gut mit ihren jungen Freunden. Schön strahlend und fremdländisch sah sie aus. Kann ich ja verstehen, Günther, daß du dich in sie verliebt hast, doch deshalb können doch auch wir unseren Frieden finden. Mit ein bißchen Menschlichkeit und Offenheit wäre das ein Leichtes für uns. Doch bitte nicht wieder dieses drückende Schweigen, das alles unausgesprochen läßt, was noch zwischen uns schwingt. Doch das waren meine Gedanken, und selbst in Worte gefaßt wären sie wohl kaum durch seinen Gefühlspanzer gedrungen. Ich ging, um mich von seiner Freundin zu verabschieden. Wir schauten uns offen in die Augen: »Ich danke dir für dein Verständnis«, sagte ich, »und ich danke, daß ich dir begegnen durfte.«

»Ich danke dir auch sehr herzlich«, sagte sie, »es ist schön, daß du gekommen bist, und ich glaube, es ist ganz gut für Günther.«

»Ja, das glaube ich auch.«

»Wir fahren Karin doch besuchen, nicht wahr?« sagte er an seine Freundin gewendet, und wir plauderten noch kurz über Urlaubsmöglichkeiten bei uns. Dabei konzentrierte ich mich sehr auf seine Freundin, ich wollte sie seelisch fragen: »Du bist noch so jung, wirst du bei ihm bleiben, oder fliegst du ihm eines Tages davon?«

»Das weiß ich noch nicht so genau, vielleicht bleibe ich, vielleicht fliege ich«, kam es zurück von ihr.

»Eines Tages kommen wir dich besuchen, dann bringe ich dir den Günther nach … wie heißt der Ort? Haus?« sagte sie da gerade laut zu mir. Wir reichten uns die Hände, und ich wandte mich ab.

Günther begleitete mich zum Auto. Im Vorraum des Gasthauses sagte er: »Versteh bitte, Karin, mein Leben ist jetzt einigermaßen harmonisch, endlich. Aber ich weiß nicht, was richtig ist.« Hilfesuchend sah er mich an.

»Du hast eine liebe Freundin, Günther, ich kann dich verstehen«, sagte ich.

Wir waren beim Auto angelangt, und für einen Moment war die alte Vertrautheit da, und wir schlossen uns fest in die Arme.

Dann, Günther war schon zurückgetreten, und ich wollte gerade einsteigen, da wandte ich mich nochmals um und sagte: »Danke Günther, danke für alles.«

Ich stieg ins Auto und schloß die Tür, als er nochmals an die Scheibe klopfte. Ich drehte sie herunter, und er sagte: »Da fehlt doch noch etwas, Karin! Wenn alles so ist, wie du sagst, dann fehlt das Schönste an unserer Geschichte noch!«

»Ja, Günther, vielleicht, vielleicht, es wäre schön«, ich startete den Wagen, er trat zurück und winkte mir zu. Am liebevollsten und zärtlichsten schaut er immer, wenn ich fahre, dachte ich. Doch wieder hatte er nicht Lebwohl gesagt: Alles Gute, ich wünsche dir Glück mit einem anderen Mann.

Tränen kollerten über meine Wangen, meine Mantren aus dem Autorekorder hüllten mich ein. Ich schaltete die Scheinwerfer ein und rollte den Wagen aus der Parklücke. Er stand im Lichtkegel und warf mir Kußhändchen zu. Dann fuhr ich los, wieder einmal. Es waren Jahre vergangen, doch die Szenen waren immer noch die gleichen. Eine Liebe, die nicht leben und nicht sterben kann.

Ich fuhr hinein in die dunkle Nacht, ließ mir die Tränen über die Wangen rinnen und begann wieder, meine Mantren zu singen: Sri Ram, jai Ram, jai jai, Ram Ram.

Nur fahren, singen und weinen, nur nicht stehenbleiben, dann ist alles gut. Und es war nicht Schmerz, nicht Leid und Verzweiflung, nein, es war ein Gefühl, das rinnen wollte, rinnen durfte. Des Herzens Tiefe brauchte sein Ventil, wo soll die Liebe hin? Wenn er sie nicht annehmen kann, muß sie eben herausrinnen aus mir. Im Grunde war ich tiefbewegt, ja glücklich sogar. Ich kann lieben, so tief lieben, noch immer, wie schön! Die Liebe hatte mich nicht verlassen. Gottlob, habe ich nicht deine Prüfung bestanden und wirklich tief und bedingungslos lieben gelernt? O Seele, o Tiefe, o weites Land, wie geheimnisvoll ist doch, was in uns geschieht.

Ich fuhr, sang und weinte. Günther, ich weine auch für dich! Nicht um dich, sondern für dich. Weine, als könnten meine Tränen deine Härte aufweichen. Weine doch auch du, und hab keine Angst vor dem Seelenschmerz, laß ihn hinausrinnen, und die Tränen wandeln bittersüß dein Gefühl, und all der Engel Zärtlichkeit hüllt dich ein.

Gottes Nähe ist es, wohin die Einsamkeit uns zieht. Schon war der Vollmond vor mir aufgegangen und schickte mir seine verzauberten Strahlen. Ich fuhr, fuhr und sang, vom Licht des Mondes magisch durch die Nacht gezogen. Zuweilen verschwamm mir der Blick in meinen Tränen, zuweilen streiften Gefühle der Sehnsucht um mich herum. Wie du es auch drehen und wenden magst, Karin, dachte ich, machen kannst du nichts, rein garnichts, nur geduldig Gottes Willen annehmen und auch die eigenen Gefühle. Denn unterdrücken wollte ich nicht mehr. Dann schon lieber singen und weinen und morgen tanzen und lachen.

Es war zwei Stunden nach Mitternacht, als ich zu Hause ankam, doch es hielt mich nicht in meinen Räumen, die Wände waren mir zu eng. So zog ich mir nur rasch bequemere Kleider an, nahm meine Kontaklinsen aus den Augen, die mir das nach der Tränenflut sehr dankten, und schon stieg ich wieder in meinen Wagen. Zwei Bananen hatte ich noch mitgenommen, denn mein Magen knurrte. So viel Gefühl macht hungrig, dachte ich, und schälte die erste Banane ab. Dann fuhr ich wieder los. Des Mondes runde Scheibe leuchtete mir entgegen und zog mich auf die Ramsau hinauf. Welch Hochplateau! Silbrig glänzten die Dachsteinwände. Langsam fuhr ich mit dem Auto herum, sang meine Mantren und zog meine heiligen Kreise. Bis auf den Hohentauern hinauf zog mich der Mond, und mir war, als müßte sich in meiner tränennassen Liebe das ganze Land hier in meine weichen Gefühle zum Bade eintauchen.

Erst als der Mond sich hinter die Berggipfel neigte und die ersten Schleier der Morgenröte den neuen Tag ankündigten, fuhr ich nach Hause und legte mich zum Schlafen nieder.

Frisch, munter und fröhlich wachte ich auf. Ich war voller Unternehmungsgeist und hatte das Gefühl, etwas tun zu müssen. Die Mantren hatten eine so starke Wirkung, ich konnte mich nicht davon lösen und sang sie immer noch vor mich hin. Voller Tatkraft stürzte ich mich in meine alltägliche Arbeit. Ich mußte noch Gartenmöbel von hier nach Assach ins Bauernhaus bringen. Und obwohl die Seesel sehr groß waren, schaffte ich es irgendwie, sie in meinem Kofferraum zu verladen. Natürlich mußte ich zweimal fahren. Als ich bei meinem Bauernhaus ankam, fühlte ich, wie es noch ganz in den heiligen Dornröschenschlaf der Liebe gehüllt war. Ich wollte Rudi und Ariane nicht stören und stellte den Sessel vor die Tür. Als ich zum zweitenmal vorfuhr, drangen die nach Gott rufenden Laute doch in die liebliche Stille ein. Rudi öffnete das Fenster im ersten Stock und beugte sich heraus.

»Guten Morgen, Rudi, laßt euch nur nicht stören, ich bin schon wieder weg!« rief ich ihm fröhlich zu.

»Guten Morgen, Karin, höre ich richtig?« fragte er mich.

»Ja, du hörst richtig, Rudi, ich bin dabei, Gott in mir wachzurufen! Bin dabei, die göttliche Liebe in mir endlich zu befreien«, rief ich ihm zu, stellte den zweiten Sessel vor die Tür und fuhr wieder davon. Die dunklen Fäden aus der Inkarnation mit dem Opferkind – die waren gelöst, das fühlte ich. Doch es galt, nun auch die dumpfe Angst aus dem Leben als Magd ins Licht zu heben und aufzulösen. Die Schuldgefühle von uns beiden sollten doch endlich von uns weichen.

Ich mußte nach Schladming zum Einkaufen fahren. Fröhlich singend machte ich mich auf den Weg. Plötzlich war mir, als griffe mir ein Engel ins Lenkrad. Und wie schon einmal, damals nach einem schweren Schock, den mir eine Begegnung mit Günther brachte, zog es mich hinauf auf den Berg, zu einer Frau, die seit damals um meine unerfüllte Liebe wußte. Ja, eigentlich hatte Günther mich zu ihr hingeführt. Gut dachte ich, daß ich die Kassetten bereits mehrfach überspielt habe, ich werde Michaela eine schenken. Vollkommen aufgedreht und singend stürmte ich bei ihr hinein. Wie immer kam sie mir freudestrahlend entgegen. Sie mochte mich sehr, das fühlte ich. Doch nun sagte sie: »Sei gegrüßt, doch was ist los mit dir? Du bist ja völlig high?«

»Ja, Michaela, ich bin aufgedreht und sehr glücklich. Ich hab dir eine schöne Musik mitgebracht, darf ich die in deinen Räumen spielen?« fragte ich sie.

»Ja natürlich, leg sie in die Anlage, du kennst dich ja aus. Ich muß nur noch schnell die Betten fertig machen. Dann mache ich uns einen guten Kaffee«, sagte sie.

»Laß dich nur nicht stören, ich setze mich gerne in die Morgensonne auf die Terrasse«, und schon eilte ich, um die Kassette einzulegen. In diesen Räumen muß ich auch noch etwas befreien, dachte ich, da hängen noch so viele alte Schatten herum. O weichet, weichet, Licht und göttliche Liebe, tretet ein! Dann setzte ich mich in die Morgensonne und lauschte den Klängen. Michaela erschien auf dem Balkon über mir und sagte: »Welch eine schöne Musik, ich glaube das kenne ich.«

»Michaela, weißt du, was das heißt?« fragte ich neugierig.

»Ja«, antwortete sie, »Herr, erbarme dich unser!«

Ach, Michaela, dachte ich, wie schön, warst doch du damals die Frau von Günther, die Gutsherrin. Heilung, Friede, Vergebung, wie tust du gut.

Später saßen wir bei einer Tasse Kaffee zusammen, und Michaela sagte, »jetzt verrate einmal, warum bist du so aufgedreht?«

»Ich hab den Günther gestern getroffen!« sagte ich bewegt.

»Ja?« fragte sie erstaunt, »und was machst du jetzt mit ihm?«

»Heimholen, Michaela«, sagte ich aus tiefstem Herzen, und sie fragte: »Wie?«

»Mit Liebe, wie sonst?« O Winzling meiner Hoffnung, nun warst du mir doch ausgeschlüpft! Ich konnte dich nicht mehr länger im Herzen halten, und so hatte sich der Frau, die Günther im Verborgenen immer noch liebte wie ich, der Lichtstrahl der Hoffnung offenbart. Ich selbst war überrascht und unvorbereitet und biß mir erschrocken auf die Zunge. Heilige Maria, darf das sein?

Wieder zu Hause angekommen, griff ich zur Bibel, ich wußte, was ich suchte, den Korintherbrief, das Hohelied der Liebe[5].

1 Korinther

13 *wenn ich mit Menschen-, ja mit Engelszungen rede, habe aber die Liebe nicht, so bin ich ein tönendes Erz und eine grelle Schelle. Und wenn ich die Prophetengabe habe und alle Geheimnisse weiß und alle Erkenntnis besitze und wenn ich allen Glauben habe, so daß ich Berge zu versetzen vermöchte, habe aber die Liebe nicht, so bin ich nichts. Und wenn ich all meine Habe zu Almosen mache*

und wenn ich meinen Leib hingebe zum Verbrennen, habe aber die Liebe nicht, so nutzt es mir nicht.

Die Liebe ist langmütig, gütig ist die Liebe, die Liebe ist nicht eifersüchtig, sie prahlt nicht, ist nicht aufgeblasen. Sie handelt nicht taktlos, sie sucht nicht den eigenen Vorteil, sie läßt sich nicht erbittern, sie trägt das Böse nicht nach. Sie freut sich nicht über das Unrecht, freut sich vielmehr an der Wahrheit. Alles deckt sie zu, alles glaubt sie, alles hofft sie, alles erträgt sie.

Die Liebe hört niemals auf. Prophetengaben – sie verschwinden, Sprachengaben – sie hören auf, Erkenntnis – sie verschwindet. Denn Stückwerk ist unser Erkennen und Stückwerk unser Prophezeien. Wenn aber das Vollendete kommt, dann wird das Stückwerk abgetan. Als ich ein Kind war, redete ich wie ein Kind, dachte wie ein Kind, urteilte wie ein Kind. Seit ich jedoch ein Mann geworden bin, habe ich die kindische Art abgelegt. Wir sehen nämlich jetzt durch einen Spiegel rätselhaft, dann aber von Angesicht zu Angesicht. Jetzt ist mein Erkennen Stückwerk, dann aber werde ich ganz erkennen, wie ich auch erkannt worden bin.

*Nun aber bleiben **Glaube, Hoffnung, Liebe,** diese drei; am größten jedoch unter ihnen ist **die Liebe.***

Nun war mir klargeworden, ich war im Irrtum gewesen zu glauben, ich dürfe nicht hoffen, daß meine Liebe erwidert würde. Welche Angst, welch Schatten hatten bloß versucht, mir die Hoffnung, den Glauben an die Liebe zu verbieten? Die Hoffnung und der Glaube an die Liebe in uns und auch an die Liebe im anderen dürfen sein, sollen sein! Wie schön, Hoffnung, du darfst leben! Und mir wurde klar, was soll meine Erkenntnis, mein Wissen um Zusammenhänge? Es hilft mir zwar, alles besser zu verstehen und verstehen zu können, ist der erste Schritt zur Liebe, aber es erlöst nicht. Nicht mich und auch nicht die anderen, und darum dachte ich, Magd, du darfst jetzt leben! Deine Liebe, deine Hoffnung, dein Glaube soll sich offenbaren, und deine Naivität darf auferstehen. Ich wußte, in ein anderes Leben schauen zu dürfen, war eine Chance, im Hier und Jetzt alte Wunden zu heilen, die im Verborgenen immer noch Seelenschmerz hervorriefen. Es gab da ein Gedicht, Rudi hatte es mir gebracht, das dies Geheimnis auszudrücken verstand.

Selig werden

Und nirgends schlug eine Uhr,
und nirgends erhoben sich Mauern,
Die Riegel der Jahre sprangen wie klingende Saiten
und alle Fernen waren, als eilten sie mir entgegen.

Ich ging durch die Räume der Vorzeit,
wie durch vertraute Gemächer
ganz nahe den meinen,
ich trat in die schlafenden Stuben
der einst Gewesenen.
Spurlose Brücken trugen mich über die Schluchten der Jahre,
ich kannte mich aus in der Väter verschollener Landschaft,
in längst versunkenen Gärten blühten mir Blumen zu
aus den lieblichen Sommern der Toten.

Sie schlichen mir nach mit ihren flüsternden Schritten
und hielten in ihren Händen das stumme Einst ihrer Tage:
All das Verschmachtete und all das Verschwiegene,
all das Unausgetragene,
das nicht zum Sterben kommt, weil es nicht lebte.
Ich reichte ihnen mein Lied, da saßen sie nieder
und wurden jung und rot am Tisch meiner Gabe
und sprachen mit meinem Mund
und weinten sich aus mit meiner Augen lebendigen Quellen,
und lebten mit meinem Leben ihr Leben zu Ende,
und vielen, vielen, die ohne Hoffnung starben,
wurde ihr Schicksal noch selig.
Denn die Liebe, die für uns am Kreuze starb, ist nicht gestorben.
Alle, die ich mit ihr tröste, werden auferstehen.

Gertrud von le Fort[6]

Zwei Tage später war ich wieder mit meinen Umbauarbeiten beschäftigt und montierte gerade Bücherregale. Ich sang wieder meine Mantren. Auf einmal hielt ich in meiner Arbeit inne und wußte plötzlich: Ich muß jetzt nach Salzburg fahren, um dort in der Getreidegasse auf einen Inder zu treffen, dem ich eine Frage stellen muß, die zugleich die Antwort beinhaltet. Und dann bekomme ich *meinen* Buddha. Es war keine Stimme, die zu mir sprach, nein, ich wußte es! Ich legte mein Werkzeug beiseite und richtete mich auf. Gut, dachte ich, dann fahre ich jetzt nach Salzburg. Es war kein Staunen und kein Zögern in mir, sondern nur tiefe Gewißheit, ja Selbstverständlichkeit. Ich ließ alles stehen und liegen, nahm meine Jacke, zog Schuhe an, griff nach meiner Handtasche, und da spürte ich doch eine innere Aufregung und mußte noch schnell aufs Klo sausen. In dem Moment klingelte das Telefon, ich hatte bereits meinen Anrufbeantworter eingeschaltet und vernahm die Stimme von Manfred: »Hallo, Karin, bist du da?«

Ja, aber ich kann nicht, sitze am Klo, dachte ich, und prompt sagte er: »Also nicht erreichbar! Melde dich bitte so bald wie möglich. Es geht um die Feinabstimmung der Farbe Violett.«

Manfred meinte natürlich ein Konzept, das ich für ihn entworfen hatte. Doch ich dachte, aha, danke Manfred für die Botschaft. Also, so bald wie möglich muß ich nach Salzburg fahren, und die Erkennungsfarbe ist natürlich Violett! So fuhr ich, natürlich wieder fröhlich singend, los. In Salzburg angekommen parkte ich wie üblich am Rotkreuzparkplatz und ging in Richtung Getreidegasse. Ich war kaum in sie eingebogen, da sah ich schon den violetten Turban aus der Menschenmenge leuchten. Geradewegs ging ich auf ihn zu und erkannte, es waren zwei Inder, einer mit Turban und ein älterer, europäisch gekleideter Inder. Als sie auf meinen violetten Anorak aufmerksam wurden, blieben sie stehen und sahen mich beide erwartungsvoll an.

»Entschuldigen Sie«, sagte ich zu dem Inder mit dem Turban, denn ich war sicher, ihn ansprechen zu müssen, obwohl ich nun spürte, welch starke Energie von dem Älteren ausging. »Darf ich Sie etwas fragen?«

»Bitte gerne«, antwortete er, »wollen Sie die Frage in Englisch oder in Deutsch stellen?«

»In Deutsch bitte«, sagte ich und war nun doch einen Moment nervös, denn bis zu diesem Moment wußte ich nicht, welche Frage zu stellen war. Aber ich wußte, die Antwort mußte die Barmherzigkeit sein.

»Nun gut, dann stellen Sie Ihre Frage«, sagte er, und seine Stimme war weich und warm und seine Aussprache einwandfrei.

Mein Herz klopfte bis zum Hals, doch ich hörte mich sagen: »Was ist wirklich das Höchste? Was heißt *sri Ram* und *jai Ram* wirklich?«

»Sri ist die Anrede und jai«, sagte er und hob eine Hand weit gegen den Himmel und richtete den Blick in die Höhe, »jai ist das Höchste und Ram, das wissen Sie selbst.«

»Ja, Ram ist die Bezeichnung für Gott«, sagte ich, »was heißt aber Barmherzigkeit, wenn jai Ram das Höchste ist?« Die Worte kamen ganz von selbst, und meine Stimme klang sehr sicher. Nun war mir plötzlich alles klar: Die bedingungslose väterliche Gottesliebe gibt uns frei, wartend, daß der verlorene Sohn, die verirrte Tochter heimfinden würde, doch die barmherzige, mütterliche, weibliche Liebe, die geht ihren Kindern nach.

»Oh, das habe ich vergessen«, sagte da der Inder, »ich war lange nicht daheim.«

Ja eben, dachte ich, aber ich sprach es nicht aus, wenn du nicht immer daheim, also bei Gott bist, bist du nicht in der Liebe. Doch wie ein leuchtender Pfeil durchbohrte mich sein Blick, und erschrocken wich ich zurück. Schamesröte stieg mir ins Gesicht. Wie konnte ich nur diesen Gedanken hegen, wo ja er in seiner Barmherzigkeit mir nachgegangen war und mich hierher berief. Er ließ mich sofort spüren, daß ich die Antwort nicht richtig verstanden hatte. Nun war ich gestolpert, *Barmherzigkeit, da du das Größte bist,* hilf! Da spürte ich die segnende Ruhe des alten Inders neben mir, ich wagte den Blick kaum zu heben. Doch ich hatte die Antwort, die aus seinem Schweigen zu mir kam, ja verstanden: *Die Barmherzigkeit ist das Größte, doch muß sie vergessen, daß sie das Größte ist, sonst ist sie nicht mehr Barmherzigkeit.*

Eine große Ruhe und ungewöhnliche Stille legte sich über mich. Mitten im Lärm und Menschengewühl in der Getreidegasse in Salzburg stand ich da, von einer rosaroten Seifenblase umhüllt, und fühlte den segnenden Hauch der Ewigkeit. Ganz langsam verneigte ich mich bis tief auf den Boden und ganz langsam richtete ich mich wieder auf. Als ich frei aufgerichtet dastand, verneigten sich beide Inder tief vor mir, und ich nahm es an. Ihr Segen strömte mir zu. Still dankte ich für den Segen und die Belehrung. Schweigend hatten sie sich abgewandt und waren einfach weitergegangen. Auch ich drehte mich um und ging. Mechanisch setzte ich einen Fuß vor den anderen. Was war geschehen? Niemals kannst du das Wirkliche in Worte fassen.

Still ging ich weiter, und ich wußte, nun bekomme ich meinen Buddha. Ich habe die Prüfung doch bestanden. Stille, tiefe Freude erfüllte mich. Als ich auf einer bestimmten Höhe in der Getreidegasse angekommen war, schaute ich um mich. Rechts neben mir sah ich ein Geschäft mit geschnitzten Madonnenfiguren. Ich ging hinein. Eine junge Verkäuferin kam auf mich zu.

»Können Sie mir bitte sagen, wo ich meinen Buddha bekomme?« fragte ich sie.

»Buddhafiguren haben wir nicht, nur Madonnen oder ein Kruzifix«, erklärte sie mir sachlich.

»Ja, das denke ich mir«, gab ich zur Antwort, »doch ich denke auch, daß Sie wissen, wo mein Buddha steht?«

Unsicher und verlegen sah mich jetzt die junge Frau an: »Wissen Sie, das ist eigenartig. Ich war erst vor wenigen Tagen in einem Asiahaus, da ist mir eine Buddhafigur aufgefallen. Vielleicht meinen Sie die?«

Sehr erfreut bestätigte ich ihr, daß ich sicher war, es sei die richtige Figur. Und ich ließ mir von der jungen Verkäuferin den Weg zu diesem Asiahaus erklären. Einem plötzlichen Impuls folgend, kaufte ich dann noch ein schlichtes, kleines Kreuz und ging. Ich hielt mich an ihre Beschreibung und ging durch die Stadt. Ich kam an einem weiteren Asiahaus vorbei, schaute hinein, sah einige Buddhafiguren, doch meine war nicht dabei. Als ich in das beschriebene Geschäft eintrat, konnte ich meine Figur zuerst nicht entdecken. Schon stieg Enttäuschung in mir auf, doch da bemerkte ich eine uneinsichtige Ecke im Geschäft, und wirklich, dort in einer Nische stand mein Buddha! Wie schön, ein weiblicher Buddha chinesischer Herkunft, dies verrieten mir die Ohren. Ehrfürchtig blieb ich davor stehen und betrachtete ihn.

Die Verkäuferin war schon eine Weile neben mich getreten, und schweigend wie ich schaute sie die Figur an, dann sagte sie: »Gefällt Ihnen der Buddha?«

»Ja«, sagte ich, »er gefällt mir sehr.«

»Selten, daß er von jemandem beachtet wird«, sagte sie.

»Steht er schon lange hier?« fragte ich neugierig.

»Ich bin nun zwei Jahre hier, seitdem steht er da. Sie haben eine Beziehung dazu, nicht wahr?« fragte sie mich nun neugierig.

»Ja«, sagte ich, »ich habe eine Beziehung zu dieser Statue. Mir scheint, mein Buddha hat hier auf mich gewartet. Ist die Statue verkäuflich?« fragte ich zurück.

»Ja sicherlich, doch es hat nie jemand danach gefragt. Ich wüßte nicht, was sie kostet«, gab sie mir zur Antwort.

Ich bat die Frau, den Preis für mich ausfindig zu machen, und sie ging zu ihrem Kassenschrank, holte Geschäftsordner heraus, und es dauerte eine Weile, bis sie fand, was sie suchte. Dann nannte sie mir einen Betrag, und es war genau so viel, wie ich an Bargeld bei mir trug. Alles, was ich an Bargeld zu Hause hatte, hatte ich ja noch schnell in meine Handtasche gesteckt. Es war das Geld, das der Elektriker hätte bekommen sollen, doch ihm konnte ich ja auch einen Scheck geben.

Es war ein heiliger Abend. Ich stellte den Buddha auf meinen Altar im neuen Meditationsraum, entzündete ein paar Kerzen und setzte mich auf einem Kissen davor. Ich mußte nur schauen, schauen und nochmals schauen. Ich hatte schon manchen Buddha gesehen, doch keinen wie diesen. Keiner hatte mich so bewegt und so tief im Innern berührt. Aber eben, es war ja *mein* Buddha. Und mit dem Schauen erwachte nun auch das Staunen in mir. Es war alles einfach und selbstverständlich gewesen. Ich war dem inneren Impuls gefolgt, wie immer, und auch die Richtigkeit dieses Hörens war mir schon oft bestätigt worden. Doch so etwas wie an diesem Tag hatte ich noch nie zuvor erlebt. Wache ich oder träume ich? Nein, es ist Realität. Der Buddha steht schließlich hier. Ich mußte zu ihm hingehen, um ihn mit meinen Händen anzufühlen. Geschnitztes Holz, so wunderschön, so möchte ich in meinem Wesenskern sein. Ein tiefes Sehnen erfaßte mich.

Still setzte ich mich wieder nieder, und die Sehnsucht zog mich mehr und mehr zu diesem Buddha hin. Ich öffnete mein Herz und ließ meine Gefühle fließen, sanft, rein, innig, zart und stark. So stark, daß eine Rose mir in meinem Herzen erwuchs. Sie öffnete sich in Anmut, und ohne Scheu erblühte sie zu ihrer vollendeten Pracht und verströmte ihren leise lockenden Liebesduft. Buddha komm, komm in mein Herz, die Rose meiner Liebe zu dir zu schauen! Komm, o komm, und die Sehnsucht schloß mit sanfter Schwere meine Augenlider. Verstehen, tiefstes Verstehen erfüllte mich: Die Holzfigur spiegelt mir mein Selbst, doch das Wesen dieses Buddha lebt bereits in mir. Ich schaue mich selbst. Gott in seiner Allmacht hat mich berührt, meine Seele zu schauen. In Liebe erwacht mein göttlicher Kern, in Licht und Liebe erflamme ich. Als goldene Fackel brennt mein Herz, keinen Gedanken kann ich fassen in dieser Dimension unendlichen Fühlens. Mir ist, als löse ich mich auf in reines, strahlendes Licht. Halt mich! Vater, halt mich, ich bin, ich bin! Man kann das Unaussprechliche nicht benennen, nur eines kann sich formen aus dem Urgund meines Herzens: *Danke!* Doch es ist kein Wort, es ist ein Geschehen. Ein Lobgesang in jeder Körperzelle, von den Zehen bis in die Haarspitzen, eine alles überflutende und alles durchdringende Dankbarkeit, die meinen schwebenden Körper ausdehnt, weit über meinen Raum hinaus, hinaus über unsere Berge, unsere Täler, in die Welt der Sterne, in die fernsten Galaxien. Es gibt keinen Raum mehr, keine Zeit, nur noch eines: *Gott, ich liebe mich, Gott ich liebe dich, und das ist eines.*
Namaste[1], es reißt mir die offenen Hände weit in die Höhe,

---

[1] Aus der altindischen Sprache Sanskrit und bedeutet: Das Göttliche in mir grüßt das Göttliche in dir.

ein Engel faltet sie mir dann sanft vor der Stirn zusammen. Ich beuge mich, ich neige mich ehrfurchtsvoll vor meinem Buddha auf dem Altar.

Das Telefon klingelte. Ich wußte, in dieses geheiligte Geschehen konnte nur ein Mensch Zutritt haben: Elke.

Mein Herz bebte, aber meine Stimme war sehr ruhig, als ich zu ihr sagte: »Heute Nachmittag wußte ich, daß ich nach Salzburg fahren mußte, um einen Inder zu treffen und meinen Buddha heimzuholen. Eine Sie, und sie ist wunderschön. Ja, und ich habe Günther getroffen, und ich liebe ihn.«

Und Elke verstand, und sie sagte nur ein Wort, und das war: »Ja, Karin.«

Sachte legte ich den Hörer auf die Gabel, ging zurück zu meinen Buddha, setzte mich. Und was ich jetzt empfand, war auch Liebe, tiefste, vollste Liebe. Doch sie riß mich nicht hoch, nein, sie drückte mich sanft hinein in meine menschliche Hülle, in meine Weiblichkeit. Liebe, die sich in mir konzentrierte zur reinsten, sanft schillernden Perle, in der Muschel des Herzens ruhend, im mütterlichen Urgund meiner Seele, sich offenbarend nur in einem einzigen Wort: »Ja«, schlicht und einfach »ja«.

Es ist alles so einfach, so einfach. Es sind zwei Worte nur: Ja sagen zu allem und jedem in deinem Leben, wer immer auch eintritt, was immer auch geschieht, sag schlicht und einfach ja. Das ist gelebte Barmherzigkeit, gelebte weibliche, mütterliche Liebe.

Und sag »danke« zu allem, was dir gereicht wird im Leben, und du lebst damit die freie, bedingungslose väterliche Liebe.

Sag »ja, danke«, und du offenbarst Gott in dir.

Das Danke gibt frei, gibt wirklich frei. Läßt den anderen stehen, wo er steht, läßt ihn gehen, wohin er mag. Das Danke segnet ihn. Und das Ja geht der Seele nach, durch alle Zeiten, durch alle Welt und holt heim ins Licht, in die Liebe, was verloren schien.

Holy, heilig, ganz und vollkommen, aufgehoben ist das Gesetz der Polarität. Ursache und Wirkung sind eins geworden, Schuld und Sühne sind verblaßt. »Ja, danke« umhüllt das kleinste Sandkorn und krönt es mit himmlischer Zier. Zwei Worte beugen letztendlich das stolzeste Haupt zur Demut in Gott.

Für mich gab es in dieser heiligen Nacht keine Zweifel. Buddha und Christus waren eins geworden, Gebet und Meditation wurden eins, heiliges Schweigen und jubilierender Lobgesang all meiner Zellen war eins, Liebe und Friede ruhten als Einheit in mir. Endlich war ich zu Hause angekommen, daheim bei mir, in meinem Herzenshaus, in Liebe mit mir.

Als die zartvioletten Strahlen der Morgendämmerung mir liebkosend durch das Fenster entgegenkamen, erwachte blutjunges Leben in mir.

Und es lockte die Freude, die namenlose Freude, das Göttliche hervorzurufen in ihnen, den Lieben, die mein Leben mit mir teilten. Und ich erhob meine Stimme, sanft und zärtlich, als wollte ich ein Kind sachte wiegen, und ich sang: *Sri Ram, jai Ram, jai jai, Ram Ram.* Herrgott, großer Gott, allmächtigster, allmächtigster Gott, o Gott!

Sanft, zärtlich und liebevoll lockend schlich meine Stimme in die Weite des erwachenden Morgens hinaus, und mit sehnender Liebe suchte sie die vertrauten Seelen, um sie segnend zu berühren. *Sri Ram, jai Ram, jai jai, Ram Ram.* Mit meiner Stimme wollte ich sie wachstreicheln, erwecken, damit sie ihren eigenen göttlichen Kern, die Pracht und Herrlichkeit ihres eigenen Wesens erkannten. Damit sie das Wunder ihres Seins erahnten. In meinem Liebessingen, das Göttliche zu erringen, waren alle Grenzen verblichen. Und glockenhell erhob sich in mir der Chor, o Jubel, o Lobgesang. Heil sei dem Tag, heil sei der Stunde, da es uns gemeinsam gelingen mag, die Freiheit zu erringen und das Göttliche in der Menschenseele wachzurufen, *Sri Ram, jai Ram, jai jai, Ram Ram … Gott, erwache in uns!*

Ich sang und sang aus voller Brust, und meine Stimme gewann an nie vermuteter Kraft und Klarheit. So erwachte, was ich immer so gut versteckt gehalten hatte, nämlich die Anmut meiner Weiblichkeit. Nun, in meiner Liebe, in meiner Freude, durfte sie sich endlich zeigen. Und in diesem verzauberten Moment geschah, was geschehen mußte, all das Sehnen meines Herzens entströmte mir. *So* sollte er mich sehen, nur für einen Moment, so erwacht, so schön, so voller Liebe, so frei von jeder Angst wollte ich ihm endlich entgegen gehen.

Meine Seele rief nach ihm. Rief nach ihm, der mich so tief berührt, rief nach dem jungen Gott in ihm. *Sri Ram, jai Ram, jai jai, Ram Ram,* du mein göttlicher Geliebter, kehre heim in die Liebe in mir. Der Gral meiner unendlichen Liebe wartet auf dich. Und wie eine Wolke hob sich der Schleier der dunklen Jahrtausende, und in vollendeter Jugend und Schönheit schaute ich, schaute ich mich und das göttlich reine Liebesspiel, das wir dereinst gespielt hatten. Und schon lag der Zauberschlüssel der Liebesmagie in meiner Hand, und ich spürte meine Macht. Vergessen war seine Freundin, vergessen mein inneres Vesprechen, das ihn freigab, vergessen mein heiliger Schwur: »Dein Wille geschehe!« Die gut gehütete Flamme der Leidenschaft war entfacht, und ich entrollte das goldene Band und schleuderte es weit durch Raum und Zeit. Augenblicklich stand er wie leibhaftig an der Schwelle zwischen der Doppeltür zu meinem Raum. Vor Freude und Glück riß es mir die Arme weit auseinander, und schon wollte ich ihm entgegeneilen. Auch er hatte seine Arme ausgebreitet und sah mich strahlend an.

»Komm, komm«, schon wollte er den Schritt über die Schwelle tun, als ich, Himmel sei Dank, das goldene Band um seinen Leib geschlungen sah. In tiefstem Erschrecken hielt ich inne. Der Schrecken der Erkenntnis lüftete den letzten Schleier. Göttlich waren wir in unseren jungen Erdentagen, und göttlich rein war unsere Liebe. Da hatte er mir sein Vertrauen geschenkt, das goldene Band der magischen Liebe, eine Morgengabe im Brautgemach. Oh, welch kindlich naives, welch töricht dummes, welch unglückseliges Spiel! Wir waren wie naive göttliche Kinder, kannten nichts Schlimmes, nichts Arges. Wir kannten nur das Wunder der frei sich schenkenden Liebe, die nur in ihrer Freiheit wirkliche Erfüllung finden kann. Kannten nichts anderes als Freiheit. Kannten nichts als zärtlichste und heiligste Liebe.

Doch es kroch die Erdenschwere und mit ihr die Zeit ins Land, und manche Stunde des Wartens auf den Geliebten wurde zum langen Sehnen. Und eines Tages war die Versuchung zu groß, und ich warf zum erstenmal das unglückselige Band. Himmel, welch unseliges Spiel! Neckten wir einander zu Anfang noch unserer berauschten Liebe, so wurde sie uns doch bald zum Verhängnis. Indem wir der Liebe die Freiheit gestohlen hatten, hatten wir sie ihrer Größe und des Schönsten beraubt. Wir hatten die Erfüllung der Liebe, die einzig die Freiheit ihr schenken kann, eingeengt ins Korsett der Bindung. Selbst hatten wir uns des Schönsten beraubt. Und von Leben zu Leben legten sich immer dickere Schatten über unser einst so göttliches Spiel. Tief tauchten wir ein in die Verstrickung, die unbewußte, die Abhängigkeit und Bindung mit sich bringt. Bis eines Tages das einst so Unbegreifliche geschah: Wir zankten uns. Und in meinem Trotz und Zorn schickte ich ihn weg von mir. »Lauf, lauf bis ans Ende der Welt!« Doch wehe, wehe, ich schickte ihn weg und behielt das Band. O Umnachtung, getrübtes geistiges Bewußtsein, ohnmächtiges Vergessen, unselige Kraft des unbewußt Gebundenseins. Lange schon konnte ich das Band nicht mehr auswerfen nach ihm. Die Liebe war mir verloren gegangen, doch die Bindung blieb. Und so war ich es, die ihm nachzugehen hatte, von Leben zu Leben. Aus meiner Macht war unselige Ohnmacht geworden.

Welch Gnade der Erkenntnis, welch Gnade der Erinnerung, welch gnadenvolles Erschrecken hatte mich erfaßt. Nein, niemals mehr wollte ich der Versuchung erliegen und binden, was durch die Bindung alle Schönheit verlor. Freiheit, Freiheit, kehre zurück!

Ich riß mir das goldene Band vom Handgelenk und warf es ihm zu: »Nimm zurück dies unglückselige Geschenk. Frei will ich sein, und frei sollst du sein, und frei soll sich unsere Liebe wiederfinden, wenn Gottes Gnade es erlaubt!«

Er fing das Band mit beiden Händen auf, und zum Greifen nahe, für den Bruchteil einer Sekunde, standen wir uns gegenüber an der Schwelle der Zeit. Dann war seine Erscheinung verschwunden.

Ich sank auf die Knie, unendliche Erleichterung erfüllte mich und tiefe Dankbarkeit. Ich legte meine Stirn auf den Boden, und mein Herz legte ich in Marias Hand.

13

Ein paar Tage später erlebte ich eine Vision, die ich unmöglich beschreiben kann. Oft hatte ich von Gottes Nähe gesprochen und bis dahin nie gewußt, was das bedeutet. Nun schaute ich Gott, schaute Maria. Das Licht, das durch sie in mich eindrang, erhellte den Bereich meiner Seele, der am meisten verletzt und gedemütigt worden war: meine Weiblichkeit.

Ich konnte die Berührung – Maria – nicht annehmen. Ich fühlte mich dieser Gnade nicht würdig. Die weibliche Seite des göttlichen Lichtes in mir war zu tief verwundet. Schmerz und Verwirrung schienen mich fortzureißen. Das, was Maria mich erkennen und schauen ließ, mir mitteilte, versuchte ich abzuwehren. Das Empfindlichste in mir hatte sie berührt, meine Schutzmauern brachen nieder. Ich fühlte mich im Angesicht des Göttlichen so klein, so erbärmlich. Ich schämte mich.

Es war eine schwierige Zeit. Ich versuchte zu fliehen. Wollte davonlaufen. Ich sah so vieles in mir, was nicht gut, sondern unvollkommen war. Immer war ich stark gewesen, mein ganzes Leben lang. Nun wurde meine schwache Seite sichtbar. Es fiel mir schwer, das Schwache in mir auch liebevoll anzunehmen. Andere Menschen taten es für mich und schenkten mir heilende Liebe.

Monatelang getraute ich mich nicht, über mein Erleben mit Maria zu sprechen. Doch sie war da! Ihr Name, ihr Wort, ihre Botschaft waren tief in mich hineingefallen.

Mit einem Gedicht[7] versuchte ich auszudrücken, was mir geschah.

Ich höre nur ein Wort,
ich begene nur einem Wort,
ich leugne nur ein Wort,
ich suche nur ein Wort,
ich schreie in verzweifeltem Schweigen nur ein Wort,
ich fliehe nur ein Wort,
ich flehe zu nur einem Wort,

ich falle in nur ein Wort,
ich schäme mich nur eines Wortes,
ich verglühe in nur einem Wort,
ich schaue nur ein Wort,
ich ahne nur ein Wort,
ich glaube an nur ein Wort,
ich schweige nur ein Wort,
ich bin nur ein Wort.

Das Wort heißt Maria.

Dieses Wort fällt in mich hinein ganz tief,
es rührt mich an ganz tief,
es ruht in mir ganz tief,
das Wort beginnt zu wachsen ganz tief,
es gebiert schreienden Schmerz ganz tief,
es schenkt helle Freude ganz tief,
ich sitze da und schweige.

Ich lausche dem Wort ganz tief,
ich spüre ihm nach ganz tief,
ich lasse mich los ganz tief,
ich sitze da und schweige.

Ich sitze da und schweige.

Eines Tages hatte ich den Wunsch zu beichten. Seit meiner Volksschulzeit hatte ich nicht mehr gebeichtet. Nun war es mir plötzlich ein Bedürfnis geworden, und ich wußte auch genau, warum ich es wollte.

Im Mittelalter war ich einmal verbrannt worden. Damals in der Rückführung hatte ich keine Angst gehabt, hatte unbeteiligt zugesehen, was mit mir geschah. Nun zwang mich eine innere Unruhe, die Bilder nochmals anzusehen. Ich sah, wie ich als junges, ungefähr zwölfjähriges Mädchen unter einem Apfelbaum Äpfel eingesammelt hatte. Es war in einer Landschaft gewesen, ähnlich wie unsere hier, die Berge vielleicht nicht so hoch. Der Apfelbaum befand sich auf einem steilen Hang, darunter lag unser Haus, ein Bauernhaus, und daneben eine Scheune. Meine Geschwister, alle jünger als ich, hatten seitlich vom Haus gespielt. Ich wußte, es waren damals schon meine heutigen Geschwister, die gleichen Seelen, nur noch zwei Kinder mehr.

Da waren plötzlich Reiter in den Hof gekommen, sie wirkten sehr bedrohlich. Ich wollte mit meinen Äpfeln in meiner hochgehobenen Schürze zum Haus hinuntergehen und hatte mich daher schnell hinter der Scheune versteckt. Da hatten die Reiter meine Mutter aus dem Haus gezerrt und wollten sie mitnehmen. »Lauft Kinder, lauft schnell, lauft und versteckt euch!« hatte meine Mutter in hellster Panik geschrien. Doch da trat ich ruhig hinter der Scheune hervor, ging hinunter und legte meine Äpfel auf eine Bank. Die linke Hand am Herzen haltend und die rechte Hand zum Gruß erhoben, ging ich auf die Reiter zu. Gebannt sahen sie mich an. Meine Mutter schrie: »Nein, nein um Gottes willen, nein!«

Doch ganz ruhig sagte ich etwas zu den Reitern. Darauf stießen sie meine Mutter zurück. Einer sagte: »Sie ist es!« Er deutete auf mich, schon nahmen sie mich fest und schleppten mich davon. Ich war nach vielen Verhören auf dem Scheiterhaufen verbrannt worden. Früh im dämmernden Morgen sah ich mich hoch oben auf dem Scheiterhaufen stehen, und unter mir murmelte das Volk aufgebracht düstere Gebete. Drückende Angst um meine Familie und wilder Schmerz, daß sie das mitansehen mußten, erfüllte mich.

Was war damals bloß geschehen? Was habe ich getan? fragte ich mich nun des öfteren, da diese Bilder immer wieder in mir auftauchten. Doch ich konnte mich nicht näher erinnern. Es blieb im Verborgenen. Eines war mir jedoch bewußt, meine Familie hatte immer, seit meiner Kindheit, eine unbewußte Angst um mich. Ich konnte das fühlen, und diese Angst engte mich oft ein. Ich wünschte, sie könnten sich davon lösen und mich mit Zuversicht begleiten.

Daher beschloß ich, zur Beichte zu gehen. Die Kirche hatte ja die Verbreitung des Wissens um die Reinkarnation und die Präexistenz der Seele im fünften Konzil zu Konstantinopel

553 n. Chr. mit Fluch und Bann belegt. Fluch und Bann sind kein Kinderspiel. Solche machtvollen Worte verfügten über starke Auswirkungen, möglicherweise tun sie das immer noch. Nun soll die Kirche, wenn sie schon Fluch und Bann uns auferlegt, ihn uns auch gefälligst wieder abnehmen, dachte ich. Mit diesem Bewußtsein ging ich zur Beichte.

Gott hatte mir einen für mein Anliegen verständnisvollen Priester geschickt. Reinkarnation als Tatsache war kein umstrittenes Thema für ihn, sondern schien ihm selbstverständlich. Er gab mir seine Erklärung, und ein leiser Vorwurf lag in seiner Stimme.

»Sie meinten wohl, sich selbst und andere erlösen zu müssen? Sie meinten, alles, jedes Leid und jede Erniedrigung und jeden Schmerz auf sich nehmen zu müssen und zu können? Doch was meinen Sie? Meinen Sie, Sie sind wie Jesus? Jesus alleine hat die Erlösung für uns vollbracht. Er, als Gottes Sohn, hat uns erlöst. Wir Menschen brauchen nur an ihn zu glauben, weiter nichts! Verstehen Sie? Sie können doch nicht einen Weg gehen, den nur Jesus gehen konnte«, hatte er mir gesagt, und dann hatte er mir die Absolution erteilt.

Etwas in mir war tief betroffen und aufgewühlt. Was ich empfand, war wieder Scham. »Ja, meinen Sie, Sie sind wie Jesus?« Entschuldige Jesus, natürlich meinte ich nie, zu sein wie du. Herr, ich bin doch nicht würdig, daß du eingehst unter mein Dach, doch sprich nur ein Wort, und meine Seele wird gesund. Natürlich, ich hatte zu wenig vertraut, war zu schwach in meinem Glauben gewesen. Ich hatte gemeint, meine Liebe so hoch entwickeln zu müssen. Ich hatte geglaubt, mit meiner Liebe die Bande des Karmas zwischen mir und den geliebten Seelen aus anderen Leben auflösen zu können. Du dummes Kind, du Narr, deine Liebe kann niemals so stark sein, wie sehr du dich auch mühst. Mein Weltbild war erschüttert.

Es war Frühling geworden, und ich hatte einen langen Spaziergang gemacht. Wieder zurück in meiner Wohnung ging ich zuerst eine kleine Vase holen, denn ich hatte auf meinem Spaziergang Primeln gepflückt. Nun ordnete ich sie liebevoll in der kleinen Vase an, um sie in meinen Schlafraum zu Füßen der Wandermuttergottes aufzustellen. Ehrfurchtsvoll und dankbar verneigte ich mich vor der Statue, nahm den davor liegenden Rosenkranz mit den weißen Perlen zärtlich in die Hand und ließ ihn durch meine Finger gleiten. Elisabeth, meine Kosmologenfreundin, hatte mir den Rosenkranz schon im Herbst geschickt, doch ich konnte ihn nicht beten. Vor wenigen Wochen erst hatte ich Elisabeth besucht, und sie hatte mich gelehrt, den Rosenkranz zu beten. Ich fühlte die starke Ruhe und Schwingung, die von diesem Gebet ausging. Dankbar legte ich den Rosenkranz mit seinen weißen Perlen zurück auf den Tisch. Elke kam mit dem Abendzug an, und ich hatte noch einiges vorzubereiten.

»Das war aber wirklich ein schönes Seminar«, sagte Elke am Sonntagabend, als die letzten Seminarteilnehmer die Türe hinter sich geschlossen hatten. »Weißt du, Karin, du machst das auch ganz wunderbar, wie du das Wissen weitergibst. Es gefällt mir gut.«

Elke und ich machten uns daran, im Seminarraum Ordnung zu schaffen. Ich erinnerte mich, wie Elke tags zuvor in meinen Räumen angekommen war. Als sie die Muttergottesfigur im Schlafzimmer sah, hatte sie sich tief verneigt, wie sie es auch vor meinem Buddha getan hatte, und hatte gesagt: »Oh, da steht ja noch eine Hoheit. Wie schön.«

Ich hatte ihr erzählt, daß die Wandermuttergottes bald nach meinem Besuch bei Elisabeth zu mir gekommen war.

»Eigenartig«, hatte Elke gesagt, »ich hatte vor kurzem einen sehr intensiven Traum. Ich hatte geträumt, wir bilden in der Sphäre Marias Schutzengel aus.«

Durch das Gespräch wurde mir klar, ich mußte unbedingt wieder schreiben, meine innere Stimme drängte mich sehr dazu.

»Wirst du die Wichtelgeschichte weiterschreiben?« fragte mich Elke.

»Nein, Elke, ich fange neu an. Die Wichtelgeschichte ist eine liebe Sache, doch Mythen und Märchen gibt es genug. Nur wenige Menschen verstehen sie und nehmen sie ernst. Oft muß ich an *Das Fasten des Herzens* denken. Ich weiß, ich kann nichts anderes tun, als den Menschen meine Geschichte zu erzählen. Vielleicht, wenn wir uns auch unsere Schwächen zeigen und uns ermuntern, einfach unser Wesen zu leben, mag es bunt schillern oder auch ruhig und eintönig sein, dann können wir die Angst abbauen, die wir voreinander haben.

»Wie schön du schreibst, und ich unterstütze dich«, sagte Elke, »du wirst sehen, auf Fehmarn ist es wunderschön. Es wird dich inspirieren.«

»Ja, sicher, Elke, ich freue mich schon sehr auf diesen Urlaub«, erwiderte ich und dachte daran, daß es nur noch wenige Wochen bis dahin waren.

14

Wir waren auf der Insel Fehmarn, Elke, ihr Mann Horst und ich. Sie hatten mir die schöne Stadt Lübeck gezeigt, und am Nachmittag waren wir auf Fehmarn angekommen. Den Reiz dieser flachen Ostseeinsel muß man kennen, man kann ihn kaum beschreiben. Weit und offen liegt sie da, mitten in der Welt. Doch fährt man über die Brücke, übertritt man eine geheimnisvolle Schwelle, und der Zauber des Unberührtseins fängt einen ein. Irgendwie schien mir diese Insel keusch und jungfräulich zu sein.

Sobald wir unsere Sachen in der Ferienwohnung direkt am Meer untergebracht hatten, machten Elke und ich uns sogleich zu einem Spaziergang am Meer auf.

»Horst, wir lassen dich jetzt einfach alleine«, sagte ich, bevor ich die Tür hinter uns schloß. Elkes Mann hatte sich den Sessel vor die Terassentür gestellt und sich die Zeitung zum Lesen ausgebreitet. Es war also für ihn gesorgt.

»Na, du? Ist es nicht schön hier?« Elke faßte mich unter dem Arm, und wir trabten los. Ich brauchte nichts zu sagen, sie fühlte, wie gut es mir hier ging.

Es war nicht nur schön, es war wunderschön. Ach, du weites Meer, wie liebe ich dich, dachte ich, und tief und dankbar atmete ich die Meeresluft in mich ein. Der Wind blies uns ins Gesicht, und ich zog mir die Haube über die Ohren.

»Wir zwei haben es doch immer sehr schön zusammen«, auch Elkes Stimme klang so dankbar.

»Ja, Elke, und ich werde nie vergessen, was du alles für mich tust«, sagte ich bewegt. »Mit deiner Hilfe ist alles so einfach und leicht. Wenn ich mit dir zusammen bin, dann wird mir immer bewußt, wie einfach und leicht wir unser Leben leben könnten. Seit wir täglich die dynamische Meditation machen, ist alles leichter geworden«, sagte ich.

»Ja, nicht wahr, die dynamische Meditation löst sehr viel in uns?«

»Ja, Osho hat der Welt mit seinen Meditationen ein großes Geschenk gemacht. Wir müssen an den Körper heran, unsere unbewußten Ängste sitzen tief in den Zellen. Nicht umsonst sagen wir, die Angst sitzt mir in den Knochen – sie sitzt tatsächlich dort.« Und bei meinen Worten rückte ich noch näher an Elke heran, so daß sie sich an mir abstützen konnte und meine Hand auf ihren Hüften lag. So konnte ich ihr auch im Gehen Reiki geben. »Dein Fuß gefällt mir nicht. Du hinkst wieder viel stärker. Jetzt werde ich mich einmal um dich kümmern und dir heute Abend eine lange Reikibehandlung geben.«

»Ich weiß nicht, woher diese Schmerzen in meinem Fuß kommen, ganz plötzlich hat das angefangen«, sagte Elke und wurde nachdenklich. So gingen wir eine Weile schweigend weiter. Meine Gedanken schweiften umher, und ich dachte an mein Buch.

»Ich freue mich schon sehr, wenn du mir wieder aus deinem Buch vorliest«, sagte Elke. Offensichtlich hatte sie wieder gefühlt, wo meine Gedanken waren.

»Ja, ich war ganz schön fleißig, nicht wahr?« sagte ich stolz.

»Ja, unglaublich, in so kurzer Zeit, du bist ja schon fast fertig mit dem Buch, nicht wahr?« fragte sie.

»Ja, das handgeschriebene Konzept ist beinahe fertig, doch die Hauptarbeit kommt erst. Ich muß es in den Computer tippen und sprachlich verbessern. Vieles, das ich in Erzählform festgehalten habe, möchte ich lebendiger machen und in Szenen einbauen. Das ist noch sehr viel Arbeit«, sagte ich.

»Es werden ja doch Folgen! Das wußte ich schon immer!« gab Elke zur Antwort, und ich meinte: »Du bist dir ja sehr sicher. Ich weiß nicht, ob ich einen Verleger finden werde. Doch alleine schon das Schreiben tut mir sehr gut. Für mich ist es Klärung und Heilung, ja und auch Aussöhnung mit meinem Schicksal, mit dem ich doch oft gehadert habe«, sagte ich.

Elke drückte fest meine Hand und wies auf zwei große Steine hin, die uns einluden, uns hinzusetzen und auszurasten. Elke schwieg und sah mich von der Seite an. Ich wußte genau, was sie dachte, und eine eigenartige Stimmung umfing uns jetzt. Die

Wellen vor uns rauschten sanft, die späte Nachmittagssonne warf ihren goldenen Schein über das Wasser. Möwen strichen durch die Luft. Die Möwe Jonathan!

»Ach, Elke«, seufzte ich, das Buch, das alles aussagt, alles erzählt und mein ganzes Leben beinhaltet, ist bereits geschrieben: Die Möwe Jonathan! Wer dieses Buch wirklich liest, nicht mit dem Verstand, sondern der Seele, der braucht kein anderes Buch mehr zu lesen!«

»Ja, Karin, dieses Buch wurde für dich und für mich geschrieben, für uns Kinder dieser neuen Zeit. Es wurde geschrieben, um dir und mir Mut zu machen. Mut zu machen, um über den Regenbogen zu gehen, wie du sagst, und die Menschen dort abzuholen, wo sie stehen. Menschen, die noch nicht fliegen können, können nicht von Möwen abgeholt werden. Menschen, die noch nicht fliegen können, die den Höhenflug noch nicht erlernt haben, brauchen eine menschliche Hand, die sie führt und leitet. Dir ist doch ein Auftrag erteilt worden, oder nicht?« Elkes Stimme drang ruhig doch ernst in mich.

»Ja, Elke, ich wurde tief berührt durch Maria«, sagte ich.

Elke sagte nichts, sie schwieg nur still. Aneinandergelehnt saßen wir da am Meer und schwiegen.

Später, als wir schon wieder zurückgingen, immer noch tief schweigend, bückte sich Elke plötzlich, füllte ihre Hände mit Kieselsteinen, hielt sie vor mich hin und öffnete die Hände langsam. Die Steine rieselten zu Boden. Ihre leeren Hände zur Schale geformt schwebten vor mir in der Luft. Sie waren leer, doch die Sonnenstrahlen tanzten in ihnen. Ich verstand, was sie mir sagen wollte: Du kannst nicht Gold empfangen, wenn deine Hände voll mit Steinen sind.

»Ja, Maria wollte mich beschenken, doch ich konnte es nicht fassen«, sagte ich leise, und Elke sagte: »Ja, Karin.«

Tränen schimmerten in meinen Augen, und ich empfand so tiefe Liebe zu Elke. »Ich liebe dich, Elke, ich liebe dich«, sagte ich. Wir sahen uns in die Augen, und wieder sagte Elke: »Ja, Karin.« Nichts weiter.

Sie hat mich, so wie ich bin, und auch meine Liebe zu ihr, angenommen. Ohne Wenn und ohne Aber. Einfach mit einem Ja.

Es war fünf vor acht Uhr, der Tisch war fürs Abendbrot gedeckt. Wir wollten uns gerade setzen, da sagte Horst: »Nun lauft noch schnell runter vor das Haus, ihr könnt die Sonne genau im Meer untergehen sehen.«

Die Wohnung lag nach Süd-Ost, der Eingang zum Haus auf der Westseite. Horst, ganz Segler, wußte auf die Minute genauestens Bescheid. Als wir aus der Haustür traten, lag der glühend rote Sonnenball haarscharf am Horizont draußen über dem Meer. Es war ein prächtiges Bild. Still, das blutrote Naturspiel genießend, stand ich neben Elke. Unwillkürlich hielt ich meine offenen Hände vor mich hin. Da war mir, als würden Elke und ich wachsen, bis wir wie zwei strahlende Riesen dastanden. Meine Hände reichten bis zum Horizont, der ganze Sonnenball lag in ihnen. Ich stand da auf Fehmarn, riesengroß, und hielt die Sonne in der Hand. Und mein Schutzengel stand neben mir. Die Zeit stand still, und still stand auch mein Herz. Da wußte ich, das Wunder war nicht vertan, es würde erst geschehen. Nimmst du das Gold jetzt an?

»Jetzt weiß ich es. Wir waren Bettelmönche, du und ich. Tibetanische Bettelmönche«, mit einem Ruck war Elke aufgefahren und saß nun kerzengerade im Bett. Die Schmerzen in ihren Beinen waren am Abend noch schlimmer geworden, und so hatten wir uns in dieses kleine Zimmer zurückgezogen, ließen Horst im Wohnraum vor dem Fernseher alleine. Ich hatte Elke eine ausgiebige Reikibehandlung gegeben. »Ach, tut das gut, sich so auszustrecken«, hatte sie gesagt, als sie sich aufs Bett gelegt hatte. Und da der Nachtspeicherofen erst aufheizen mußte, war es recht kalt im Raum, und ich hatte sie fürsoglich in Decken eingehüllt. Wir hatten nach einer Kerze gesucht und nur ein halb ausgebranntes Grablicht gefunden. Dieser matte Schein erhellte nun sehr spärlich den Raum.

»Bettelmönche«, sagte ich, und bevor ich noch einen klaren Gedanken fassen konnte, mußte ich anfangen zu lachen. Das Lachen kam so tief aus mir, daß es mich nur so durchschüttelte. Elke wurde sofort angesteckt. Lachend und einander so tief verstehend saßen wir am Bett.

»Mein Gott, Bettelmönche, natürlich. Es kann nicht anders sein. Denk nur, wie wir heute Mittag in Lübeck müde durch die Stadt gehinkt sind, du an mir hängend. Und von einer ausgehängten Speisekarte zur anderen sind wir gepilgert, und haben sie begeistert gelesen«, sagte ich, und Elke fiel mir ins Wort: »Ja, schon vom Klang der Speisen sind wir satt geworden, und an den offenen Restaurant-Türen haben wir geschnuppert: Oh, wie gut das riecht!«

»Ja, und Horst hat gesagt: Könnt ihr euch nicht endlich für ein Restaurant entscheiden? Und wir haben gesagt, ach, wir wollen nur schauen, nur riechen ...«

Wer den Blick durch das Tor der Zeit noch nicht getan hat, kann wahrscheinlich nicht verstehen, wie beeindruckend und oft auch amüsant das Erkennen der Samskaras[2] ist, die wir von einem zum anderen Leben mitnehmen. Wir wurden so durchgeschüttelt vor Lachen, die Tränen purzelten uns über die Wangen, und Elke sagte mit erstickter Stimme: »Dein Körbchen, ach Gott, Karin, dein Körbchen und deine großen Kulleraugen! Hat wohl wieder jemand etwas hineingelegt! Nun wissen wir, woher das kommt!«

Ich fiel fast vom Bett vor lauter Lachen. Jeder bei uns in der Gruppe kannte meine Schwierigkeit, die ich mit dem Annehmen von Geld oft hatte.

»Sicher hatten wir auch nur Kerzenfunzeln als arme Mönche, und es war kalt wie hier«, sagte Elke, und wir wurden so durchgeschüttelt vor lauter Lachen, daß Horst nun zur Tür hereinschaute und meinte: »Na, was ist denn mit euch beiden los? Seid ihr nun ganz übergeschnappt?«

»Horst, es ist zu schön, wir zwei Bettelbrüder, zwei Bettel-

---

[2] Begriff aus dem Sanskrit für Eindrücke, Vergröberungen. Gemeint sind Seelenprägungen, die sich über mehrere Inkarnationen auswirken. Diese bedürfen der Heilung.

mönche haben sich wiedergefunden«, sagte Elke und mühte sich, etwas Fassung in ihre Stimme zu bekommen.

»Bettelmönche«, kopfschüttelnd schloß Horst die Tür hinter sich.

Allmählich beruhigten wir uns wieder, und übereinstimmend sagten wir, »wie tut doch das Lachen gut!« Als Elke aufstand, waren die Schmerzen in ihrem Bein gänzlich verschwunden, und auch das Hinken war wie weggeblasen.

Am nächsten Tag ging ich alleine am Strand entlang, Schritt um Schritt ging ich und ging. Meine Augen wanderten über das Meer und die Wellen, begleiteten die Möwen und kehrten immer wieder auf die Erde zurück. Die bunten Steinchen zu meinen Füßen lachten mich an, und wie in meinen Kindertagen begann ich, sie aufzulesen und zu sammeln. Welch Vielfalt, kein Steinchen war wie das andere, und zu Tausenden lagen sie hier. Die schönsten suchte ich heraus, und meine Taschen wurden schon schwer. Es war bereits wieder später Nachmittag, die Sonne stand schon tief, und ihre Strahlen, sich im Wasser spiegelnd, begleiteten mich. Plötzlich bekam dieses Strahlen am Wasser eine ganz besondere Intensität. Ein inneres Zittern und Beben erfaßte mich. »Jesus geht neben mir auf dem Wasser«, laut sprach ich diesen Satz aus.

Du sollst nicht erschrecken, ich möchte Spaß mit dir haben.

Langsam ging ich einfach weiter so dahin. Nichts weiter geschah. Ich fühlte nur, er war da und ging ruhig und gelassen neben mir her. Allmählich beruhigte ich mich, und schlagartig wurde mir bewußt, Jesus war sicher schon oft so neben mir gegangen, ich hatte es nur nicht bemerkt. Da begann sich eine unglaubliche Ruhe in mir auszubreiten, und eine innere Stimme flüsterte mir zu: »Wünsche dir etwas, er wird es dir erfüllen.« Und ohne, daß ich hätte nachdenken können, sagte ich laut und innigst: »O Herr, ich bin nicht würdig, daß du eingehst unter mein Dach, aber sprich nur ein Wort, und meine Seele wird gesund.«

Da vernahm ich ganz deutlich: *Deine Seele ist gesund, doch du? Bist du immer noch nicht würdig?*

So stieß ich mit einem tiefen Seufzen aus: »Doch, ich bin würdig! Jetzt bin ich würdig!«

Ich setzte mich noch eine Weile auf die Stufen vor der Haustür und blickte in die untergehende Sonne. Danke, lieber Gott, danke Jesus, danke Maria. Danke Jesus, danke für Reiki. Ich wußte nun, daß Jesus es war, der Usui am Kuriyama die Reikieinweihung gab. Jesus hat uns Reiki geschenkt. Er hatte mir das nicht gesagt vorhin am Meer, und er sprach auch jetzt nicht zu mir. Aber nun, da ich einfach hier auf den Stufen so saß, da wußte ich, daß es so ist. Und mag es manchen Menschen auch anders erscheinen, ich für mich weiß: Reiki kommt von Jesus. Ich weiß es, es ist so.

Nach den schönen Tagen auf Fehmarn blieb ich noch zwei Tage bei Elke in Hamburg. Am Abend saßen wir gemütlich in Elkes »Reikizimmer«, dessen zauberhafte, zarte Atmosphäre mich umfangen hielt. Wir spielten *Spiritual Healing*[8], eine schöne Meditationsmusik. Soeben hatte ich Elke das letzte Kapitel, das ich bis zu diesem Zeitpunkt geschrieben hatte, vorgelesen. Die Begegnung mit Günther in St. Gallen. Ich hatte meine handgeschriebenen Manuskriptseiten noch in der Hand.

»Es ist so schön, dir zuzuhören, Karin«, sagte Elke, »und wie du so dasitzt im Kerzenschein und liest, schön ist das. Das Bild gehört auch in den Film.«

Ich mußte lachen, Elke war von der Idee eines Films nicht abzubringen. Ich legte mein Manuskript zur Seite und griff nach der Teekanne, um mir nochmals Tee nachzuschenken, als Elke sagte: »Sag einmal, was ist zwischen dir und diesem Günther nun wirklich geschehen. Das ganze Karma kenne ich schon, doch was war in diesem Leben?«

»Ach Elke, nichts Besonderes. Eine Geschichte, wie wir sie alle kennen. Eine Liebelei ohne Happy-End«, sagte ich leichthin.

Elke schaute mich an und schwieg.

»Na gut, ich werde es dir erzählen. Eine Freundin hatte uns einander vorgestellt. Er hatte als Musiker Konzerte in unserer Gegend geleitet. Ich hatte mich in seinen warmen, herzlichen

Humor verliebt. Wir hatten einen schönen Sommer zusammen verbracht. Er war damals noch verheiratet, obwohl seine Frau bereits nicht mehr bei ihm wohnte. Mich drückte das schlechte Gewissen deshalb. Irgenwie lagen wohl von Anfang an Schatten über uns. Er nahm sich dann eine andere Freundin, und das tat mir unglaublich weh. Doch ich dachte, wenn er diese Frau mehr liebt als mich, dann ist das eben so, und damit war es eigentlich für mich beendet gewesen. Nun, in meinem kleinen Betrieb konnte ich meine Stimmungen nicht vor meinen Mitarbeitern verbergen. So kam es, daß meine damalige Kellnerin ihn anrief und ihm sagte, wie sehr ich leide. Damit begann die Verwirrung. Günther rief mich an und kam mich besuchen. Wir versuchten, miteinander zu reden, doch Wut und Zorn stiegen immer wieder in mir hoch. Weißt du, Mitleid ist etwas Schreckliches. Es ist so demütigend, es drückt dich so zu Boden. Viele Menschen verwechseln Mitleid mit Mitgefühl. Er zeigte Mitleid, und das konnte ich nicht haben. Dagegen mußte ich mich wehren. Und so stolperten wir in eine Verstrickung, die weder er noch ich wahrhaben wollten. Außerdem war mittlerweile, zwar nur vorübergehend, seine Frau zurückgekehrt, und mit der anderen Freundin war bereits auch wieder Schluß. Doch je mehr Einblick ich in sein Schlamassel bekam, um so mehr konnte ich ihn verstehen! Es war verrückt! Ich suchte Hilfe und ließ ein Horoskop von uns beiden machen. Es zeigte die Möglichkeit einer tiefen und erfüllten Beziehung an. Ich freute mich über dieses Horoskop, und ich zeigte es ihm. Als Schlußsatz hatte die Astrologin geschrieben: Heiraten Sie sobald wie möglich, es wird das Schönste sein, das Sie beide je erleben werden. Ich weiß nicht, was ich damit in ihm angerichtet habe, etwas Schlimmes auf alle Fälle.«

»Und dann habt ihr euch nie mehr gesehen?« fragte Elke.

»Doch, doch, da gab es noch so einiges. Der nächste Sommer kam, und er war wieder da, setzte sich mit mir im Konzert in die erste Reihe, in meiner Heimat, vor allen Leuten. Ich freute mich, doch meine Stacheln waren ausgefahren, und auch er war sehr unsicher. Er schlief im Hotel. Zwei Tage später kam er mitten in der Nacht nach einem Konzert ins Café. Ich war bereits zu Bett gegangen, und meine Kellnerin schickte ihn wieder weg. Am nächsten Abend erzählte sie mir davon. Ich versuchte, ihn telefonisch zu erreichen, hatte aber kein Glück. Doch ich wünschte mir nichts sehnlicher, als mich mit ihm zu versöhnen. So kam ich auf die leichtfertige Idee, ihn am nächsten Morgen zu besuchen, um mit ihm zu frühstücken. Was meinst du, was passiert ist? Du kennst ja mein Karma?« fragte ich Elke gespannt.

»Er lag im Bett mit einer anderen Frau«, sagte Elke.

»Ja genau, es konnte gar nicht anders sein. Weißt du, die Rezeptionistin, die uns ja beide kannte, sagte noch, sie brauche mich wohl nicht anzumelden, ich würde ja den Weg kennen!« erzählte ich weiter.

»Was hast du gemacht?« fragte Elke neugierig.

»Nichts, ich habe mich umgedreht und bin wieder gegangen. Weiter nichts. Ich weiß nicht, wer mehr erschrocken war, er oder ich. Doch das Interessanteste, Elke, kommt erst. Weißt du, was ich getan habe? Ich habe mich ins Auto gesetzt und wollte heimfahren. Doch plötzlich war mir, als griffe jemand in mein Lenkrad, und es zog mich auf den Berg hinauf. Und weißt du, bei wem ich gelandet bin?« sagte ich.

»Nein, doch erzähl weiter, das ist ja richtig spannend«, sagte Elke.

»Ich bin bei Michaela gelandet«, sagte ich, »Elke, du verstehst nun die Zusammenhänge.«

»Schau einer an, bei Michaela«, sagte Elke nachdenklich, »Michaela war wohl damals die Gutsherrin gewesen in deinem unglückseligen Leben als Magd, nicht wahr?«

»Ja, Elke, ich weiß das schon seit einiger Zeit, und wahrscheinlich hatte sie uns damals erwischt, im Heustadl oder so. Nun mußte mir das passieren, mußte ich fühlen, wie weh es tut und welch göttliche Ironie – sie, der ich einst dieses Leid zugefügt hatte, hat mich nun getröstet. Ja, hat nochmals mitgelitten mit mir und konnte dadurch selbst noch Seelenschmerz erlösen. Und das ist auch das Schöne, Elke, an dem Karma, es löst sich nämlich alles. Wenn wir genug Überblick haben, dann werden aus unseren großen menschlichen Tragödien Puzzlesteine einer wahrlich göttlichen Komödie. Letztlich ist unser Leben ein spannendes Spiel«, sagte ich.

»Ja, so denke ich auch. Doch wie hat dein Günther dann reagiert?« fragte Elke.

»Nun, er ist am nächsten Tag ins Kaffeehaus gekommen mit einem Blick wie ein gestreifter Kater, und fragte, ob ich ihm wohl Tortellini warm machen würde. Es war kein Problem, Tortellini warm zu machen. Wir haben nicht darüber geredet, bis heute nicht«, nachdenklich hielt ich in meiner Erzählung inne.

»Und dann habt ihr euch nicht mehr gesehen?« fragt Elke nochmals.

»Er kam noch einmal mit seinem Sohn, so daß ich keine Möglichkeit zu einem persönlichen Gespräch hatte«, sagte ich, »und in meiner späten Wut habe ich ihm einen Brief geschrieben und ihn einen Schürzenjäger und eine Null genannt. Das hat er mir wohl bis heute nicht verziehen«, sagte ich und mußte nun aufrichtig lachen.

»Also doch eine Komödie«, sagte Elke.

»Ja«, sagte ich, »aber ich will weder Tragödien noch Komödien, davon habe ich genug«, sagte ich ernst.

»Und was möchtest du spielen?« fragte mich Elke weich.

»Weißt du, Elke, wenn ich ganz nüchtern überlege, dann hatten Günther und ich keine wirkliche Chance gehabt.«

Als Elke und ich tags darauf auf dem Bahnsteig standen und Abschied nahmen, schaute sie mich zärtlich an und sagte: »Na, soll ich dir nicht doch einen nichtkarmischen Mann herbeiwünschen?«

Ich konnte ihr keine Antwort geben. Aber ich wußte mich am richtigen Weg mit meinem Versuch, bedingungslos lieben zu lernen. Am nächsten Morgen, als ich von der Nachtfahrt aus dem Zug stieg, beeilte ich mich heimzukommen und mußte sofort einen Brief an Elke schreiben. Die ganze Nacht über hatte ich im Zug spirituelle Botschaften empfangen!

Eine davon war: Wer einem einzigen Menschen bedingungslose Liebe zu schenken vermag, der schenkt seine Liebe Gott. Wer das Göttliche in nur einem einzigen Menschen erkennen kann, hat Gott in seiner Allmacht erkannt. Gott ist ein Ganzes und unteilbar. Findest du Gott im Kleinsten, findest du ihn im Ganzen. Gott in allen Menschen lieben und achten zu lernen, ist die Aufgabe, die er uns stellt. Schaffen wir dies mit nur einem einzigen Menschen, wird uns Gnade geschenkt.

Vieles war mir in dieser Nacht bewußt geworden. Vor allem, wieviel Hilfe uns in dieser Zeit der göttlichen Gnade geschenkt wird. Mir wurde bewußt, wir alle sind von vielen geistigen Meistern umgeben, die uns helfen und leiten, wenn wir ihre Sprache verstehen lernen. Ich erkannte, daß es Kwan Yin wirklich gibt. Sie ist eine Schwester von Maria. Ich konnte ihr leichtes, fröhliches und so liebevoll sanftes Wesen erspüren. Ich erkannte, was sie mich lehren wollte: Freude, Zuversicht und Leichtigkeit. Jubel, Lobgesang und Anmut, Güte und Barmherzigkeit sollten mich leiten. Die weiche, weibliche Seite des Göttlichen bedurfte der Loslösung von der schmerzerfüllten Mutterprägung, die ihren Wert in unserer Gesellschaft in der sich aufopfernden Mutterrolle findet. Mir wurde in dieser Nacht bewußt, daß es auch zu meiner Aufgabe zählt, mitzuhelfen, um einen neuen Tempel der Gnade und Barmherzigkeit zu errichten. Einen Tempel, der, ausgerichtet nach der inneren Wahrheit, den Menschen ein Licht der Orientierung bietet, weit über traditionelle Regeln, Dogmen und Moralbegiffe hinaus.

In jener Nacht faßte ich den Mut, die Botschaften Marias anzunehmen. Ich faßte den Mut, diese Botschaften und Weisungen in die Welt zu tragen. Und ich wußte, ich würde Mut und Kraft finden, mich vor Menschen hinzustellen und zu sagen: »Seht her, diese Hände reichen euch Reiki, und sie reichen euch den gnadenreichen Rosenkranz. Es sind dies Geschenke der Gnade, von Jesus und Maria.«

Teil III

Die Erfüllung

In und für Liebe, Harmonie und Frieden

Botschaften und Weisungen von Maria

1. Botschaft:

Sei gegrüßt im Namen des Vaters, des Sohnes und des Heiligen Geistes. Schwester des Herzens, schenke mir deine Stimme und deine Worte und verkünde:

O ihr Gotteskinder, geht hin und nehmt die Kreuze ab, nehmt ab die Kreuze und besonders jene, auf denen der gekreuzigte Leib Jesus im Leid und im Tode dargestellt ist. Geht hin und nehmt doch endlich diese Kreuze ab. Nicht den Tod, sondern das Leben sollt ihr anbeten. Nicht das Leid sollt ihr festhalten, sondern die Auferstehung soll euch bewußt werden.

Ich, Maria, Jesus Mutter, und einige der mir allerliebsten Frauen haben den Körper Jesus vom Kreuze genommen, haben ihn gewaschen und gesalbt und zur Auferstehung vorbereitet, und ihr geht hin und nagelt ihn wieder ans Kreuz! In euren Gedanken und euren Kindern zum Vorbild haltet ihr Jesus immer noch ans Kreuz festgenagelt! Und ihr geht hin und seht Jesus noch immer in Leid und Tod festgehalten und gefangen. Reinigt und klärt euer Bewußtsein, ihr Menschen, und laßt in und um euch das Bild des auferstandenen Jesus Christus erstehen!

Seht doch endlich die Herrlichkeit und Gnade, die Gottkraft, die aus ihm und durch ihn euch zufließt. Betet zum auferstandenen Jesus, schaut auf ihn und erinnert euch des wahren Inhalts seiner Lehre. Bittet ihn, und er legt euch das Wissen ins Herz. Betet hin zum auferstandenen Jesus!

2. Botschaft:

O ihr Gotteskinder, geht hin und erbaut mir einen Tempel. Erbaut mir einen Tempel, der meiner würdig ist.

Ihr Gotteskinder, begnadet wie die Künstler, ihr von Gott Gesegneten, versenkt euch in Gebet und Meditation, bittet mich zu kommen, ladet mich ein in eure Herzen. Und ich komme zu jedem, der mich ruft und der mir einen reinen Tempel im Geiste und im Herzen erbaut. Ich komme, um euch die wahre Schönheit meines Antlitzes zu zeigen und meines Wesens Herrlichkeit, das Gott der Herr und allmächtige Vater mir geschenkt. Dann geht hin und malt und formt in euch, was ihr geschaut.

Wie habt ihr mich nur zu oft dargestellt? Wem habe ich mich so gramverzerrt, so leidgepeinigt und so hilflos je gezeigt? So wie ihr mich darstellt in so manchem Seitenaltar. Wer hat mich je so gesehen?

Geht hin, ihr Gotteskinder, reinigt und klärt euer Bewußtsein.

3. Botschaft:

Fünf Weisungen will ich euch erteilen. Weisungen, die für euch Menschen in dieser Zeit sehr wichtig sind.

Die 1. Weisung lautet: *Einigt euch!*

Einigt euch, ihr Menschen, *einigt euch im Geiste*, dann werdet ihr auch im Alltag einig sein.

Betet und meditiert mit aller Hingabe und bittet um die Kraft, die Gott euch zufließen läßt, damit sich eure Herzen vereinen.

Und der Gebete habt ihr dringend nötig, denn, um wirklich einig zu werden, müßt ihr gleichermaßen *frei sein* wie *freigeben* können, müßt ihr gleichermaßen bereit sein *anzunehmen* wie auch zu geben, müßt ihr gleichermaßen bereit sein, *erste Schritte zu tun*, wie auch *in Geduld zu verharren und zu warten.*

Sich einig zu werden, bedarf des Gebrauchs vieler großer Tugenden, die ihr erlernen und üben sollt. Übt täglich und im Kleinsten, bemüht euch in eurer Familie und im kleinen Kreis, denn erst, wenn hier Einigkeit sich ausdehnen und entfalten kann, wird es auch möglich sein, Völker und Nationen zu einigen.

Besinnt euch auf euren Ursprung, erkennt, daß jedes Wesen in seinem Ursprung göttlich ist. Und ihr erkennt, daß ihr nicht ein einziges Wesen abspalten, abtrennen oder ausschließen könnt, ohne Gott selbst anzugreifen und zu verletzen.

Werdet eine Familie, eine wahre Menschenfamilie, vereint durch Gott in jedem einzelnen von euch. Und wenn es auch schwer sein wird für viele von euch, den Weg der Einigung zu gehen, verzagt nicht, verliert nicht den Mut, und gebt niemals eure Hoffnung auf Einigkeit auf. Wenn euch bang ums Herz wird und ihr nicht weiter wißt, dann kommt, kommt zu mir, kommt an mein Herz, und die Strahlen meiner mütterlichen Kraft werden euch zufließen und neue Wege weisen.

Kommt ihr Menschen, kommt, auf welch Wegen ihr auch immer nur kommen könnt. Für die einen wird es das Gebet sein, das euch zu mir führt, für die anderen ein Lichtstrahl, dem ihr mit eurer ganzen Sehnsucht folgt. Und wieder für andere wird es die Kraft eines geheiligten Wassers sein oder die Schwingung eines edlen Steins, mit dem ich euch an mein Herz ziehe. Ruft meinen Namen und wisset, ihr seid bereits am Ziel. Kommt und geht eure eigenen Wege, und kein Weg ist besser oder schlechter als ein anderer, wenn das Ziel eures Begehrens Gott ist, die Einheit, die Liebe.

Sucht euren Weg, ihr Menschen, und wisset, ihr werdet nicht untereinander einig werden können, wenn ihr nicht einig und geeint mit eurem Schöpfer seid. Also kommt, so wie ihr seid, ihr seid mir alle willkommen. Ich lade euch ein, und an meiner Hand geleite ich euch persönlich zu Jesus, und er führt euch heim zum Vater, zum Schöpfer, in die Allmacht Gottes im Heiligen Geist.

Kommt, ich bin für alle da, auch für die, die meinen Namen nicht kennen, und auch für die, die die Kraft und Hilfe durch meine Gebete, die ich euch gelehrt, nicht erkennen.

Doch glücklich sind die, die die Gnadenkräfte des Gebetes erkennen und nützen. Ein leichtes ist ihnen der Weg ihres Lebens. So betet das *Kranzgebet*, die ihr so begnadet seid, seine Kraft zu verstehen und ihr zu vertrauen.

Folgt meiner Weisung, ihr Menschen, und *einigt euch* und betet im gnadenreichen Rosenkranz: *Jesus, der uns im Herzen vereinet.*

Die 2. Weisung lautet: *Demut*

Lebt in Demut, ihr Menschen. O ihr Menschen, wenn ihr nur verstehen könntet, wie wichtig es für euch ist, in wahrer Demut zu leben.

Demut ist immer und überall der Mut zu Gott in und um euch. Demut ist gelebte Dankbarkeit. In Demut zu leben heißt, in wahrem Gottesbewußtsein zu leben, in Liebe und Dankbarkeit.

Verneigt euch in Demut, wenn ein neuer Tag euch beginnt. Blickt voller Demut in die Augen eures Nächsten, nehmt mit Demut eure täglichen Speisen zu euch. Verneigt in Demut euch vor den Blumen, den Wäldern, dem Wasser, der Luft und der Pracht der Natur. Blickt in Demut zu den Sternen am nächtlichen Firmament. Neigt euch auch in Demut vor den großen und kleinen Werken, die Menschen vollbrachten. Denn aus allem und jedem um euch grüßt und winkt euch das Göttliche zu. Beugt eure Knie in Demut zum Gebet und lauscht in Demut den göttlichen Klängen.

Besonders jetzt, ihr Menschen, da ein neues Zeitalter hereinbricht über euch und ihr zu neuem Bewußtsein erwacht und ihr beginnt, das Wunder des Menschseins und die damit verbundene göttliche Kraft, die euch zueigen ist, neu zu entdecken, besonders jetzt im Aufbrechen des glanzvollen Lichtes eines neuen Morgens für euch Menschen – jetzt ist es wichtig, wahre Demut zu leben. Ihr entdeckt gerade viele Geheimnisse. Da euch der Gebrauch großer kosmischer Lichtkräfte mehr und mehr zugängig wird, wird der Weg der Demut wichtiger denn je für euch. Groß ist die Verführung und die Versuchung, die euch erwächst im Umgang mit den kosmischen Lichtkräften. Gebt acht, nicht dem Hochmut zu verfallen und zu meinen, ihr seid kraft eures menschlichen Verstandes und Denkens in der Lage, all das Wunderbare zu vollbringen, das ihr zu vollbringen gelehrt werdet in dieser neu aufbrechenden Zeit. Es ist der göttliche Geist selbst, der dies alles durch euch vollbringt, dem ihr euch dienend öffnen sollt.

Der hingebungsvollsten Demut bedarf es, mit des Gottes Geistes Schöpferkraft umgehen zu lernen. Und wann immer ihr dem Hochmut verfallt, habt ihr euch selbst abgespalten und getrennt von der göttlichen Quelle, und hart schlägt euch zurück, was ihr selbst im Hochmut ausgestrahlt.

Und ich selbst, Maria, stehe jetzt in aller Demut vor euch, vor jedem einzelnen Menschen. Und ich verneige mich tief vor der Göttlichkeit in jedem Menschen, der diese Stufe der Erkenntnis seiner Schöpferkraft erringt. Und doch muß ich in inniger Liebe zu euch mahnende Worte tief euch ins Bewußtsein legen. Setzt in Demut jeden einzelnen Schritt. Vergeßt nicht für Sekunden in eurem Alltag meine liebend euch mahnenden Worte. Denn wer in Hochmut ins Stolpern gerät und fällt, wird fortgerissen von mir, und selbst der Strahl der Gnade und Barmherzigkeit kann nicht durchdringen zu euch, wenn ihr in den Fesseln der Hochmütigkeit liegt. Nicht weil Barmherzigkeit euch nicht geschenkt würde, o Gottes barmherzige Liebe fließt euch immer zu, und ich in meiner Liebe gehe euch allen nach, wie tief ihr auch gesunken sein mögt. Ich bin euch immer nahe, darauf wartend, daß ihr euch endlich öffnet und die Gnade euch zufließen kann. Doch seid ihr im Hochmut, so lehnt ihr ja hochmütig selbst die Gnade der Barmherzigkeit noch ab! Deshalb ist der Hochmut euch so gefährlich.

Seid achtsam, geliebte Menschen, wenn ihr nun bewußte Schritte der Erkenntnis umzusetzen beginnt. Und doch wisset, voller Freude im Herzen und voller Vertrauen erwarte ich diese Schritte von euch und segne den Moment, da wir gemeinsam in Demut und Dankbarkeit grüßend uns neigen.

Kommt in Demut, ihr Menschen, kommt! Ich reiche euch meine Hand und führe euch zu Jesus, und Jesus hebt euch hoch zum Vater, in eure wahre Heimat, ins Reich der Liebe im Heiligen Geist.

Folgt meiner Weisung, ihr Menschen, lebt in Demut und betet im gnadenreichen Rosenkranz: *Jesus, der uns Gottes Liebe offenbart.*

Die 3. Weisung lautet: *Baut auf das Göttliche im Menschen*

Bleibt dem göttlichen Funken in euch immer und immer auf der Spur, ihr Menschen, denn wenn ihr Gott in euch spürt, dann könnt ihr ihn auch im anderen wahrnehmen.

Sucht Gott in euch mit der innigsten Sehnsucht eures Herzens und ruht nicht, bis ihr das göttliche Licht in euch gefunden habt. Baut euer Leben vollkommen im Vertrauen auf euer göttliches Licht auf. Betet mit voller Herzenskraft, lernt aber auch zu schweigen und zu lauschen, lernt zu meditieren, sucht die Stille in der Natur, sucht die Stille in euch, und ihr werdet lernen, auf Gottes Worte zu hören und sie zu verstehen. Lernt, euch führen zu lassen, durch euer Leben aus dem Göttlichen heraus, durch eure eigene Verbindung mit Gott.

Dies ist sehr wichtig, ihr Menschen, oh, wie bitte ich für euch, den Vater, er möge euch wahrlich verstehen und erkennen lassen, wie sehr euch die Verbindung zur Gottkraft in euch selbst hilft, euer Leben zu meistern. Vertaut auf die Stimme in euch, vertraut eurer Intuition und der Stimme eures Herzens. Nur ihr selbst wißt ganz genau, wenn ihr hinhört und euch ganz hinwendet in Liebe und Demut, was für euch selbst gut und richtig ist. Vertaut in aller Demut auf die göttliche Kraft in euch. Wenn ihr diese Wahrheit zu verstehen und zu leben gelernt habt, dann könnt ihr auch das Göttliche im anderen Menschen sehen und auf das Göttliche im anderen bauen.

Und auch, wenn andere Menschen noch nicht soweit entwickelt sind in ihrem Bewußtsein und der Eigenverantwortung, wie ihr selbst, so sollt ihr trotzdem immer auf das Göttliche im anderen Menschen bauen. Wendet euch hin in aller Liebe und Stille zum göttlichen Kern im anderen Menschen – sprecht ihn an, ja erweckt ihn, und ihr werdet wahre Wunder erleben.

Zu lange schon habt ihr voller Angst und Zweifel und voll der schlimmsten Erwartungen argwöhnisch die anderen, die *Fremden,* um euch beäugt und beobachtet, immer darauf wartend, angegriffen und betrogen zu werden. Ja, habt ihr nicht endlich begriffen, daß ihr damit einen Ruf ausstößt, der all das Kleine, Schlechte und Unvollkommene im anderen anruft? Kümmert euch nicht um die Fehler der anderen, sie sind nicht euer Problem, und niemand kann Fehler für einen anderen lösen, nur seine eigenen. Seht das Göttliche im anderen Menschen, ruft ihn an in seiner Größe, sprecht das Gute in ihm an und seine Vollkommenheit – und ihr gebt ihm wichtige Impulse. Stärkt seinen Charakter und fördert sein Wachstum. Baut auf das Göttliche im Menschen, ruft das Göttliche im Menschen, und es wird sich offenbaren.

Doch wenn ihr bedrängt werdet, wenn eure Liebe und Größe nicht erkannt werden, da ihr sie demütig und bescheiden offenbart, wenn euch dadurch als Schwäche gewertet wird, was wahre Größe ist, wenn andere versuchen, euch zu unterdrücken oder sonst irgenwie in die Enge zu treiben, dann, ihr Menschen, kommt, kommt schnell, ganz schnell zu mir. Mit offenen Armen eile ich euch entgegen in solchen Situationen, und schützend stelle ich mich vor euch. Schweigt still und vertraut, wenn solches euch widerfährt, betet aus ganzem Herzen für euch selbst und auch für den anderen Menschen, der euch feindlich bedrängt; doch habt keine Angst und weicht nicht zurück, denn ich stehe wahrlich vor euch.

Werdet nicht wankend, ihr Menschen, seid stark und baut immer auf das Göttliche in euch und im anderen Menschen. Wenn ihr auf das Göttliche im anderen baut, dann ruft ihr auch alle göttlichen Kräfte zu Hilfe. Und liebend nehme ich euch an der Hand und führe euch zu Jesus, und Jesus umarmt euch und bringt euch zum Vater, im Schutze der barmherzigen Liebe und Gnade im Heiligen Geist.

Folgt meiner Weisung, ihr Menschen, und *baut auf das Göttliche in jedem Menschen* und betet im gnadenreichen Rosenkranz: *Jesus, der in uns das Gute stärkt.*

Die 4. Weisung lautet: *Seid barmherzig!*

O ihr geliebten Menschen, seid barmherzig, übt Barmherzigkeit in eurem täglichen Leben. Ich weiß nur allzugut, wie sehr ihr selbst barmherzige Liebe benötigt und wie wenig ihr selbst oft bereit seid, Barmherzigkeit zu gewähren und fließen zu lassen. Und um barmherzige Liebe leben zu lernen, ist es nötig, daß ihr lernt, zu vergeben und zu verzeihen.

Ja, ihr Menschen, auch das ist ein Lernschritt, der jetzt verstärkt auf euch zukommt, und gerade in diesem neu aufbrechenden Zeitalter ist es so besonders wichtig, daß ihr zu vergeben und zu verzeihen lernt und Barmherzigkeit übt.

Denn seht, alles, was ihr je verursacht habt, fließt euch jetzt in verstärktem Maße zu. Eine große Beschleunigung des Geschehens hat eingesetzt, und jeder Gedanke, den ihr denkt, strömt mit verstärkter Kraft aus, um sich zu verwirklichen. Und so schlägt auch verstärkt und beschleunigt zurück, was ihr aus eurer Unvollkommenheit heraus heraufbeschwört. Seht doch die Beschleunigung der Kräfte ist notwendig, damit ihr den nötigen Bewußtseinsschritt unternehmen könnt. Besonders notwendig ist es deshalb auch, die wahre Kraft des Vergebens und Verzeihens anzuwenden und Barmherzigkeit zu üben. Wann immer du verletzt oder beleidigt wirst oder dir irgendein Leid angetan wird, verzeih und vergib aus ganzem Herzen und hülle all das Unvollkommene in den Strahl deiner barmherzigen Liebe, damit es von seinem Mangel genesen und heilen kann.

Wenn ihr lernt, barmherzige Liebe fließen zu lassen und den Strahl der Gnadenspendung anzuwenden, so werdet ihr reich belohnt und bestärkt werden in euren eigenen Kräften, und große Liebe und Gnade wird euch zufließen.

Erkennt doch, erkennt, ihr geliebten Menschen, mit drängendem Herzen voll der Sehnsucht von euch verstanden zu werden, fließen diese Worte zu euch hin durch meine Schwester im Herzen, die sich mir soweit aufgetan. O, erkennt ihr Menschen und kommt in Berührung mit dem allerheiligsten Strom der Liebe, der Barmherzigkeit Gottes, der Gnade, der Vergebung und Erlösung in der bedingungslosen und barmherzigsten Liebe.

Kommt ihr Menschen, o kommt in meine Arme, an mein Herz will ich euch drücken, die ihr in eurem Inneren ringt mit der Wut, dem Zorn, dem Schmerz, eurem gekränkten Stolz und all den Verletzungen und Zurückweisungen, die ihr erlitten habt, kommt und schüttet mir euer Herz aus. Bei mir dürft ihr weinen, schreien und wehklagen. Ich segne und hülle in barmherzige Liebe euren inneren Kampf, und Trost und Heilung fließen euch zu. Doch begrabt das Schwert, verbrennt eure niederträchtigen Gedanken nach Rache und Genugtuung. Laßt los, ihr Menschen, streitet nicht mehr mit, laßt los und übt Vergebung und Verzeihung. Seid barmherzig.

Sanft und liebend nehme ich euch bei der Hand, ich führe euch zu Jesus, und Jesus eilt euch freudestrahlend entgegen. Und ihr seid vereint im Urgrund der barmherzigen Liebe in Gott und im Heiligen Geist.

Folgt meiner Weisung, ihr Menschen, *seid barmherzig* und betet im gnadenreichen Rosenkranz: *Jesus, der uns Vergebung lehrt.*

Die 5. Weisung lautet: *Lebt euer wahres Menschsein*

Lebt euer wahres Menschsein, ihr Menschen, und entdeckt die Größe und Herrlichkeit, die vollendete Schönheit, in der Gott, der Herr und Vater, euch schuf. Lebt euer wahres Menschsein, es ist ein einziges himmlisches Wunder, ihr Menschen, das zu erfahren und zu vollbringen, jeder einzelne von euch ist gerufen.

O ihr geliebten Menschen, seht her und hört mir aufmerksam zu. Nun will ich euch erzählen von mir selbst und meinen Erdentagen und von Jesus und Josef und meinen anderen Kindern. Und ihr Menschen, ich bitte euch, begreift, auch ich, die Mutter Gottes, die Mutter Jesus Christus, bin Mensch, als Mensch geboren. Ich bin ein Kind Gottes wie jeder von euch. Seelisch hatte ich genau die gleichen Voraussetzungen wie ihr. Auch ich bin zu meiner Reifung und Vollendung durch viele Leben gegangen. O ihr Menschen, ich weiß zutiefst, was es bedeutet,

Mensch zu sein. Ich kenne genau all die Ängste und Schwierigkeiten, denen ihr begegnet auf eurem Weg. Auch ich hatte manche Hürde zu bewältigen.

Doch seht, ich hatte ganz mein Leben Gott geweiht, lange schon, bevor mir die Gnade als heilige Jungfrau zuteil wurde. Ich hatte gelernt, nur Gott in mir zu vertrauen und auf Seine heiligen Weisungen zu hören. So konnte ich das auch für mich noch sehr schwer Faßbare annehmen, als mir der Engel des Herrn erschien und mir die Geburt des göttlichen Sohnes verhieß. Glaubt ihr, daß ich keine Angst hatte, verspottet zu werden und belächelt? Glaubt ihr, daß es ein leichtes für mich war, mich Josef anzuvertrauen und ihm von meiner unbefleckten Empfängnis zu berichten. Glaubt ihr, daß es für Josef ein leichtes war, all das zu begreifen? Glaubt ihr, daß es einfach war für meine anderen Kinder, den Lebensweg ihres Bruders Jesus mitzuerleben? Und ich war auch ihre Mutter. Es war nicht leicht, ihr lieben Menschen, es war zuweilen ein starkes inneres Ringen notwendig, um alle Zweifel und alle Ängste zu besiegen. Doch wisset, ich habe mein Leben gemeistert, ich war mir der Gegenwart Gottes in mir immer bewußt. Ich habe ganz und vollkommen dem Göttlichen alleine vertraut. Ich habe mich nicht beirren lassen von den Lehren unserer Zeit, und ich bin immer meiner eigenen inneren Stimme gefolgt. Ich habe mich und mein Leben vollkommen Gott geweiht, ich habe alles, die kleinste wie die größte Entscheidung Ihm anvertraut und in Seine Hände gelegt, und Er selbst hat mich geführt und beschützt. Und wann immer ich unsicher war und einer Antwort bedurfte, dann hat Er mir einen Engel geschickt, und ich konnte Seine Weisung empfangen.

Schaut doch, ihr Menschen, und begreift, ich bin Mensch gewesen wie ihr. Ich war eine Frau, nicht anders gebaut und beschaffen wie ihr Frauen es heute seid, und doch muß ich euch sagen, *ihr verkennt mich*, ihr habt mich über Jahrhunderte verkannt, wie ihr überhaupt die Möglichkeit des wahren Menschseins immer noch verkennt. Niemals war ich so, wie ihr mich oft darstellt. Ich bin wohl mit Jesus den Kreuzweg gegangen, und ich habe unter dem Kreuze gestanden in seiner schwersten Stunde. Doch sein Leidensweg, den er für euch auf sich genommen, hat mich nicht zu Boden gedrückt, hat mich nicht in Gram, Schmerz und Verzweiflung fortgerissen, nein, o nein!

Ich habe nicht gewankt, ich habe mein Vertrauen in Gott nicht verloren, und ich habe nie gezweifelt an der Göttlichkeit meines Sohnes Jesus. Ich habe ganz und gar vertraut, und ich wußte in meinem Herzen um das Erlösungswerk, das er zu vollbringen hatte, wußte um seine göttliche Gnadenoffenbarung und wußte um seine Auferstehung. Und ich war auch nicht hilflos, so wie ihr mich oft hinstellt, nein, ich wußte auch um die Kraft meiner göttlichen Liebe zu ihm. Und mein Glaube an sein Wunder wurde durch nichts erschüttert und hat zu vollbringen erleichtert und unterstützt, was er sich auferlegt.

Schon als Mensch war ich mir der Gottkraft in mir bewußt. Es ist Zeit, ihr Menschen, mich und Jesus in unserem wahren Menschsein zu erkennen, wie in unserer Göttlichkeit, damit ihr begreift und lernt, was wahres Menschsein bedeutet.

Begreift erst mein Wunder, das Gott in mir und mit mir vollbracht hat, und dann schaut auf Jesus, meinen Sohn, der durch die unbefleckte Empfängnis aus Gottes Geist durch mich geboren für euch Menschen auf die Erde kam, und versucht, sein noch viel größeres Wunder zu begreifen.

Versteht doch, ihr Menschen, versteht, was ich, Maria, und Jesus als Menschen euch vorgelebt haben. Begreift also euer wahres Menschsein und habt den Mut, es zu leben, uns zu folgen ins Reich des Lichtes und der ewigen Liebe in Gott. Lebt euer wahres Menschsein. Ich, Maria und Jesus und eine schier unglaubliche Zahl an Engeln und heiligen Wesen stehen euch zur Seite und reichen sanft und segnend euch die Hände, die göttlichen Strahlen des Lichtes fließen euch zu.

Kommt, ihr Menschen, o kommt, greift nach meiner Hand, ich führe euch zu Jesus. Schaut in seine Augen, damit ihr fühlt, was kein Wort der Welt aussprechen kann und kein Verstand zu erfassen vermag. Begreift euer wahres Menschsein und geht mit Jesus ein in Gott und im Heiligen Geist.

Folgt meiner Weisung, ihr Menschen, und lebt euer wahres Menschsein und betet im gnadenreichen Rosenkranz: *Jesus, der für uns Mensch geworden ist.*

Geh hin, Schwester des Herzens, und verkünde diese Botschaften von mir. Mit allem Mut und mit all deiner Kraft setze dich ein, so viele Seelen wie möglich zu erreichen, und rüttle sie wach und lehre sie, die Wege des Lichtes zu gehen. Setze dich ein, so stark du kannst, denn es liegt in eurer Macht, vieles abzuwenden und zu wandeln, was euch und euren Planeten Erde bedroht. Hab keine Angst, du stehst unter meinem Schutz, wie auch das Gebiet, in dem du lebst, unter meinem Schutze steht.

Sei gesegnet, Schwester des Herzens. Tu virginum corona, salve me fons pietatis.

Qi Qian Yin

spricht zu mir und gibt mir Erklärungen zu den Weisungen von Maria:

Die Menschen haben mir viele Namen gegeben. Du, Aramai, bist dem Namen Kwan Yin gefolgt, doch höre nun, mein ursprünglicher Name ist Qi Qian Yin, und das heißt *Lichtstrahl der Urmutter.* Qian ist der ursprüngliche Antrieb, das Leben zu spenden, Yin ist die Form, das Weibliche, und Qi ist das Licht in Macht, das somit zum schöpferischen Licht wird. Mein Name sagt dir also, daß ich um den Ursprung weiß. Und wer um den Ursprung weiß, der weiß auch um den Weg, der zum Ursprung zurückführt; der weiß, wie all das aufzulösen ist, das euch vom Ursprung trennt.

Als erste Weisung fordert Maria von euch: *Einigt Euch!* Ermeßt, wie wichtig und wertvoll diese Weisung ist. Maria sagt euch: *Übt täglich, übt in der Familie, im kleinen Kreis.* Laßt uns also gut hinschauen auf die Situation der Familie hier bei euch. So viele Scheidungen wie heute gab es noch nie, und doch liegt gerade in dieser Situation eine große Chance für euch. Denn seht, nicht die Trennung von einem Partner ist das eigentliche Problem, sondern das *Wie* ihr diese Trennung vollzieht, ist das Problem. Viele von euch flüchten vor den Tatsachen, rennen davon oder verdrängen die Wahrheit bis hin zur schweren Krankheit. Andere schlagen wild um sich und kämpfen mit ihren Ellenbogen. Was ihr macht, ist ein riesiger Scherbenhaufen, und genau das ist euer Problem. Denn dieser Scherbenhaufen bedeutet neues Karma. Bedeutet, daß die ungelösten Bindungen und die negativen Gedanken so machtvoll gestärkt werden durch die negativen Gefühle, die ihr hegt, frei gebt und aussendet, in der Situation des *Wie,* wenn ihr Trennung vollzieht, zurückfluten auf euch. Es liegt im kosmischen Gesetz, daß alles, was ihr ausstrahlt, euch vermehrt zurückfließt, verstärkt zurückfließt, ob im Guten oder im Schlechten. Macht euch das bewußt. Und hört weiter,

Maria sagt euch: ... *um wirklich einig zu werden, müßt ihr gleichermaßen frei sein wie freigeben können* ... Und Maria sagt euch: *Übt täglich, übt im Kleinsten* ... Seht also genau hin auf eure Situation und erkennt, daß die vielen Scheidungen nicht eigentlich schlecht sind, erkennt, sie dienen euch zur Übung. Lernen, frei zu sein, bedacht zu sein auf eure Freiheit, und dies meint inneres Freisein, inneres Unabhängigsein, die Freiheit zu wahren, damit ihr auf die Stimme in euch hören könnt, auf euer Gewissen, auf die Sprache Gottes in euch. Frei zu sein bedeutet, der inneren Stimme Gottes die höchste Autorität zu verleihen und sie über alle Forderungen menschlicher Institutionen zu erheben, die sich nicht mit eurer inneren Stimme vereinbaren lassen. Versteht ihr, wahre Freiheit heißt: *Sein Wille geschehe!* Und Scheidungen lehren euch *freizugeben.* Lehren euch, den anderen nicht festzuhalten und nicht abhängig zu machen von euch. Lehren euch, dem anderen seinen Weg zuzugestehen, wie immer er sich diesen auch erwählt. Lehren euch, daß ihr nicht das Recht habt, über einen anderen zu verfügen oder ihn zu besitzen.

Menschen freizugeben, die ihr liebt, ist die einzige Möglichkeit, bedingungslose Liebe zu lernen und ist die einzige Möglichkeit zu lernen, wie man sich wahrlich mit Menschen einigt und vereint. Einem anderen Menschen auch wirklich Freiheit zuzugestehen, ist der wesentliche Schritt, durch den Glaube und Gottvertrauen sich in eurem Leben manifestieren können. Denn wenn ihr freigebt, dann gebt ihr die Kontrolle auf und vertraut, daß der andere Mensch genauso geführt und beschützt wird von Gott wie ihr. Den anderen freizugeben heißt also auch, das Göttliche in ihm anzuerkennen, wie verstrickt und im Dunklen befangen er auch sein mag. Bedenkt dies, ihr Menschen, im Alltag, in euren Familien und im kleinen Kreis. Auch ihr Eltern denkt gut nach und beobachtet euer eigenes Verhalten gut, wenn es darum geht, eure Kinder freizugeben und sie mit Gott ihres Weges zu schicken.

Zudem sollt ihr erkennen, daß wahrhaftiges Sich-Einigen, ehrliches Geeint- und Vereintsein der absoluten Freiheit bedarf.

Habt ihr also frei sein und frei geben gelernt, dann braucht auch Scheidung und Trennung meist nicht zu sein, dann habt ihr die gegenseitige Abhängigkeit abgelegt und Raum geschaffen für Liebe und Verständnis. Und manche Partner, die sich zwar zuerst trennen wollten, doch beide dann am inneren Einigsein gearbeitet haben, werden dann doch beisammen bleiben wollen und können.

Maria sagt euch auch, wie ihr Einigsein erlangen könnt. Sie sagt: *Einigt euch im Geiste, dann werdet ihr auch im Alltag einig sein.* Und sich im Geiste zu einigen, heißt, sich erst einmal in Gedanken zu einigen. Um sich in Gedanken mit einem anderen Menschen einigen zu können, bedarf es aber des genauen Hinschauens auf die eigenen Gedanken und Regungen. Ihr werdet euch nicht mit einem Menschen in Gedanken einigen können, den ihr innerlich als minderwertig, als Schwächling oder auf ähnliche Weise negativ betrachtet. Es gilt also zuerst, eure Gedanken und Regungen zu klären und zu reinigen, geistige Hygiene zu erlernen. Versteht doch, in früheren Zeiten habt ihr Menschen euch gegenseitig verurteilt und euch mit Pech und Schwefel übergossen, mit Steinen erschlagen oder euch ähnlich Grausames angetan. Heute fühlt ihr euch über diese finstere Zeit so weit erhoben. Und ich sage euch, ihr seid noch nicht weit von all dem Schrecklichen entfernt, wenn man so wie wir eure Gedanken wahrnehmen kann. Schlimmes ruft ihr und beschwört ihr herauf mit euren Gedanken. Als erstes also müßt ihr eure Gedanken klären, und Maria sagt euch: *Bekennt euch zu eurem Ursprung, erkennt, daß jedes Wesen in seinem Ursprung göttlich ist, und ihr erkennt, daß ihr nicht ein einziges Wesen abspalten, abtrennen oder ausschließen könnt, ohne Gott selbst anzugreifen und zu verletzen. Und sie sagt weiter: Werdet eine Familie, eine wahre Menschenfamilie, vereint durch Gott in jedem einzelnen von euch.* Hört doch, wie Wunderbares in ihren Worten sich euch offenbart und seht, zuerst müßt ihr selbst Gott finden, Zugang zu eurem Urspung erlangen und euch der Geborgenheit in Gott anvertrauen, um Gott dann auch außerhalb von euch überall wahrnehmen zu können und in jedem Menschen seinen göttlichen

Funken zu sehen. Zuerst müßt ihr euch also selbst ganz und gar Gott anvertrauen und euch mit ihm vereinen. Seid ihr in euch mit Gott vereint, so seid ihr mit Gott als Ganzes vereint, also auch mit all seinen Geschöpfen – denn Gott ist ein Ganzes! *Dann betet und meditiert mit aller Hingabe und bittet um die Kraft, die Gott euch zufließen läßt, damit sich eure Herzen vereinen.* Dann werden positive Bilder in euer Bewußtsein treten, und ihr werdet im Geiste erkennen, wie ihr vereint seid, und im Alltag wird sich Verstehen und Einigkeit manifestieren können.

Seht, ihr Menschen, wenn ihr solchermaßen zu denken und handeln in der Lage seid, dann ist es auch möglich, Bindungen zu lösen, Partnerschaften zu beenden und eigene Wege zu gehen, ohne aus der Liebe und Einigkeit zu fallen. Dann werdet ihr euch mit eurem Partner über die weitere Vorgehensweise in eurem Leben einig sein. Dann könnt ihr euren Partner freigeben für eine andere innige Beziehung. Ihr habt reinen Tisch gemacht und könnt euch an diesem Tisch immer wieder zusammensetzen, so ihr wollt. Und dann ihr Menschen, dann seid ihr vor allem auch erst in der Lage, wahres Einssein mit einem anderen Menschen in all seiner Fülle und Vielschichtigkeit zu erleben. Wahres Einssein bedarf des gereiften Gottesbewußtseins beider Partner, damit ihr euch im vollen Vertrauen auf die Göttlichkeit in euch und im anderen öffnen könnt. Dann wird dies himmlische Berühren euch möglich sein, das in die Sphären des Glücks euch eintreten läßt.

Übt ihr Menschen, übt diese Einigkeit, einigt euch auf diese Weise und beginnt im kleinen Kreis. Beginnt in der Familie, beim Partner, bei den Kindern, bei euren Freunden und Anverwandten. Denn erst, wenn jeder einzelne von euch diesen Lernschritt getan, wird wahre Einigkeit auch zwischen Völkern und Nationen, zwischen verschiedenen Rassen und Kulturen möglich sein. Und bedenkt auch Marias Worte: *Verliert nicht den Mut, und gebt niemals eure Hoffnung auf Einigkeit auf! Wenn euch bang ums Herz wird, dann kommt* ... Und seht Maria selbst lädt euch ein, und sie selbst verspricht euch Hilfe, wenn ihr euch ihr anvertraut. Und alle himmlischen Lichtkräfte dürft ihr euch zur

Hilfe rufen, und aller Wege des Lichtes dürft ihr euch bedienen. Und je mehr die Sehnsucht euer Herz vorantreibt, um so tiefer werdet ihr in all die Geheimnisse des Lichtes eindringen.

So sollte es euch nun ein leichtes sein zu verstehen, was Maria in ihrer dritten Weisung euch eröffnet: *Baut auf das Göttliche im Menschen.* Sagt sie doch damit: Baut immer auf Gott.

Sieh her, ich will versuchen, es dir zu erklären. Du stehst in deinem Alltag, und es begegnet dir ein Mensch. Sei achtsam und schaue sehr genau hin auf diesen Menschen. Nimm diesen Menschen und die Situation der Begegnung an, weise sie nicht zurück, sondern erkenne die Wirklichkeit. Sieh zu, was es in dieser Situation zu lernen gibt für dich. Beachte genau, wie weit du innerliche Übereinstimmung mit dem Begehren dieses Menschen finden kannst. Soweit richte deine Handlungen gemeinsam mit ihm aus, sei aber sehr achtsam, wo eure Auffassung sich trennt. In diesen Punkten bleibe unbedingt bei dir und laß dich nicht hinreißen zu Gedanken und Taten, die dir selbst nicht entspringen. Laß auch nicht zu, daß jemand anderer Entscheidungen für dich trifft, bleib selbst ganz und gar verantwortlich für dein Leben und Handeln. Stellt es sich nun dar, daß der andere noch weit entfernt ist von deinem Ideal, so kannst du ihm ja dein Ideal erläutern, wenn er bereit ist, dir zuzuhören. Laß ihn aber unbedingt in seiner Freiheit, er muß deine Ratschläge nicht annehmen und hat auch das Recht, Fehler zu machen und leidvolle Erfahrungen zu wählen, dessen sei dir bewußt.

Wenn der andere also einen Weg wählt, den du nach deiner inneren Stimme nicht mit ihm gehen kannst, dann mußt du dich äußerlich abwenden und dich vielleicht sogar fernhalten von ihm. Doch dann und gerade dann mach dir bewußt, daß der in deinen Augen noch so fürchterlich im Dunklen Irrende auch ein Kind Gottes ist. Daß auch in ihm göttliches Bewußtsein verankert ist und vielleicht noch völlig unbewußt schlummert. Darum erkenne, dieses göttliche Bewußtsein gilt es zu erwecken, diese Gotteskraft gilt es zu stärken, und mit all deiner Liebe und Lichtkraft, zu der du nun schon erwacht und fähig bist, wende dich hin zum göttlichen Kern in diesem anderen

Menschen. Und vertraue und baue einzig auf das Göttliche in ihm. Wisse, irgendwann dringt auch in das finsterste Bewußtsein die erlösende Kraft des Lichtes ein. Mit deinem Vertrauen und deiner inneren Anrufung sendest du Licht. Mit deinem Vertrauen bebaust du den Acker im anderen, und deine liebevollen Gedanken werden zur Saat. Sei dir bewußt, jeder Gedanke von dir hat ungeheure Kraft. Rufst du das Negative, das Kleinliche, das Unvollkommene auf im anderen, so wird es dir antworten. Rufst du das Positive, das Große, das Vollkommene, so wird es dir antworten. Darum baut auf das Göttliche im Menschen. Ruft das Göttliche in jedem Menschen an, damit es sich offenbare.

Und bedenke, jetzt ist der Moment, voll bewußte Verantwortung für dein Denken und Handeln zu übernehmen. Jetzt und immer ist es ein Jetzt, eine neue Chance für dich zu wählen. Und wenn du jahrzehntelang dachtest, oh, dieser Nachbar von mir, welch ein gemeiner und kriegerischer Bursche, welch ein schrecklicher Gesell, wie hasse ich ihn, was hat er mir nicht schon alles angetan, oh, wäre ich ihm nur ja nie begegnet, so wisse, es ist alles, was dir begegnet von großer Bedeutung für dich, und alles dient dir auf dem Wege der Selbsterkenntnis und des Lichtes. So sollst du dich fragen, was sende ich aus, daß so etwas zurückkommen kann zu mir? Und wenn du ehrlich dein Gewissen erforschst, wird dich die Erkenntnis weiterleiten. Und wenn du in dir auch keine Ursache finden kannst, so wisse doch, einzig zum Lernen soll dieses Problem dir dienen. Denn nun darfst du neu wählen in deinen Gedanken. Du löst dich vom Bild des bösen Nachbarn, und baust auch in ihm auf seinen göttlichen Kern. Schau hin, in jedem Menschen wirst du irgend etwas Gutes finden, und das sprich an. Vielleicht ist er ein fleißiger Mensch, und du kannst ihm nun täglich zum Beispiel den Gedanken schicken: »Ich achte und bewundere deine fleißige Arbeit.« Und dieser Gedanke wird dich und ihn verändern, und du wirst sehen, du bist nicht hilflos, sondern vieles kannst du tun und bewirken.

Seid barmherzig, und lernt zu vergeben, ruft Maria euch zu in ihrer vierten Weisung. Ganz klar sagt euch Maria, wie nötig ihr der barmherzigen Liebe bedürft. Seht hin, wie wenig ihr selbst bereit seid, Barmherzigkeit walten zu lassen und Vergebung zu üben. Denn der Barmherzigkeit geht immer Vergebung voraus.

Kehren wir nochmals zurück zu unserem Beispiel mit dem bösen Nachbarn. Siehe, du sollst ihm ehrlich vergeben und verzeihen. Wahres Vergeben und Verzeihen heißt vergessen, was der andere dir angetan. Denn nur dadurch kannst du wirklich die wahren und vollkommenen Kräfte Gottes in ihm ansprechen. Hältst du auch nur im geringsten noch an seinen Fehlern fest, schmälerst du die Vollkommenheit Gottes. Und da Gott selbst ein Ganzes ist und nicht geschmälert werden kann und nichts Unreines und Fehlerhaftes in Gottes Vollkommenheit verankert sein kann, leugnest du letztendlich immer noch den göttlichen Funken im anderen, da du an seinem Fehler festhältst. Wahre, alles vergebende barmherzige Liebe ist somit das bedingungslose *Ja* zum anderen. Und somit das absolut bedingungslose *Ja* zu Gott selbst.

Ich weiß wohl, ihr lieben Menschen, wie auch Maria, daß es kein leichter Weg ist, den zu gehen wir euch weisen. Und seht, Maria offenbart euch in der ersten Weisung, daß ihr gar vieler Tugenden dringend bedürft, wenn ihr Einigkeit im Geiste mit Gott und den Menschen erlangen wollt. Erinnert euch ihrer Worte: *Und der Gebete habt ihr dringend nötig, denn um wirklich einig zu werden, müßt ihr gleichermaßen frei sein wie auch freigeben können, müßt ihr gleichermaßen bereit sein, anzunehmen wie auch zu geben, müßt ihr gleichermaßen bereit sein, erste Schritte zu tun wie auch in Geduld zu verharren und zu warten.* Seht, über das Freisein und das Freigeben haben wir gesprochen, erkennt nun, daß das Annehmen zuallererst das Annehmen der Wirklichkeit selbst ist, also das Hinsehen und Erkennen der Tatsachen und das Ja sagen zu dieser eurer Wirklichkeit. Ihr habt das Annehmen wirklich gelernt, wenn ihr immer und überall sagen könnt: »Alles ist gut, so wie es ist.« Dann habt ihr die Wahrheit in vollem kosmischen Umfang begriffen, dann habt ihr erkannt, daß die Wirklichkeit, so wie sie sich offenbart, von euch selbst gestrickt wurde. Nach dem Gesetz von Ursache und Wirkung, wonach zu dir zurückkommt, was du ausstrahlst. Erst, wenn du jetzt lernst zu sagen: »Gut, so ist es eben, ich begreife und kann nun neu beginnen, auszusenden und auszustrahlen, kann wählen und dadurch meine Wirklichkeit verändern«, dann hast du machtvolle Schritte gesetzt zum Schöpfer, dich zu entfalten. Wenn ihr lernt, eure eigene Wirklichkeit anzunehmen, dann lernt ihr auch, die Wirklichkeit eines anderen Menschen anzunehmen und zu verstehen. Dann könnt ihr den Schritt setzen und euch hinwenden zum voll verantwortlichen Geben. Und dieses Geben wird ein geistiges sein, ein Geben in Gedanken, ein freudvolles Spenden von Licht und Liebe. Dieses Geben wird zur Saat, die reichste Ernte euch bringt, im Geiste wie sich dann auch alles in der Materie manifestiert. Und Maria sagt weiters: Ihr müßt gleichermaßen bereit sein, erste Schritte zu tun wie auch in Geduld zu verharren und zu warten.

Erkennt doch ihr Menschen, nach allem, was wir jetzt wissen, ist der erste und wichtigste Schritt, der Schritt der Vergebung, der Schritt des Loslassens. Indem du ehrlich vergibst und verzeihst, verwandelst und transformierst du dunkle, gebundene Energien und schaffst somit großen Freiraum für Licht, Liebe und Barmherzigkeit.

Und laßt uns zum Kernpunkt der Vergebung in unserer Erkenntnis weiterschreiten, und dieser Kernpunkt heißt: *Vergib dir selbst!* So wie du Gott in dir finden mußt und dich mit ihm vereinen, um ihn auch in anderen zu finden, so mußt du dir selbst deine Fehler und Untaten ehrlich vergeben, um auch anderen ihre Fehler und Untaten ehrlich vergeben zu können. Und seht letztlich selbst, daß zu oft ihr selbst es seid, die festhalten an alter Schuld, und daß ja ihr selbst diejenigen seid, die Schuld überhaupt manifestieren. Und mit der eigenen Schuldzuweisung tretet ihr ein in den verhängnisvollen Kreislauf. Indem ihr Schuldbewußtsein manifestiert in euch und oftmals über viele Inkarnationen daran festhaltet, kreiert ihr euch eine Selbstbestrafungsrolle, und dies ist eure Opferrolle. Seht her, was ihr damit erschafft! Indem ihr euch selbst bestrafen wollt, manifestiert ihr auch die Strafe für andere. Und um andere bestrafen zu können, werdet ihr selbst zum Täter. Und um mit eurer eigenen Schuldzuweisung fertig werden zu können, fordert ihr andere auf, euch zu bestrafen und schafft somit Täter. Das Spiel zwischen Täter und Opfer in all seiner schlimmsten Verstrickung beginnt. Die Täterrolle könnt ihr leichter erkennen und von ihr Abstand nehmen, doch die Opferrolle rutscht euch ins Unbewußte. Und so vollzieht sich der verhängnisvolle Kreislauf des Geschehens. Letztlich ist euch euer Fehler, der die Ursache war und den ihr wahrscheinlich längst schon hättet beheben können, nicht mehr bewußt, sondern als unbewußtes Schuldgefühl, als unbewußte negative Energie, verankert. Was bleibt, ist eure Opferrolle, die immer wieder neue Täter fordert. Und da ihr in eurer menschlichen Entwicklung vorangeschritten seid und nicht mehr bereit seid, so offensichtlich die Rolle des Täters auf euch zu nehmen, werden eure Spiele der Bestrafung immer subtiler, und ihr verwickelt euch in schlimme gegenseitige karmische Abhängigkeit. Wenn ihr tief nachdenkt, dann erkennt ihr die volle Wahrheit eures machtvollsten Gebetes: *... und vergib uns unsere Schuld, wie auch wir vergeben unseren Schuldigern ...* Ihr betet also zu Gott mit der Bitte: Vergib uns unsere Schuld, also die Schuld, die ihr euch selbst zugewiesen habt. Denn diese Schuldzuweisung kommt nicht von Gott, sondern von euch selbst, und ihr bittet Gott, euch zu vergeben. Wie nun aber, wenn Gott euch längst vergeben hat, aber ihr selbst nicht? Er vergibt euch, und ihr beharrt immer noch auf eure Schuld? Erkennt doch, wie wichtig es für euch ist, euch selbst zu vergeben und im gleichen Maße auch jenen, die ihr selbst als *eure Täter* habt gerufen, damit sie sich an euch schuldig machen. Vergebt, und es gibt keine Schuld mehr! Seid barmherzig, so wie Maria euch weist. Indem ihr Barmherzigkeit und Gnade walten laßt, kommt ihr tief in Berührung mit dem Erlösungswerk, das Jesus Christus für alle Menschen vollbracht hat. Denn ihr sollt Abstand nehmen von dem irrigen Gedanken, euch kraft des Verstandes erlösen und befreien zu können von all euren karmischen

Bindungen. Ihr seid zu weit verstrickt und bedürft der göttlichen Gnade.

Wartet nicht, bis die anderen bereit sind, zu verstehen, Vergebung zu üben und anzunehmen, sondern setzt mutig selbst den ersten Schritt, so wie Maria euch anweist. Und übt Vergebung und Verzeihung täglich, im Kleinen wie im Großen, laßt den Strahl der Gnade und Barmherzigkeit fließen. Doch dann, ihr Menschen, tretet zurück und laßt los. Nutzt die Kraft der Gebete und der Meditation und gebt euch ganz in Gottes Vertrauen. Denn alles kommt *zu seiner Zeit.* Was ihr nun braucht, ist Geduld und manchmal sehr viel Geduld, ihr müßt lernen zu warten. Und die Geduld, die somit von euch verlangt wird nach dem kosmischen Gesetz, ist in enger Verbindung zur zweiten Weisung, die Maria euch gab und die da lautet: *Demut.*

Maria sagt euch: *In Demut zu leben, heißt, in wahrem Gottesbewußtsein zu leben, in Liebe und Dankbarkeit.* Und in wahrem Gottesbewußsein zu leben, heißt wohl, sich der Gottkräfte bewußt zu werden. Es ist euer Bewußtsein, welches sich öffnet, um sich göttlicher Kräfte zu bedienen. Nicht im Menschlichen liegt es, diese Kräfte zu erschaffen. Was euch als Schöpferkraft mehr und mehr zugängig wird, ist, daß ihr lernt, euch der Kraft des Schöpfers zu bedienen, um damit wirklich Wundervolles zu vollbringen. Doch niemals gebt euch der irrigen Meinung hin, ihr erzeuget oder erschaffet selbst die Kraft. Wenn Gott sich durch euch und in euch offenbaren darf, dann ist dies ein machtvolles Geschehen. Gott hat euch in seiner hingebungsvollsten und bedingungslosen Liebe absolute Freiheit geschenkt, für jeden gnadenvollen Moment der Gegenwart, des Jetzt, immer wählen zu dürfen, wie und wohin ihr selbst seine ureigenste Kraft lenkt und wofür ihr sie einsetzt. Versteht ihr? Letztlich stellt Er es euch frei, sogar Seine göttlichen Kräfte zu mißbrauchen. Da aber Gott selbst von aller Unvollkommenheit und allem Mangel niemals wirklich verletzt und in seinem Ganzen und seiner Herrlichkeit geschmälert werden kann, kann in Gott nur eingehen, was seiner eigenen Substanz entspricht. Diese Substanz könnt ihr als

Liebe euch vorstellen, obwohl all dies euer Vorstellungsvermögen unendlich weit übertrifft. Jeder Mißbrauch, den ihr treibt, kann also nicht eingehen in Gott. Durch Seine übergroße bedingungslose Liebe aber kann auch nichts verloren gehen aus Ihm. Er hält durch Seine Liebe die ganze Schöpfung zusammen, auch eure menschlichen Erschaffungen eurer Wirklichkeit miteingeschlossen. Was ist das also für eine Wirklichkeit, für eine Wirkung, die ihr euch kreiert habt und die nicht eingehen kann in Gott und doch von ihm in Liebe gehalten wird? Es ist die *Zeit, das Maß eurer subjektiven Zeit!* Ja, ihr Menschen, erkennt, es ist die Zeit, die ihr euch selbst geschaffen habt. Die Unvollkommenheit, die ihr erblickt, ist die Aufspaltung der Wirkung in Zeitspannen, in Vergangenheit und Zukunft. Karma und alles, was ihr an Unfreiheit erlebt, ist der Teil eurer Wirklichkeit, der sich die Zeit nimmt, um zu bewirken, was ihr verursacht. Es erschafft somit jeder für sich selbst sein eigenes Zeitgesetz und erlebt in der von ihm selbst geschaffenen zeitlichen Wirklichkeit sich als von Gott getrennt.

Und da ihr eure Schöpferkraft immer und immer noch aus Gott bezieht und aus Gott nichts wirklich Unvollkommenes geschaffen werden kann, ist eure Erschaffung nur zeitlich gesehen unvollkommen. Das, was ihr in Unvollkommenheit ausgesandt habt, wirkt zurück auf euch und muß vervollkommnet werden, damit es in Liebe erlöst in Gott eingehen kann.

Unbewußt habt ihr euch entfernt von Gott, und bewußt gelangt ihr zurück in Ihn. Versteht ihr nun, was ich meine mit: *Jetzt und immer ist es ein Jetzt, eine neue Chance für dich zu wählen?* Alles, was du jetzt in Liebe tust, geht sofort ein in Gott, und gestärkt durch reine göttliche Liebe fließt es dir wieder zu und hat keinen Rückschlag auf dich, erschafft also nicht wieder neue Zeit für dich, oder besser gesagt, schafft nicht das unfrei Eingebettetsein in die Zeit. Gnadenlos läuft die Uhr, und die Stunde schlägt von einem Schicksalsschlag zum nächsten. Und hier ist der Punkt, wo ihr erkennen müßt, ihr könnt euch nicht selbst erlösen, denn ihr habt Zeiträume geschaffen, die zur Auflösung der Verstrickung notwendig wären, die ihr aber nicht ermessen könnt. Und immer noch flutet aus von euch, was nicht Liebe ist, und erzwingt Zeit.

Ihr braucht Gott! Ihr solltet das Maß eurer Zeit in eure Hände nehmen und hintragen zu Gott, Ihm schenken und um Hilfe bitten. In der Freiheit, die Er euch gewährt, greift Er nicht ein, solange ihr nicht darum bittet und solange der kosmische Ewigkeitstakt nicht die Vervollkommnung eurer unvollkommenen Wirklichkeit bedingt. Tragt Ihm also hin, eure Zeit und all eure Probleme. Geht den Weg des Bewußtseins, da von nun an *alles zu seiner Zeit kommt.* Geht den Weg der Geduld in diesem Verständnis, und ihr habt erste Schritte der wahren Demut gesetzt.

Und noch etwas müßt ihr bedenken: Das Maß eurer subjektiven Zeit und Wirklichkeit, der Wirkung, die ihr hervorgerufen, ist eingebettet in den Takt der kosmischen Ewigkeit und dieser ein- und untergeordnet. So muß eure subjektive Zeit und Wirklichkeit Platz finden im ewigen rhythmischen Ein- und Ausatmen Gottes. Gott läßt euch Seinen Rhythmus am Verlaufe der Gestirne erkennen und zeigt euch so die Qualität der kosmischen Stunde, damit ihr euch orientieren könnt.

Der Zeitpunkt der Wende ist erreicht, und unaufhaltsam schlägt der ewige Takt. Weit genug hat die Menschheit sich wegbewegt in ihrem Bewußtsein von Gott. Was ihr durch euer Egobewußtsein kreiert habt fern der göttlichen Liebe, beansprucht ein Maß an Zeit zu seiner Vervollkommnung und Auflösung in Liebe, das keinen Platz findet im kosmischen Takt. So beschleunigt sich euch und auf eurem Planeten Erde das Geschehen. Schlag auf Schlag kommt all das Unvollkommene zurück, und in seiner Ressonanz werden wieder viele Menschen mitgerissen. Grenzenlos ist die Unvollkommenheit, die ihr hervorgebracht habt, und doch gibt es gibt keine Schuld, Gott zürnt euch auch nicht! Ihr sollt lernen.

Nur in demütiger, hingebungsvollster Liebe könnt ihr euch Gott nähern, seine Herrlichkeit schauen und euch seiner wirklich bewußt werden und eingehen in ihn. Und es liegt im Takt der kosmischen Ewigkeit, daß ihr nun mehr und mehr hingezogen werdet zu Gott und die Strahlen seiner barmherzigen Liebe euch zufließen. Wisset, göttliche Liebe ist so stark und rein, daß sie, kommt ihr mit ihr in Berührung, alles Unvollkommene herausschleudert aus euch. Und versteht nun, was Maria euch so eindringlich sagte: Es ist der Hochmut, der euch zum Verhängnis werden kann.

Folgt den Weisungen von Maria, ihr Menschen, und ihr werdet geleitet, geführt und beschützt.

Erkennt durch Jesus und Maria die Möglichkeiten eures wahren Menschseins.

Erkennt, ihr Menschen, gelebter Glaube bedeutet Arbeit an euch selbst. Bedeutet die Vervollkommnung eurer menschlichen Tugenden. Nicht außerhalb von Euch werdet ihr euch mit Gott vereinen können, sondern nur in euch, und dazu bedarf es eures reinen Herzens und Geistes.

Erkennt die Chance, die durch Jesus und Maria euch gegeben ist. Sie lebten wahres Menschsein euch zum Vorbild.

Einigt euch und betet: »Jesus, der uns im Herzen vereint.«

Lebt in Demut und betet: »Jesus, der uns Gottes Liebe offenbart.«

Baut auf das Göttliche im Menschen und betet: »Jesus, der in uns das Gute stärkt.«

Seid barmherzig und betet: » Jesus, der uns Vergebung lehrt .«

Lebt euer wahres Menschsein und betet: »Jesus, Sohn Gottes, der für uns Mensch geworden ist.«

Maria hat euch den gnadenreichen Rosenkranz geschenkt.

Nachklang

Ich gehe in meinen Meditationsraum, es ist früh am Morgen. Bis jetzt habe ich an meinem Buch geschrieben. Endlich ist alles im Computer, denke ich erleichtert. Ich denke an die Ereignisse der letzten Wochen. Als ich die Botschaften von Maria selbst des öfteren durchgelesen hatte und immer tiefer in ihre Weisungen eintauchte, da wurde mein Dank an Gott, an Maria ein stiller und leiser. So vieles, was Maria mir sagte und Qi Qian Yiṇ mich lehrte, bestärkt mich auf meinem persönlichen Weg.

Meine Gedanken wandern zu meiner Familie. Verzeiht mir bitte, ihr meine Herzallerliebsten, verzeiht, was ich euch alles angetan und laßt mich euch danken für eure Liebe. Vor meinem geistigen Auge sehe ich meinen Bruder auf seinem großen Hubstapler sitzen, sehe die viele Arbeit, die er beim Aufbau seines Sägewerkes hat. Ich besuche Ingrid, meine jüngste Schwester und unseren Sonnenschein in der Familie, und höre ihr klingendes Lachen. Ich fühle Helgas Schritte neben mir, so vertraut, so sicher, höre Gudruns sanfte Stimme in meinem Ohr. Ich sehe Vaters Lächeln und seinen gütigen Blick, und ich stehe vor meiner Mutter, und mir wird bewußt, Mama ist mir immer nachgegangen und hat mir die Tür offengehalten. Und welche Fehler ich auch immer machte, sie sagte: »Komm heim, Kind.«

All die kleinen Nichten und Neffen besuche ich, schaue in ihre schlafenden Engelsgesichter. Ich grüße meinen Schwager und meine Schwägerin, und ich fühle meine Schutzengel rund um mich. Zärtlich streichen mir ihre Flügel über das Gesicht. »Na, haben wir dir nicht die beste Familie ausgesucht?« höre ich ihr Flüstern, und zuweilen ist mir, als hörte ich Habakuks Lachen. Elkes Stimme webt sich ein in ihren Chor mit ihrem vertrauten

»Na, du?« Ich fühle Michas Schweigen, und immer noch tauschen wir Verstehen statt Worte aus.

Den Rosenkranz mit den schönen weißen Perlen nehme ich in die Hand. Langsam gleiten die Perlen einzeln durch meine Finger. Ich setze mich wieder vor meinen Buddha, ich fühle Qi Qian Yin um mich. Im Geiste sehe ich Seminarteilnehmer und Freunde vor mir, und viele Menschen, denen ich begegnen durfte. Wie soll ich nur ihnen allen danken? Ich fühle, es fällt mir schwer, Abschied zu nehmen. Worte des Dankes liegen auf meiner Zunge. »Namaste«, denke ich und will mich im Stillen vor all den lieben Menschen und auch dem Leser verneigen, da höre ich tapsige Schritte hinter mir.

Johanna, mit dickem Windelpack unter dem süßen Nachthemdchen, kommt angetappst.

»Guten Morgen, mein Schatz, bist du schon wach? Guten Morgen, Gudrun, wie spät ist es schon?« frage ich verdutzt und denke, wie schnell doch eine Nacht vergeht. Und zärtlich drücke ich Johanna an mich. Fest unter ihre kleinen Arme geklemmt hält sie mir ein Buch hin. »Was hast du da? Oh, das ist ja der kleine Prinz von Saint-Exupéry[9]. Woher hast du ihn?«

»Du selbst hast uns doch das Buch geschenkt«, sagt meine Schwester, dreht sich um und ruft im Hinausgehen, »ich stelle Kaffee auf, es ist schon halb acht.«

Johanna reicht mir das Buch und setzt sich auf eine Matratze. Ihre kleinen Beine streckt sie weit von sich, und mit ihrem Händchen deutet sie neben sich, was wohl heißen soll, daß ich mich zu ihr setzen soll.

»Soll ich dir vorlesen?« Wahllos schlage ich eine Seite auf:

Der kleine Prinz riß auch ein bißchen schwermütig die letzten Triebe des Affenbrotbaumes aus. Er glaubte nicht, daß er jemals zurückkehren müsse. Aber alle diese vertrauten Arbeiten erschienen ihm an diesem Morgen ungemein süß. Und als er die Blume zum letztenmal begoß und sich anschickte, sie unter den Schutz der Glasglocke zu stellen, entdeckte er in sich das Bedürfnis zu weinen.

»Adieu«, sagte er zur Blume.

Aber sie antwortete ihm nicht.

»Adieu«, wiederholte er.

Die Blume hustete. Aber das kam nicht von der Erkältung.

»Ich bin dumm gewesen«, sagte sie endlich zu ihm. »Ich bitte dich um Verzeihung. Versuche , glücklich zu sein.«

Es überraschte ihn, daß die Vorwürfe ausblieben. Er stand ganz fassungslos da, mit der Glasglocke in der Hand. Er verstand diese stille Sanftmut nicht.

»Aber ja, ich liebe dich«, sagte die Blume. »Du hast nichts davon gewußt. Das ist meine Schuld. Es ist ganz unwichtig. Aber du warst ebenso dumm wie ich. Versuche glücklich zu sein... Laß diese Glasglocke liegen! Ich will sie nicht mehr...«

»Aber der Wind ...«

»Ich bin nicht so stark erkältet, daß... Die frische Nachtluft wird mir guttun. Ich bin eine Blume.«

»Aber die Tiere ...«

»Ich muß wohl zwei oder drei Raupen aushalten, wenn ich die Schmetterlinge kennenlernen will. Auch das scheint sehr schön zu sein. Wer wird mich sonst besuchen? Du wirst ja weit weg sein. Was aber die großen Tiere angeht, so fürchte ich mich nicht. Ich habe meine Krallen.«

Und sie zeigte treuherzig ihre vier Dornen. Dann fügte sie noch hinzu: »Zieh es nicht so in die Länge, das ist ärgerlich. Du hast Dich entschlossen zu reisen. So geh!«

Denn sie wollte nicht, daß er sie weinen sähe. Es war eine so stolze Blume.

Johannas große Augen schauen mich fragend an. »Nein Johanna, sie ist nicht so stolz. Nur mit dem Prinzen, das ist so eine Sache ... was willst du?« Die kleinen Füße meiner Nichte strampeln auf den Boden und ungeduldig streckt sie ihre Hand in Richtung Stereoanlage und nickt eifrig mit dem Kopf, als ich sage: »Tanzen? Magst du tanzen? Ja, komm, wir spielen schöne Musik.«

Wir tanzen, lachen und toben herum. Kinder sind ein Geschenk des Himmels, Johanna ist gerade eineinhalb Jahre alt. Johanna ist also noch zu klein, um zu fragen, wie die Geschichte mit dem Prinzen und der Blume weitergeht. Später, wenn sie größer ist, werde ich ihr sagen, daß es im Märchen immer ein Happy-End gibt. Nur Märchen haben eben ein anderes Maß an Zeit, sie dauern manchmal ein paar hundert Jahre. Und Zeit ist eine Illusion.

Bibliographie:

1 Franz Werfel, *Das Lied der Bernadette.*
Frankfurt/M., 1991

2 Thomas Merton, *Sinfonie für einen Seevogel.*
Düsseldorf, 1984

3 Meister Saint Germain, *Die umwandelnde Kraft der violetten Strahlung.* Berlin, 1993

4 Die Bibel, Matthäus 13/24, *Das Gleichnis vom Unkraut.*
Freiburg im Breisgau, 1968

5 Die Bibel, 1 Korinther 13/1-13.
Freiburg im Breisgau 1968

6 Gertrud von le Fort, *Gedichte.*
Frankfurt/M.

7 Gedicht erster Teil, von der Autorin; Gedicht zweiter Teil von einem unbekannten Verfasser

8 Sandelan, *Spiritual Healing.*
Grafing, 1991

9 Antoine de Saint-Exupèry, *Der kleine Prinz.*
Zürich, 1950

GEHEIMNISVOLLE LEBENSWEISHEITEN EINER FREMDEN KULTUR

Die Welt des Bhutan in ihrer phantastischen Sagen- und Fabelwelt. Eine Lesereise in die verborgene Philosophie der bhutanischen Märchen.

Götter, Fabelwesen und Dämonen, Königsfamilien und einfache Bauersleute stehen im Mittelpunkt dieser alten, von Generation zu Generation überlieferten Märchen, die uns Einblick in die für uns so ferne und unbekannte Welt der Menschen aus den Gebirgsdörfern des Himalaya gewähren. Lebensweisheiten eines Volkes, bei dem das Erzählen von Geschichten noch rituell zelebriert wird.

Den besonderen künstlerischen Reiz erhält dieses Buch durch 26 Originalholzschnitte von Tapas Guha .

WEISHEITEN AUS DEM HIMALAYA
220 Seiten
Format: 14,7 x 21,5 cm
Hardcover

DM 29,80
ÖS 221,- / SFr. 28,80
ISBN 3-931142-02-7

Erscheint: August 95

TAROT-
FASZINATION UND
SCHLÜSSEL ZUM LEBEN

Tiefere Einblicke auf dem Weg zur Selbstfindung gewährt uns die Autorin durch ihr "ergänzendes System", einer Symbiose aus Numerologie, Astrologie und dem Tarot.

Tarot – ein geheimnisvolles Spiel, das die Menschen seit Jahrhunderten fasziniert, Lösungsmöglichkeiten auf offene Fragen aufzeigt und Ausblicke auf Zukünftiges geben kann. Die Autorin, Leiterin von Tarotseminaren, führt uns einen Schritt weiter. Durch ihre intensive Beschäftigung mit dem Spiel entdeckte sie ein ergänzendes, rhythmisches System.

Illustriert mit teils farbigen Abbildungen des Motherpeace Tarot Decks von Karen Vogel und Vicki Noble, einer amerikanischen Schamanin, stellt dieses Buch eine Bereicherung für jeden Interessierten dar.

DAS NEUE
TAROT-
BUCH